dtv
premium

Ausführliche Informationen über
unsere Autoren und Bücher
finden Sie auf unserer Webseite
www.dtv.de

BRUNI PRASSKE

DIE ENTRÜMPLER

Was Dachböden
und Kellerregale
über das Leben erzählen

Deutscher Taschenbuch Verlag

FSC
www.fsc.org
MIX
Papier aus verantwor-
tungsvollen Quellen
FSC® C013736

Originalausgabe 2013
© 2013 Deutscher Taschenbuch Verlag GmbH & Co. KG, München
Das Werk ist urheberrechtlich geschützt.
Sämtliche, auch auszugsweise Verwertungen bleiben vorbehalten.
Umschlagkonzept: Balk & Brumshagen
Umschlaggestaltung: buxdesign I München
unter Verwendung von Fotos von Corbis
Satz: Bernd Schumacher, Obergriesbach
Druck und Bindung: Kösel, Krugzell
Gedruckt auf säurefreiem, chlorfrei gebleichtem Papier
Printed in Germany · ISBN 978-3-423-24977-5

Inhalt

Rosie ist nicht mehr da

Der Mann reißt eine Tür aus den Angeln, greift nach Regalböden, schlägt mit einem Gummihammer auf die Seiten ein und hilft mit Fäusten und Füßen nach. Wenig später liegen die Einzelteile auf dem Boden, nur noch ein Stapel Bretter, hier und da ein verbogenes Scharnier. Der Schrank stand sechzig Jahre unverrückt im Schlafzimmer. Ein viertüriges Modell aus Eichenholz. Rechts die guten Kleider, sortiert nach Sommer und Winter, daneben die einfachen, manchmal von einer Strickjacke bedeckt, es kam nicht so drauf an. Ein Kostüm mit braunen Blumen auf weißem Grund erinnert an alte Filme, die sonntagnachmittags liefen und in denen es über einen scheuen Kuss der Liebenden nie hinausging. Die Jacke tailliert, der Rock schmal und mit Schlitz, das Futter ein wenig fadenscheinig. An der Stange links hingen zwei Anzüge von Uwe, einer grau, der andere schwarz, obwohl Uwe schon seit zwanzig Jahren nicht mehr lebt. Aber was sind zwanzig Jahre, wenn man zuvor fünfzig Jahre verheiratet war und weit mehr als den Kleiderschrank teilte. Nun ist auch Rosie nicht mehr da und der Haushalt wird *aufgelöst*.

Jemand schleppt die Bretter hinaus und wirft sie in einen Container. Es macht ein schepperndes Geräusch. Die Schlüsselblätter aus Messing sind gepflegt und glänzen, ein Schlüssel steckt noch im Schloss und bricht unter der Wucht des Aufpralls.

Der Container vor dem Mietshaus wird am Nachmittag abgeholt. Die Zeit drängt. Der Unterboden des alten Schranks ist schwer, es braucht zwei Männer, um ihn zu tragen. Damals war das ein gutes Stück, massiv. Aber nicht gut genug, um heute noch etwas einzubringen. Es ist nur noch Müll, Abfall, Schrott.

Die drei Männer vom Entrümplerteam wühlen in Schubladen und Kisten. Fotoalben landen neben dem Schlafzimmerschrank im Container. Ein Album blättert auf und zeigt Aufnahmen eines Kostümballs in den Sechzigern. Rosie war als Zigeunerin oder Flamencotänzerin verkleidet, so genau lässt sich das jetzt nicht mehr sagen, eine Blüte im Haar. Uwe als Pirat mit Augenklappe, einen Säbel in der Hand.

In einem Kästchen befindet sich Schmuck. Ein geschulter Blick erkennt die Wertlosigkeit. Weg damit, zum anderen Müll. Uwe hat als Bierfahrer bei der Ratsherrenbrauerei gearbeitet. Eine Urkunde für treue Betriebszugehörigkeit hängt an der Wand. Im nächsten Moment gibt es nur noch einen braunen Rand auf der Tapete und ein Klirren im Müllkarton. Sein Deputat hat der Hausherr immer gern getrunken. So hieß es zumindest.

Auf Tuchfühlung mit einem Entrümpler

Am Abend finde ich mich in Doras illustrer Geburtstagsrunde wieder. Ich komme spät, die Gäste tanzen, trinken und rauchen bereits, als sei es die letzte Gelegenheit vor einer drohenden Prohibition und einem totalen Rauchverbot. Die Stimmung ist bestens. Ich gehe in die Küche, um mir ein Glas Wein einzuschenken, und treffe auf einen Mann, der sich hier auszukennen scheint. Das wundert mich, denn Dora hat ihn mir bisher nicht vorgestellt. Wieso kennt der Fremde sich in ihrer Küche aus?

»Moin, ich bin Mirko.«

»Moin, Bruni. Bist du schon länger hier? Ich meine in der Küche, seit Längerem? Seit Wochen, Monaten oder so?«

Er lächelt vielsagend und macht mich umso neugieriger.

»Ja, schon eine ganze Weile. Wird Zeit, dass wir uns mal kennenlernen. Habe schon einiges über dich gehört.«

»Und wieso weiß ich nichts über dich? Bist du ein entlaufener Sträfling oder sonst was Abenteuerliches?«

Mirko lacht laut auf, und ich frage mich, welche Gründe Dora wohl hat, ihn im Hintergrund zu halten. Ist er womöglich verheiratet? Sein Händedruck ist weit entfernt von dem eines Bürohockers oder Tastendrückers, auch seine breiten Schultern deuten auf stetes Training hin.

»Wein?«, fragt er mich und hält eine Flasche Bordeaux hoch.

»Ja, gern.«

»Warte, ich schenk dir ein. Ich mach hier grad 'n bisschen klar Schiff.«

»Prost«, sage ich und stoße mit ihm an. Im nächsten Moment wirbelt er mit Schwamm und Lappen über die Arbeitsplatte, um anschließend Sektgläser zu polieren. Das macht er nicht zum ersten Mal. Sie glänzen und – schwuppdiwupp – verschwinden sie im Schrank.

Gern würde ich ihn fragen, was er *macht,* aber die Frage ist aufdringlich und nervt, besonders auf einer Party. Wir reden über Fußball, weil er ein St.-Pauli-Trikot trägt. Die Kiezkicker, wie auch alle anderen Fußballer, zählen zwar nicht zu meinen Lieblingsthemen, aber über Sport im Allgemeinen rede ich ganz gern. Vielleicht klappt es in Brasilien endlich mal wieder mit einem Weltmeistertitel für die deutsche Elf, die Qualifikationsspiele laufen doch ganz gut, merke ich an. Aber er zuckt nur mit den Schultern, was wohl heißen soll, dass dieser Titel ihm schnuppe ist.

Auf dem Tisch liegen Doras Geburtstagsgeschenke. Zielstrebig greife ich nach einem alten Wiegemesser mit Holzgriffen.

»Schön, sehr schön und sogar scharf«, sage ich.

»Hab ich schärfen lassen.«

»Ein Geschenk von dir?«

Mirko nickt und zeigt erneut sein einnehmendes Lächeln, bei dem die Augen kleiner werden und sich zwei Grübchen auf den Wangen bilden. Ein Baum von einem Mann mit einem Jungenlächeln. Kein Wunder, dass Dora schwach wurde.

»Ja, stammt aus einer Haushaltsauflösung. Ich find's auch wunderbar. Bestimmt hundert Jahre alt. Es schneidet super. Mit solch einem Teil lässt sich die Petersilie für ein Taboulé ruck, zuck fein hacken. Kommt aus einer Küche in Blankenese. Dort gab es viele schöne Haushaltsgegenstände.«

»Was hast du mit Haushaltsauflösungen zu tun?«

»Ich bin Entrümpler.«

Er sagt dieses Wort mit einer Selbstverständlichkeit, die den drei Silben den derben Beiklang nimmt, der seit heute früh ständig in mir nachhallt. Entrümpler! Schon sehe ich Rosie als Tänzerin vor mir, im Müll gelandet. Die drei Männer haben nicht nur ihre Alben, sondern auch die *guten* Weingläser in den Container geworfen. Zwei Gläser waren heil geblieben. Ich habe sie rausgefischt, genauso wie die Fotos und das braun geblümte Kostüm. Es lugte aus einem Müllsack hervor, der im Treppenhaus stand. Rosie war immer einsilbig und verschlossen gewesen, nie ein Wort zu viel, schon gar nicht über *Damals,* dabei höre ich so gern Geschichten. Manchmal habe ich für sie eingekauft, besonders im Winter, wenn es draußen glatt war. Die Auflösung ihres Haushalts zu erleben, war traurig und berührend. Mir steckt noch immer ein Kloß im Hals, wenn ich daran denke. Von ihrem Leben ist scheinbar nichts mehr geblieben. Ihre Kinder kenne ich nicht, zu vererben hatte sie sicher kaum etwas.

»Entrümpler? Und da nimmst du dir einfach mit, was dir gefällt, oder wie läuft das ab?«, will ich von Mirko wissen.

»Es kommt drauf an, die Frage lässt sich nicht so einfach beantworten.«

»Meinetwegen geht's auch kompliziert.«

»Okay. Also, wo soll ich anfangen?«

»Beim Wiegemesser.«

»Bis dahin ist es ein weiter Weg«, meint er, und ich versuche, mir einen Reim darauf zu machen. Den Weg nach Blankenese kann er nicht meinen. Vielleicht den Weg zum Entrümpler?

»Klingt vielleicht seltsam, aber ich habe eine Lebenseinstellung, an die ich mich auch beim Entrümpeln halte: Möglichst wenig wegwerfen, sondern andere Menschen damit erfreuen.«

»Aha, klingt interessant.«

»Man muss etwas nicht wegschmeißen, bloß weil man es nicht mehr haben will. Man kann ja schauen, ob jemand anders es braucht.«

»Aber was hat das mit deinem Job zu tun?«

»Willst du das wirklich wissen?«

Und dann beginnt Mirko zu erzählen und legt Putzlappen und Geschirrhandtuch beiseite. Schmutzige Gläser interessieren ihn vorerst nicht mehr. Aus dem Nebenraum höre ich Caro Emerald singen: *A Night Like This,* aber mir ist mehr nach Geschichten als nach Musik.

Schon nach wenigen Sätzen taucht das Bild eines Entrümplers vor mir auf, der wenig gemein hat mit den drei Männern in Rosies verlassener Wohnung. Wir setzen uns an den Küchentisch und ich nicke eifrig, als er wissen möchte, ob ich das auch wirklich alles hören will.

Mirko präsentiert mir eine neue Quelle der Kulturforschung. Die Frage »Wie lebt der Mensch?« beschäftigt seit Generationen Wissenschaftler verschiedenster Fakultäten. Das ist eigentlich zu viel des Guten, weil sich dem wahren Forschergeist – ganz simpel – beim Auflösen von Haushalten das Lebensbild eines Menschen und gleichzeitig ein Spiegel der Gesellschaft offenbart, ohne Literatur zu wälzen und aufwendige Sozialforschung zu betreiben, behauptet Mirko. Alles liegt oder steht vor einem wie ein offenes Buch. Ein prüfender Blick in Mirkos Augen offenbart mir einen ziemlich nüchternen Gesprächspartner, der mich vermutlich nicht auf den Arm nehmen will. Ich warte gespannt auf weitere Erläuterungen und nippe an meinem Glas. Und schon präsentiert er mir Fakten, die ich kaum verdauen kann. Je detaillierter er ausholt, desto plausibler klingen die Facetten seiner persönlichen Philosophie und Weltanschauung. Er blickt hinter die Kulissen, in die Schubladen und unter die Schränke seiner Kunden. Er räumt Kellerregale und Dachböden aus. Dabei erfährt er quasi nebenbei, wie die Bewohner sich ernährt haben, welche Hobbys und Sportarten sie ausgeübt und welche Leidenschaften sie gepflegt haben. Manchmal findet er kuriose Dinge, deren Funktionen selbst einem erfahrenen Entrümpler unbekannt sind. Einmal war es ein seltsames Fass, das man offenbar auch beheizen konnte. Mit strahlenden Augen erzählt er mir vom Rätselraten um jenes Fass. *Muss doch zu irgendetwas nützlich gewesen sein. Da fasste dir an Kopp!* Nach erfolglosem Grübeln bot er es auf dem Flohmarkt zum Verkauf an, weil es dort nur eine Frage der Zeit ist, bis jemand auftaucht, der weiterhelfen kann, erläutert er mir.

»Und wie ist es mit Dingen, die man lieber nicht finden will, oder die der Verstorbene bis zum Ende geheim gehalten hat?«

»Oh, das ist ein ganz weites Feld. Da ist Diskretion gefragt.«

»Verstehe. Und wenn du es mir jetzt so ganz anonym erzählst? Nun sag schon, was findet man denn so?«

»Alles, einfach alles und noch viel mehr.«

Da nicht jeder unter dem Begriff *alles* etwas Aufregendes versteht, bohre ich nach und bekomme trotzdem nur wenige Bruchstücke präsentiert. Mirko scheint ein verschwiegener Entrümpler zu sein. Immerhin erzählt er mir etwas über Geheimverstecke in einer hochherrschaftlichen Wohnung in Hamburg-Eppendorf, in denen er gefälschte Ausweispapiere fand, die eine Jüdin während der Naziherrschaft vermutlich vor der Deportation bewahrt hatten.

»Nimmst du mich mal mit zu einer Haushaltsauflösung?«

»Warum interessiert dich das so?«

»Was ich heute früh gesehen habe, war was ganz anderes als Kulturforschung. Es war der Blick in ein vergangenes Leben, und es war traurig und bewegend. Und das nicht nur, weil ich die Verstorbene kannte, deren Haushalt aufgelöst wurde. Die alte Dame hatte mir erst vor Kurzem ihr Gesangbuch aus der Konfirmandenzeit gezeigt. Das stammte aus den Dreißigerjahren. Darin lagen noch immer die Blüten getrockneter Maiglöckchen. Es war der privateste Einblick, den sie mir je gewährt hat. Das Büchlein ist sicher auch im Container gelandet. So etwas tut weh.«

»Ich weiß genau, was du meinst. In meinem Beruf ist Pietät gefragt. Pietät und Fingerspitzengefühl.«

»Was hättest du mit ihren Alben gemacht?«

»Das kommt immer drauf an.«

»Du nun schon wieder mit deinem *kommt drauf an*.«

»Aber so ist es nun mal. Bei Fotos, Briefen und Dokumenten arbeite ich mit einem Historiker zusammen, der sich auf außergewöhnliche Lebensgeschichten spezialisiert hat. Er hat ein Archiv. Sobald mir etwas Interessantes in die Finger kommt, melde ich mich bei ihm. Erst kürzlich habe ich bei einer Auflösung die schriftliche Hinterlassenschaft eines Piloten gefunden, der im Krieg abgeschossen wurde und als verschollen galt. Der Briefwechsel mit seinem Staffelkapitän und eine Zeichnung von der vermuteten Absturzstelle waren noch erhalten. Die Dokumente sind sofort bei meinem Historiker gelandet.«

Irgendwann blüht uns allen das Entrümpeln, geht es mir durch den Kopf, und ich habe das Bild von unzähligen Kisten mit Fotos, Briefen und Kleidern vor Augen, die in meiner Wohnung stehen und vielleicht in einem Müllcontainer enden werden.

»Komm, lass uns zu den anderen und tanzen«, sagt Mirko.

Staubige Entdeckung

Wir sind in einem gut situierten Wohnviertel am Stadtrand verabredet. Mirko wartet bereits vor dem Hauseingang, als ich die Einfahrt hinaufgehe und mich frage, wo er seinen LKW geparkt hat.

»Moin, ich dachte schon, du bist noch nicht da. Hab auf der Straße keinen Wagen gesehen.«

»Moin, bin seit 'ner Stunde hier und hab schon was geschafft. Und einen Wagen habe ich sowieso nicht.«

»Keinen Transporter? So was braucht man doch zum Entrümpeln, oder?«

»Wie gesagt, ich habe kein Auto.«

»Und wie entrümpelst du dann?«

»Hab Geduld! Alles zu seiner Zeit. Das erfährst du schon noch.«

Wieso trifft dieser Mann bereits nach kurzer Zeit den wunden Punkt meiner angeblichen Ungeduld? Dieses Wort zieht sich wie ein Vorwurf durch mein Leben: Ich sei ungeduldig und hektisch. Das ist ungerecht, weil meine Mitmenschen ganz offensichtlich den Zeitpunkt verpasst haben, seit dem ich mindestens doppelt oder sogar dreimal so viel Geduld habe wie früher. Als ich mit meinem querschnittgelähmten Freund Nguyen Phong Dien durch Vietnam gereist bin, habe ich mich in Geduld üben müssen! Sie wurde mir aufgezwungen, und ich habe ihren Vorteil schätzen gelernt, verinnerlicht und lebe ihn aus. Aber davon weiß Mirko noch nichts. Bestimmt war es nur eine spontane Bemerkung von ihm. Ich werde *obergeduldig* auf seine Erklärungen warten. Alles kein Problem.

»Ich habe einen Partner, Sven. Du wirst ihn gleich kennenlernen. Wir teilen uns die Arbeit auf, alles halbe-halbe. Ich habe mehr Zeit und Sven hat einen Wagen und übernimmt deshalb auch die Fahrerei.«

»Ja, klar«, sage ich, ohne mir sicher zu sein, ob ich wirklich die richtige Vorstellung vom Entrümpeln habe.

Das gepflegte Einfamilienhaus sieht bewohnt und aufgeräumt aus, keinesfalls nach einem Auszug oder einer Haushaltsauflösung.

»Bevor wir reingehen, muss ich dir kurz was erklären. Das hier ist keine der üblichen Entrümpelungen, es geht eigentlich nur um einen Raum. Vor zwei Jahren ist der Sohn des Hauses die Kellertreppe hinuntergestürzt. Dabei ist er unglücklich gefallen und hat sich den Schädel eingeschlagen. Tot. Nun hat die Mutter sich entschlossen, seinen Hobbyraum im Keller ausräumen zu lassen. Bis heute ist dort nichts angerührt worden. Ist eine staubige Angelegenheit. Hoffe, du hast keine Hausstauballergie oder so etwas. Das kann man bei diesem Job nicht gebrauchen. Die Mutter hat eine Liste mit persönlichen Dingen aufgestellt, die sich dort unten befinden sollen und die sie behalten möchte, vor allem Fotos. Den Rest nehmen wir mit. Ich habe schon einige Sachen vorsortiert. Wenn du etwas von der Liste in die Finger bekommst, dann leg es beiseite. Demnächst trudelt Sven mit dem Wagen ein und später fahren wir gemeinsam alles weg.«

Als wir ins Haus gehen, kommt uns eine alte Dame entgegen, sie ist weit in den Siebzigern. Da hatte ich mir eine wesentlich jüngere Mutter vorgestellt. Ich gebe ihr die Hand und stelle mich kurz vor.

»Sie müssen wissen, mein Sohn war ein ganz lieber Mensch. Er lag über zwei Stunden auf dem kalten Boden, bevor ich ihn fand. Viel zu lange, um noch gerettet zu werden. Da konnten die Ärzte nichts mehr machen. Nach Eppendorf haben sie ihn gebracht, ins Universitätsklinikum. Seitdem wage ich es nicht, die steilen Stufen in den Keller hinunterzugehen. Ich bin erleichtert, dass Herr Mirko und Herr Sven sich der Angelegenheit annehmen. Sie haben letztes Jahr auch schon den Dachboden leer geräumt. Da standen die alten Sachen von meinem Mann, wissen Sie. Aus den Fünfzigerjahren. Das Schaukelpferd von unserem Jungen und sogar eine komplette Skiausrüstung. Wir sind gern ins Ötztal gefahren, damals. Mein Junge war seit seiner Jugend ein Sammler. Der Keller ist voller Modellautos. Herr Mirko kennt sich damit aus.«

»Tut mir sehr leid, was ihrem Sohn passiert ist«, sage ich.

Während die Dame mir in Details von den guten Taten ihres verstorbenen Sohnes erzählt und mir Fotos eines leicht untersetzten Mitfünfzigers mit schelmischem Blick zeigt, verschwindet Mirko im Keller. Ihr Sohn ist bei der Bahn gewesen, im Büro, ein verantwortungsvoller Posten. Manchmal ging er angeln. Auf Zander.

Als ich die besagte Treppe hinabsteige, folgt mir die Hausherrin bis zum oberen Absatz und schaut mir nach.

»Da, genau dort, wo Sie jetzt stehen, hat er gelegen. Er hat furchtbar geblutet.«

Ich drehe mich um und nicke scheu. Etwas anderes fällt mir nicht ein. Dann beeile ich mich, den Unglücksort mit einem großen Schritt zu übersteigen und dabei nicht nach Blutspuren zu suchen.

Mirko ist in seinem Element. Das sieht man auf den ersten Blick. Er sortiert mit Routine, auch wenn ich sein System nicht durchschaue. In einem teilverspiegelten Schrank, der mich an weit zurückliegende Partys in Hobbykellern erinnert, ist jedes Fach mit Spielzeugautos vollgestellt. Die Möblierung erfordert meine gesamte Aufmerksamkeit. Ich weiß kaum, wohin ich zuerst schauen soll, und blicke vor lauter Spielzeugautos nicht mehr durch. Auch bei vier Brüdern waren mir bisher nur wenige Modellautos untergekommen. Ich kenne mich einfach nicht aus. Bis zu welchem Alter spielen Jungen mit so etwas? Oder ist es eher ein Hobby für Männer?

Der Couchtisch dient Mirko als Parkplatz für bestimmte Pkw-Fabrikate, das Sofa für Lkws und Spezialfahrzeuge mit Kränen,

Ladeflächen und technischem Gedöns. Leere Kartons stapeln sich neben der Tür, und so beginne ich damit, Autos in Papier einzuwickeln, um sie vor Beschädigungen zu schützen. Ich versuche, nach Größen zu unterscheiden, möglichst auch nach Modellen, um den Weiterverkauf zu vereinfachen, wie Mirko mir erläutert. Bei *guten* Modellen ist die Verarbeitung robust und alles aus Metall. Am gefragtesten sind Wagen, mit denen niemand gespielt hat, die also wie in diesem Fall nur im Schrank gestanden haben. Das nennt sich *unbespielt,* wie ich nun erfahre. Bei den alten Modellen aus den Sechzigern und Siebzigern wurden die Originale sogar maßstabsgetreu nachgebaut. Alles tipptopp, da kann man Türen und Motorhauben öffnen. Solche Autos haben einen guten Sammlerwert, ähnlich wie ungestempelte Briefmarken. Seltene Modellautos können mehrere Hundert Euro pro Stück bringen, die große Masse liegt eher bei fünf Euro, aber auch das summiere sich. Das i-Tüpfelchen beim Verkauf ist eine Originalverpackung. Das sei Wertsteigerung par excellence, besonders bei Kartons aus weit zurückliegenden Jahrzehnten.

»Nicht schlecht. Wie verkaufst du sie?«

»An einen Spielwarenhändler, am liebsten kauft der komplette Sammlungen. Von diesen Autos wird er uns bestimmt einen Großteil abnehmen. Wir arbeiten inzwischen mit diversen Händlern zusammen. Manchmal machen sie recht unterschiedliche Angebote, aber es zählt nicht nur das Geld. Wichtiger ist eigentlich das Vertrauensverhältnis. Wir bieten gute Ware, der Händler bietet einen anständigen Preis und nimmt uns auch mal weniger gute Stücke ab. Ich verzichte lieber auf ein Höchstgebot von einem Fremden, wenn ich mit einem Bekannten ein ebenfalls korrektes Geschäft machen kann. Mir sind Vertrauen und Kontinuität wichtig. Mit dem genauen Wert einzelner Modellautos kennt Sven sich übrigens besser aus. Er ist mehr so der Spielzeugfreak.«

»Und du?«

»Ich beschäftige mich vor allem mit Porzellan, alten Stoffen, Füllern und Uhren.«

»Klingt nach einem vielseitigen Job. Woher kommen die Kontakte und das Fachwissen?«

Mirko packt sorgfältig und schnell, während er zu überlegen scheint, wie er meine vielen Fragen am einfachsten beantworten kann. Und ich frage mich selbst, warum ich mir bisher nie Gedanken über die vielen Facetten des Entrümpelns gemacht habe.

»Sven ist länger im Geschäft als ich. Von ihm habe ich vieles gelernt. Wir arbeiten seit einigen Jahren eng zusammen, als gleichberechtigte Partner. Er kennt sich in bestimmten Bereichen super aus und ich in anderen. Unsere Ware verkaufen wir unter anderem auf Flohmärkten. Da trifft man die Profis, die Halbprofis und die Sammler. Auf manchen Flohmärkten machen wir kaum Geschäfte, aber dafür ergeben sich wichtige Kontakte. Wenn bei uns am Stand jemand gute Modellautos herumliegen sieht und mit Kennerblick prüft, dann merken wir meist sofort, ob es sich um einen Sammler handelt. Solchen Leuten bieten wir dann weitere Stücke aus unserem Lager an. So läuft es oft: Kunden interessieren sich für bestimmte Waren, von denen wir jede Menge Nachschub haben. Bei alten Gläsern und Porzellan ist es auch so. Das Zeug schleppen wir nicht auf jeden Flohmarkt mit, schon gar nicht im Winter. Da will sich doch keiner die Handschuhe ausziehen und ein Glas anfassen. Kaufen hat auch etwas mit Haptik zu tun. Gläser laufen im Winter kaum.«

Nebenbei schaue ich mich immer wieder um und versuche, die Atmosphäre zu erfassen. Das Grundstück muss ein Gefälle haben, das man von der Straßenseite nicht bemerkt, denn der Keller hat eine Terrassentür zum Garten, die viel Licht hereinlässt. Der Raum wirkt wie ein Appartement, nur ein wenig feucht und ungelüftet. Eines ist klar: Der Sohn des Hauses war in Fragen des Designs leider nicht von den schicken Sportwagen der Sechziger und Siebziger inspiriert, die ich in den Händen halte. Frauen scheinen hier auch nie Hand angelegt zu haben, zumindest nicht ans Mobiliar. Es stammt aus der innenarchitektonisch anstrengenden Zeit der

Achtzigerjahre, ist zweckmäßig, farblos und unschön. Immerhin gibt es zwei verstaubte Clubsessel aus Kunstleder, die mittlerweile wieder angesagt sind. Und zwischen den Autos auf dem Couchtisch steht ein Erhard Schleuderascher, ein echtes Kultteil. Eine karierte Wolldecke bedeckt ein schwarzes Ledersofa mit seinen abgestoßenen Kanten. Ob irgendetwas davon einen relevanten Wert hat? Und wenn ja, welchen? Mir erscheint das Entrümpeln zunehmend wie ein Mysterium.

»Die Autos werden uns was bringen, der Rest wohl eher nicht. Das sind überwiegend Fälle für den Wertstoffhof«, sagt Mirko, als könne er meine Gedanken lesen. Dabei hält er einen Modellwagen in der Hand, der mich sofort an Grace Kelly denken lässt. Mit solch einem Flitzer könnte Fürst Rainier sie durch Monaco kutschiert haben. Ein offener silberfarbener Mercedes-Benz 280 SL, Roadster. Die Türen lassen sich öffnen.

Während ich einwickle, rückt Mirko den Schrank von der Wand ab, wobei der aufgewirbelte Staub ihn zum Husten bringt. Warum er wohl ausgerechnet hinter den Schrank schauen will? Jedenfalls müht er sich ab, ohne von mir Hilfe haben zu wollen. Als er genügend Platz geschaffen hat, um hinter das verspiegelte Monstrum zu schauen, höre ich zunächst ein Gemurmel, das schnell deutlicher wird.

»Was haben wir denn da?«, fragt er schließlich in den Raum hinein und löst eine Verschalung an der Rückwand des Schranks. Weiterer Staub wirbelt auf. Im selben Moment hören wir die Hausherrin rufen.

»Ich habe Kaffee gekocht. Kommen Sie doch hoch, wenn es passt. Ein Stückchen Torte gibt es auch.«

»Ja gleiiich, Frau Carstensen«, ruft Mirko zurück.

»Was hast du denn gefunden, Herr Mirko?«, will ich von ihm wissen und muss schmunzeln.

»Klingt doch süß, oder? Herr Mirko! Wir haben uns mit unseren Vornamen vorgestellt, aber sie schafft es nicht, Sven und mich zu duzen. Hier hinterm Schrank gibt es offenbar ein Geheimfach.

Ach nee, da haben wir den Salat«, sagt Mirko, während er das Versteck genauer unter die Lupe nimmt.

»Was denn?«

»Pornohefte, ach du Schande. Jede Menge sogar. Hast du noch einen Karton frei?«

»Machen Sie doch eine Pause«, meldet sich Frau Carstensen erneut, »ich habe die Lieblingstorte meines Sohnes gebacken.«

»Auweia, wie bekommen wir das Zeug unauffällig an ihr vorbei? Wenn sie das sieht, fällt sie vom Glauben ab«, sagt Mirko und wirft einen nervösen Blick auf die Hefte. Aus den Augenwinkeln sehe ich einen Hengst und eine Frau, oder ist es ein überdimensionales Stofftier und eine Puppe? Macht jedenfalls nicht den Eindruck von Blümchensex. Und dann klingelt es.

»Hier ist der zweite Haushaltsauflöser, Sven«, höre ich eine kräftige Stimme von oben, die den Satz in einer erstaunlichen Geschwindigkeit formuliert. Danach findet eine ausgiebige Begrüßung mit der Dame des Hauses statt.

»Ihr nennt euch Haushaltsauflöser?«, will ich von Mirko wissen.

»Ja, meistens bezeichnen wir uns so. Erst im zweiten Satz sage ich dann *Entrümpelungen, Umzüge und Flohmärkte*. Leider hat das Wort *Entrümpler* für viele einen negativen Beigeschmack. Dabei haben die meisten Leute nur wenig Ahnung davon, was unser Beruf beinhaltet. Entrümpeln wird nicht wirklich ernst genommen. Die Leute denken immer, das könnten sie selber machen, nur weil sie auch schon mal umgezogen sind. Pah, das ist Quatsch, eine komplette Entrümpelung ist eine komplizierte Angelegenheit. Das merken die meisten spätestens, wenn sie mal ihren eigenen Keller entrümpeln wollen. Dann stehen sie vor den Regalen und dem ganzen Krempel und wissen nicht, wo sie anfangen sollen. Richtig schwierig wird es, wenn Kinder die Wohnungen und Häuser ihrer verstorbenen Eltern auflösen müssen. Die scheitern oft bereits an der Frage des Sortierens: Was ist Müll, was will man behalten, was vielleicht verschenken oder gar verkaufen? Wir haben schon Kunden erlebt, die überfordert und vollkommen am Ende mit den Nerven waren und die erst spät auf die Idee kamen, jemanden zu suchen, der so etwas professionell erledigt. Manche Leute scheuen sich davor, den Haushalt Fremden zu überlassen, und wollen es deshalb selber machen. Das kann ich gut verstehen, schließlich gibt es, in Wohnungen in denen man womöglich selber groß geworden ist, unendlich viele Erinnerungsstücke. Das ist eine vertrackte Situation. Aber irgendwann ist bei den meisten Laienentrümplern der Punkt erreicht, an dem sie physisch und psychisch nicht mehr gegen die Belastungen ankommen. Wenn wir in solch einer Situation auftauchen, dann empfinden manche Auftraggeber uns als kleine *Engel*«, sagt Mirko und lacht los.

Wenig später steht Mirkos Partner im Keller.

»Bei euch geht's ja lustig zu«, sagt er, gibt mir die Hand und wir machen uns bekannt.

»So sieht also der zweite Engel aus!«

»Wie bitte?«

Es ist unsere erste Begegnung. Sven ist einer dieser alterslosen Männer, die ich nicht schätzen kann. Nicht mehr zwanzig, aber keine vierzig, irgendwo dazwischen, mit St.-Pauli-Kapuzenjacke und Strickmütze. Er ist richtig groß und schlaksig mit kantigen Schultern. Um den Hals trägt er diverse Silberketten, von denen ich meinen Blick kaum lassen kann. Eine davon ist eine sogenannte Königskette mit ineinander verflochtenen Gliedern. Sie sieht indisch aus. Vor Jahren habe ich mir dort ein ähnliches Stück gekauft und ewig nicht getragen. Könnte ich eigentlich mal wieder hervorholen. Eine andere Kette ist grobgliedrig und wirkt an dem Zweimetermann ausgesprochen passend. Dazwischen baumeln zwei geflochtene Lederbänder und ein Anhänger, von denen einer keltisch anmutet. Sven trägt Brille, und als er seine Mütze abnimmt, kommt ein dunkler Haarschopf zum Vorschein. Die Strähnen hängen ihm in die Stirn und reichen bis zur Kante des schwarz umrandeten Gestells. Am Handgelenk zeigt sich ein schweres Silberarmband, aber seine Ohren sind gänzlich frei von

Schmuck. Bei der Gelegenheit schaue ich mir Mirkos Ohren etwas genauer an und entdecke dort diverse winzige Löcher. Er trug offenbar mal Stecker oder Ringe, möglicherweise im Dutzend. Die beiden Herren sind oder waren zumindest mal gut *geschmückt*.

»Hier, schau dir den Kram mal an«, sagt Mirko und erklärt ihm kurz das Pornodilemma.

»Sie hat mich grad darauf hingewiesen, wo ihr Carsten die letzten zwei Stunden seines Lebens verbracht hat. Ich habe einen großen Schritt über die Stelle gemacht. Die Hefte darf sie auf keinen Fall sehen. Das würde ihr einen Schock versetzen. Die müssen wir irgendwie hier rausbekommen. Habt ihr sonst noch was Interessantes gefunden?«, fragt Sven.

»Ohne Ende Modellautos, darunter einige tolle Dinger.«

»Sind Schucos dabei?«

»Nee.«

»Schade.«

»Sven sammelt alles Mögliche, unter anderem Schuco-Modellautos«, klärt Mirko mich auf.

»Aha«, sage ich und suche in meinen Kindheitserinnerungen erfolglos nach Schuco-Modellen.

Die beiden Männer planen ein Ablenkungsmanöver, um der Mutter des Pornoliebhabers den Anblick seines Zweithobbys zu ersparen. Dieses Unterfangen stellt sich als mindestens so kompliziert dar wie später die Abwehr eines dritten Stücks Torte, als wir endlich an ihrer Kaffeetafel sitzen. Mir ist schon ein wenig übel von der Zucker- und Sahneüberdosis, und gleich müssen wir wieder Sodomiepornos auf diverse Kartonböden verteilen und mit Zeitungspapier tarnen, damit Frau Carstensen nichts davon mitbekommt. Immer wenn Sven oder Mirko mit einem Karton die Treppe heraufkommen, wirft sie einen Blick auf den Inhalt. Dabei wirkt sie so, als würde sie gern wissen, welche Schätze sich in ihrem Keller verbergen. Ich staune über die Diskretion und Rücksichtnahme der beiden Entrümpler. Die Hefte sind gut abgedeckt.

»Carsten konnte drei Stücke verdrücken«, sagt Frau Carstensen, und ich stelle mir ein Leben als Carsten Carstensen in einem Hobbykeller voller Modellautos vor.

Nach weiteren zwei Stunden ist der Keller leer. Den Schrank bauen die beiden beinah lautlos auseinander und tragen die Einzelteile an Frau Carstensen vorbei. Alle anderen Möbel bleiben komplett und werden in den Transporter geladen. Die schweren Kartons liegen auf der Achse. Der Stauraum wird optimal ausgenutzt. Zuletzt landen Teppichreste und alles, was man als Müll bezeichnen kann, im Wagen. Manches davon haben sie vorab in große Säcke verstaut.

»Wenn wir vor Ort allein agieren, dann kann es schon mal lauter werden«, sagt Mirko.

»Du meinst, dann greift ihr zum Brecheisen?«

»Auch das kann passieren. Aber wir gehören nicht zu den *Randaletypen*. Eine Entrümpelung oder Wohnungsauflösung muss nicht zwangsläufig eine laute und grobe Angelegenheit sein. Wenn Nachbarn in der Nähe sind, sollten sie nicht mehr als nötig gestört werden. Klar gehen wir manchmal auch rabiat vor, wenn etwas nur noch einen Wert als Restmüll hat und wir es auseinanderkloppen. Wir können den Preis vorab nicht immer einschätzen, aber bei Schränken wissen wir genau, was geht. Manche Möbel sind Selbstläufer, wie die Clubsessel von diesem Carsten. Dafür gibt es immer Abnehmer. Andere landen auf dem Müll, auch wenn sie noch gut in Schuss sind.«

»Wie werdet ihr die Sachen los?«

»Das kommt immer drauf an«, sagt Mirko einen seiner Lieblingssätze, »wir haben zum Beispiel eine lange Liste mit Vorbestellungen. Andere Sachen stellen wir bei eBay ein, wieder anderes landet auf dem Flohmarkt.«

»Kannst du dir alles anschauen, wenn du magst«, sagt Sven.

»Gern. Und wohin fahren wir jetzt?«

»Zum Wertstoffhof und dann zu unserem Lager.«

Wir verabschieden uns von Frau Carstensen und fahren los.

»Noch mal gut gegangen. Sie hat nichts gemerkt. Das hätte mir auch wirklich leid getan. Soll sie ihren Carsten doch lieber *sauber* in Erinnerung behalten«, meint Sven.

»Ihr Carsten scheint doch etwas speziellere Vorlieben und Hobbys gehabt zu haben als das reine Angeln«, meint Mirko und lächelt sein jungenhaftes Lächeln.

»Was macht ihr, wenn ihr richtig übles Zeug findet? Kinderpornografie zum Beispiel.«

»Wir haben schon mal die Bullen geholt«, sagen die beiden wie aus einem Munde.

Nach gefühlten zwei Minuten ist die Arbeit im Wertstoffhof erledigt. Bei den beiden Jungs sitzt jeder Griff, und ruck, zuck geht die Fahrt weiter.

»Ich glaube, ihr habt der Dame eine große Last abgenommen«, sage ich, nachdem wir eine Weile schweigend im Stau stecken.

»Das ist unser Job und den versuchen wir so gut wie möglich zu erledigen. Stell dir mal vor, die alte Frau Carstensen hätte dort im Keller die Autos verstauen sollen. Das hätte sie doch nie gepackt.«

»Und die speziellen Hefte!«, sage ich.

Und dann erfahre ich, wie oft Mirko und Sven schon eingeschaltet wurden, wenn Privatleute am Entrümpeln gescheitert sind.

Aller Anfang ist Rechnerei

Eine komplette Haushaltsauflösung steht an.

»Eher etwas Unspektakuläres. Aber kannst ja mal von Anfang an dabei sein, mit Vorgespräch und allem Pipapo«, bietet Mirko mir an.

Die alte Dame, um deren Haushalt es geht, lebt seit einigen Monaten in einem Pflegeheim. Sie ist dement, ihre Tochter ist aus dem Ausland angereist, um das Organisatorische zu klären. Ich treffe Mirko und Sven an einer nahe gelegenen S-Bahn-Station.

»Wenn ich ehrlich bin, dann denke ich bei Haushaltsauflösungen von Demenzkranken immer an Schätze, die sich in der Wohnung verbergen«, sagt Sven, als wir die gesuchte Adresse erreichen.

»Wie meinst du das?«

»Manche von ihnen holen regelmäßig Geld von der Bank ab und vergessen es wieder. Die Scheine liegen dann irgendwo herum.«

»Ist euch das schon mal passiert?«

»Uns ist schon alles Mögliche untergekommen, auch Bargeldfunde. Leider viel zu selten, aber eines ist klar: Jeder Entrümpler träumt von Schätzen. Das gehört zum Beruf. In jedem neuen Haushalt fragst du dich automatisch, was dort wohl auftaucht. Irgendetwas findet sich immer. Hier sieht die Lage aber wohl anders aus. Etwaige Funde stehen der Tochter zu, beziehungsweise wäre es natürlich das Geld der Mutter. Es kommt aber auch vor, dass es keine Hinterbliebenen gibt. Und tatsächlich haben wir schon manchen Schatz entdeckt. Münzen, Geldverstecke, Schmuck«, erklärt mir Sven.

»Gleich zu Beginn unserer Zusammenarbeit war es ein spezieller Fund, und wir hatten den kühnen Traum, es könne immer so weitergehen«, ergänzt Mirko.

Noch bevor Sven mir von ihrem ersten gemeinsamen Schatz erzählen kann, stehen wir vor der Haustür des Wohnblocks, in dem die alte Dame gelebt hat. Petra Willemsen, ihre Tochter, wartet bereits auf uns. Mirko kennt sie persönlich, denn bevor sie ausgewandert ist, waren sie Nachbarn.

Die Wohnung befindet sich in einem gepflegten Siebzigerjahre-Etagenhaus, ist großzügig geschnitten und hell. Schon beim Eintreten merkt man, dass hier eine ältere Dame wohnte. An der Garderobe hängt ihr Wintermantel, und elegante Handschuhe sind auf einer Kommode deponiert, auch wenn wir frühlingshaftes Wetter haben. Es ist penibel aufgeräumt, nirgends liegt etwas herum, es riecht gut und die Heizung läuft. Und wenn es da nicht die vertrockneten Zimmerpflanzen gäbe, könnte man denken, die Dame sei nur mal eben zum Einkaufen gegangen. Tatsächlich wird sie jedoch nie wiederkommen. In wenigen Tagen wird diese Wohnung leer geräumt sein und zum Verkauf angeboten. Ein Makler hat die Abwicklung übernommen. So zumindest lautet die Planung.

Es ist ein seltsames Gefühl, gemeinsam am Wohnzimmertisch zu sitzen und das genaue Vorgehen zu besprechen. Wie vier Fremde, die in etwas hineingeraten sind, das sie möglichst rasch und unauffällig über die Bühne bringen wollen. Aber das denke vermutlich nur ich. Mirko und Sven wissen genau, was sie hier wollen: die Wohnung inspizieren, einen Kostenvoranschlag für die Auflösung erstellen und sich mit der Kundin einigen. Möglichst gleich.

»Ich habe hier nie gelebt und keinen engen Bezug zur Wohnung und zu den Dingen. Als meine Eltern ihr Haus verkauft haben, wohnte ich schon nicht mehr dort. Danach sind sie hierhergezogen. Sie haben diese Wohnung nur gekauft, weil das Haus eine Tiefgarage hat. Meine Mutter war vernarrt in ihr Auto. Der

Wagen musste unbedingt ein festes Dach überm Kopf haben. Der Fahrstuhl führt bis in den Keller. Das fand sie unglaublich praktisch. Fahren kann sie allerdings schon lange nicht mehr. Mit fünfundachtzig Jahren hat sie endlich ihren Führerschein abgegeben«, sagt die Tochter.

Diese Worte nehmen zumindest mir ein wenig die Scheu, die ich in diesem verlassenen Haushalt empfinde. Wie es meinen beiden Entrümplern wohl geht, als sie im nächsten Moment Schranktüren öffnen und in Schubladen schauen? Ihr Vorgehen ist mit der Auftraggeberin abgesprochen, um ein faires Angebot abgeben zu können.

»Nanu, was ist das denn«, sagt Frau Willemsen und zeigt auf eine geöffnete Schachtel im Wohnzimmerschrank. Deutlich ist ein Hakenkreuz auf einem Emblem zu erkennen. Als sie es herausnimmt, findet sich auf der Rückseite eine Gravur. Die Schrift ist winzig, wir versuchen gemeinsam, sie zu entziffern: P. Dallmann.

»Das ist der Bruder meiner Mutter, er ist während des Krieges als Pilot über Kreta abgeschossen worden. Ich habe das Ding noch nie gesehen, ich weiß nicht mal, ob ich je ein Foto von ihm in der Hand hatte.«

»Hier steht sogar etwas von Griechenland«, identifiziert Sven.

»Wie scheußlich, ein Hakenkreuz zu sehen«, sagt Frau Willemsen und legt die Schachtel zurück ins Fach.

»Ähnliche Dinge gibt es in vielen Haushalten. *Mein Kampf* finden wir immer mal wieder«, sagt Mirko.

»Neulich war es sogar eine Reichskriegsflagge von gewaltigen Ausmaßen. Als wir mit Haushaltsauflösungen anfingen, wussten wir nicht, wohin mit solchem Zeug, und haben das meiste verbrannt, damit es nicht in falsche Hände gerät. Mit Massenprodukten halten wir es noch immer so. Also mit diesem ganzen Propagandamaterial über Rassenhygiene und die Minderwertigkeit anderer Völker, lauter üblem Zeug. Kriegsverherrlichende Landser-Hefte finden wir in erschreckend vielen Haushalten. Solch einen Schund braucht nun wirklich niemand. Die Reichskriegsflagge hat übrigens ein jüdischer Verein in Berlin übernommen. Dort wird sie archiviert.«

Mirko hatte mir erst kürzlich erzählt, wie er als Jugendlicher Kontakt zu Menschen bekam, die sich gegen das Vergessen der Nazigräuel einsetzen. Seitdem hat ihn dieses Thema nicht mehr losgelassen. Als vor vielen Jahren in seinem Stadtteil ein Einkaufszentrum erweitert und dazu eine Plattenbausiedlung komplett abgerissen werden sollte, die jüdische Zwangsarbeiterinnen aufgebaut hatten, wollte er nicht akzeptieren, dass Geschichte unsichtbar gemacht wird. Gemeinsam mit dem *Verein für Verfolgte des Nationalsozialismus* setzte er sich für den Erhalt der Erinnerung am Originalschauplatz ein.

Unsere Wohnungsbesichtigung, inklusive der Schrank- und Abstellkammerinhalte, dauert eine halbe Stunde. Ich schaue mich um und versuche, niemandem im Weg zu stehen. In einem kombinierten Ess- und Arbeitszimmer steht ein Nähmaschinenschrank mit voller Ausstattung. Alle Utensilien sind akkurat in Fächer und Kästchen einsortiert. Ich werfe einen scheuen Blick hinein und bewundere die Ordnung. Nicht eine Staubfluse wirbelt durch den Schrank. Eine wahre Freude für alle Hobbyschneiderinnen. Als das Wohnzimmer *frei* ist, weil die anderen die Küche inspizieren, schaue ich mir die Bilderrahmen genauer an. Eine Ehrung durch die Gemeinde zum neunzigsten Geburtstag der alten Dame hängt über dem Zweisitzer, gleich daneben finden sich private Fotos von der Akropolis, auf denen ein Paar in seinen Dreißigern zu sehen ist. Frauenzeitschriften und Nähanleitungen stapeln sich auf einem Beistelltisch. Die oberste Ausgabe ist vom November und gibt Tipps zum Stricken modischer Mützen.

Ich gehe auf den geräumigen Balkon, wo sich nach einer Weile Sven zu mir gesellt. Er deutet über die Straße hinweg.

»Da hinten, noch hinter dem Grünstreifen und der Reihenhaussiedlung, hatten wir eine unserer besten Auflösungen. Der Auftrag war die helle Freude, kannst Mirko fragen. Der kommt aus dem Schwärmen nicht mehr raus, wenn er davon spricht. Was wir da nicht alles gefunden haben. Die Verstorbene hatte mit einigen Showgrößen aus den Achtziger- und Neunzigerjahren zu tun gehabt. Im Haus gab es interessante Fotos und Briefe, aber auch jede Menge Wertsachen. Eine Fundgrube, aber wir mussten unsere Schätze verteidigen. War nicht ganz einfach. Müssen wir dir bei Gelegenheit mal genauer erzählen. Die Dame hat mit Peter Frankenfeld geschwoft und hatte einige erstklassige Verehrer«, sagt Sven.

Wenig später gehen wir gemeinsam auf den Dachboden. Die Tochter von Frau Willemsen hat ein Bündel Schlüssel dabei, die sie jedoch nicht zuordnen kann. Sie war nur ein einziges Mal dort oben, und damals sah alles irgendwie anders aus, wie sie meint. Auf der Suche nach dem richtigen Raum spähen wir durch Drahttüren, bis sie schließlich in einem der Verschläge einige Gegenstände wiedererkennt.

»Da liegt meine alte Puppe. Mein Gott, die muss an die fünfzig Jahre alt sein. Das Kleidchen hat meine Mutter genäht.«

Mirko probiert diverse Schlüssel, bis er den richtigen findet.

Mir springen sofort ein paar schwarze Stiefel ins Auge, mit lederbezogenen Absätzen in der richtigen Höhe, einem hohen Schaft und fast ohne Gebrauchsspuren. Sie sehen unglaublich schick aus und müssen aus einem weit zurückliegenden Jahrzehnt stammen. Ich frage mich im Stillen, ob sie mir wohl passen würden, und schäme mich gleichzeitig dafür. Die alte Dame wird mit den Absätzen sicher nicht mehr zurechtkommen, rede ich mir ein, um mein Gewissen zu beruhigen. Die Stiefel sind ein Traum, und meine Scham wächst, weil ich ernsthaft überlege, ob ich meine beiden Entrümpler später fragen sollte, ob ich sie anprobieren darf. Sie ziehen mich magisch an.

Der Dachboden entpuppt sich als kleine Schatzkammer.

»Dass meine Mutter die vielen Puppenkleider aufgehoben hat! Das meiste hat sie selbst gehäkelt und genäht. Wie süß!«, sagt Petra Willemsen und stöbert in einem Karton.

»Irgendwo muss es auch noch Steifftiere geben. Die würde ich gern behalten oder aber am Verkaufserlös beteiligt werden«, sagt die Tochter, und ich staune über ihren Pragmatismus.

»Die kleinen Puppen aus dieser Kiste wären etwas für meine Töchter«, sagt Sven ganz unverblümt.

»Wie alt sind sie denn?«

»Vier und sechs.«

Über Svens Familienverhältnisse wusste ich bisher nichts. Seltsamerweise dachte ich, er sei ein Single, der sich irgendwie durchs Leben schlägt. Im Grunde genommen genauso wie Mirko und in gewisser Weise auch ich. Ungebunden und niemandem verpflichtet.

»Und die Schlafzimmerkommode Ihrer Mutter könnten wir in dem Kindergarten gut gebrauchen, in dem ich arbeite«, sagt Sven zu Frau Willemsen.

»Sind Sie Erzieher?«

»Ja, genau. Ich arbeite in einer Kindertagesstätte.«

Hinter meinem Entrümpler-Duo scheint eine sozial engagierte Ich&Du-AG zu stehen. Wer hätte das gedacht? Ein Erzieher und ein Lebenskünstler lösen Haushalte auf! Ich muss dringend mehr über ihren Werdegang erfahren. Doch jetzt steht die Dachbodenbesichtigung auf dem Programm.

»Da liegt noch eine Schildkrötpuppe. Solche Puppen sind was wert«, sagt Sven.

»Ach ja, die gibt es auch noch!«, ruft Frau Willemsen.

»Zu dumm, dass ihr jemand mit Filzstift einen Lidstrich gezogen hat«, bedauert Sven.

»Das muss ich gewesen sein«, erwidert sie und lacht. Ich schätze die Dame auf Mitte fünfzig. In ihren engen Jeans und der modischen Lederjacke wirkt sie jedoch wesentlich jünger. Ich finde sie nett und versuche mir vorzustellen, wie ich in einer vergleichbaren Lage reagieren würde. Doch das fällt mir schwer, denn ich habe meine Eltern viel zu früh verloren und sie nicht alt werden sehen.

»Die Puppe unten auf dem Schlafzimmerbett ist zum Glück unversehrt«, sagt Sven.

Ich habe nie zuvor etwas von Schildkrötpuppen gehört, noch ist mir im Schlafzimmer solch ein Exemplar aufgefallen. Als einziges Mädchen in der Familie gehörten Puppen ohnehin nicht zu meinen bevorzugten Spielzeugen. Dafür erinnere ich mich plötzlich an einen riesenhaften rosafarbenen Teddybären. Er war fast so groß wie ich. Wo ist der eigentlich abgeblieben?

Als die Entrümpler alles besichtigt haben, gehen wir ohne Frau Willemsen nach unten und setzen uns ins Auto. Mirko und Sven wollen sich über den Kostenvoranschlag austauschen und dafür eine sogenannte Wertschätzung vornehmen. Sven hat während der Besichtigung Striche auf einen Notizblock gemalt. Jeder dieser Striche bedeutet 50 Euro, wie er mir jetzt erklärt. Mirko rechnet irgendetwas im Kopf nach. Beide landen bei einer ähnlichen Summe, die sie für die Entrümpelung ansetzen. Nun geht es darum, welche Gegenstände Frau Willemsen angerechnet werden können. Die Steifftiere fallen weg, weil sie sie behalten möchte, doch dafür gibt es die beiden Puppen. Ich staune darüber, dass das Schlafzimmer angeblich nichts wert ist oder zumindest kaum etwas. Ein sorgfältiger Abbau, ein Einlagern und Anbieten im Internet sei zu aufwendig und bringe vermutlich nichts ein. Na gut, man könne es ja mal probieren und gleich noch einige Fotos ins Internet stellen, meint Sven. Manche alten Dinge träfen eine aktuelle Modeströmung. Bei Schlafzimmern sei das schwer zu sagen. Immerhin sei dieses hier komplett und gut erhalten mit zwei Nachttischen, einer Kommode, dem Kleiderschrank und dem Ehebett. Aber nein, sie entscheiden sich fürs Entsorgen. Das Schlafzimmer wird in den nächsten Tagen auseinandergenommen. Und dem Wohnzimmerschrank blüht das gleiche Schicksal. So etwas wolle niemand haben. Die Couchgarnitur hingegen sei nicht schlecht. Momentan würden solche wuchtigen Sitzgelegenheiten gern von Szenekneipen aufgekauft. Omas Wohnzimmersofa! Oft verrechnen die Entrümpler ein Drittel der anfallenden

Kosten. Hier wird es jedoch etwas weniger sein, weil sie bisher nichts Besonderes entdeckt haben. Außerdem hatte die Dame seit geraumer Zeit einen Pflegedienst im Haus, der uneingeschränkten Zugang zur Wohnung hatte und sogar noch immer hat. Da werde es wohl keine positiven Überraschungen geben, wie Mirko und Sven mir unverblümt erklären.

»Ihr meint, da hat schon mal jemand in die Schubladen geschaut?«

»Davon ist auszugehen. Der Job als Pflegekraft ist nicht einfach, die allermeisten Angestellten leisten zweifellos eine hervorragende Arbeit, aber auch in diesem Bereich hat sich in den letzten Jahren viel zum Negativen verändert. Manche Pflegedienste haben sich vergrößert, haben unzählige Mitarbeiter und komplizierte Dienstpläne. Dort kann es ziemlich anonym ablaufen. Öfter mal kommen die unterschiedlichsten Pflegekräfte in ein und denselben Haushalt. Da hat niemand einen genauen Überblick. Die Kräfte sind nicht unbedingt gut ausgebildet, noch dazu unterbezahlt, da ist es mit dem Verantwortungsgefühl manchmal nicht weit her. Schwarze Schafe gibt es überall. Kann aber auch sein, dass die alte Dame von sich aus ihre Wertsachen verschenkt hat«, sagt Mirko, der selber als Altenpfleger gearbeitet hat.

Durch diese Aufgabe sei er überhaupt erst zum Entrümpler geworden, erwähnt er im Nebensatz. Vorher habe er sich mehr so mit Sperrmüll und Flohmärkten beschäftigt, aber das werde er mir alles irgendwann mal genauer erklären. *Man wächst da so rein.*

Als sie Petra Willemsen ihr Angebot vorlegen, wird noch ein wenig gefeilscht, aber im Grunde genommen einigt man sich zügig auf eine dreistellige Summe, die Mirko und Sven für die komplette Auflösung bekommen. Sie veranschlagen zwei volle Tage für das Leerräumen und Abfahren des Haushalts.

Anfang nächster Woche soll es so weit sein. Spätestens am Mittwoch muss die Tochter wieder nach Hause fliegen.

»Sollte etwas Unverhofftes eintreten, rufen wir an«, sagt Mirko noch.

Später erklärt er mir, dass sie während einer Entrümplung immer mal bei den Auftraggebern anrufen, weil man sich nicht alle Absprachen bis ins Detail merken kann oder Überraschungen auftauchen. Am liebsten sind ihnen natürlich Auflösungen, bei denen vertraglich festgelegt ist, dass die gesamte Wohnungsausstattung mit den Schlüsseln in ihre Hände übergeht. Doch das geschieht eher selten und in der Regel nur, wenn eine Nachlassverwaltung involviert ist und Verträge unterzeichnet wurden. Ansonsten wird telefonisch nachgefragt, ob dieser oder jener Gegenstand wirklich entsorgt werden soll, wenn etwas scheinbar Persönliches oder auch Wertvolles auftaucht. Manchmal können die beiden es nicht nachvollziehen, was in den Augen ihrer Auftraggeber alles *weg* kann.

»In unserem Job haben wir es auch mit Erbschleichern zu tun«, sagt Sven, als wir wieder im Auto sitzen. »Ich zeig dir mal ein Haus, das wir vor Jahren aufgelöst haben und bei dem wir heilfroh waren, einen rechtlich abgesicherten Status als alleinige Berechtigte in der Tasche zu haben. Das ist gleich hier vorn und war einer unser lukrativsten Aufträge.«

»Bei der Dame, die mit Peter Frankenfeld geschwoft hat?«

»Ganz genau.«

»Die Frau war alleinstehend gewesen. Sie hatte keine Kinder, aber einige entfernte Verwandte, die offenbar keine Lust hatten, sich um die Auflösung zu kümmern. Hier ist es«, sagt Sven und zeigt auf ein unscheinbares Reihenhaus. Kaum vorstellbar, dass es hier einen überaus lohnenden Einsatz gab. Es wirkt nach kleinbürgerlichem Vorstadtleben und wird zu Zeiten der alleinstehenden Dame ganz ähnlich ausgesehen haben.

»Die Verwandtschaft wollte das Ding von der Backe haben, ausräumen, den Kasten verkaufen, Kohle einsacken, fertig. Das war gut für uns«, sagt Mirko.

Als sie damals den Schlüssel ins Schloss steckten, um mit dem Ausräumen zu beginnen, stach ihnen sofort der Geruch von Alkohol in die Nase. Am Küchentisch saßen drei Männer und tranken teuren Whiskey. Mirko kannte einen von ihnen vom Sehen. Er stand häufig mit einer Dose Bier in der Hand an der nahe gelegenen S-Bahn-Station, offensichtlich ein beschäftigungsloser Mann in seinen Fünfzigern mit stets geröteter Nase. Die anderen sahen nicht viel gesünder aus. Was machten diese Kerle im Haus der Verstorbenen?

Mirko und Sven trugen ihre üblichen Klamotten, keinen Blaumann, keine Arbeitskleidung. Sie wirkten keineswegs wie professionelle Handwerker. Die angetrunkenen Herren schauten verdutzt auf die *Besucher* und stellten sich vermutlich die gleiche Frage.

Ihr athletisches Erscheinungsbild unterstrich dann die Bedeutung des Nachlassvertrages in ihrer Hand, und der Mann mit der geröteten Nase, angeblich ein Cousin der Verstorbenen, räumte nach einer ausgiebigen *Diskussion* und dem Ausspeien diverser Flüche mit seinen Kumpeln das Feld. Sie waren nicht erpicht auf eine Begegnung mit Ordnungshütern. Es wäre für die beiden Entrümpler das letzte Mittel gewesen, aber allein die Erwähnung der Möglichkeit eines Anrufs bei der Polizei wirkte Wunder.

Als sie gerade bis zu einer Abstellkammer vorgedrungen waren, deren Tür sich erst nach einem kräftigen Ruck öffnen ließ, woraufhin ihnen Kartons über Kartons entgegenpurzelten, klingelte es an der Haustür. Ein flüchtiger Blick auf das Innere der Kammer offenbarte Damenschuhe vom Feinsten, teilweise ungetragen und in Originalkartons verpackt. Teure Marken, edelstes Leder. Das machte Laune auf weitere Schätze. Gemeinsam gingen sie zur Tür. Man konnte ja nie wissen, ob nicht weitere *Cousins* auftauchten. Doch diesmal war es eine *Freundin* der Verstorbenen, die *ihren* Schmuck abholen wollte, den sie kürzlich hier *vergessen* hatte. Andere *Freunde* suchten im Laufe des Tages persönliche Briefe und Erinnerungsstücke. Es war erstaunlich, wer plötzlich alles vor der Tür stand und Zugang wünschte. Die Nachricht vom Erscheinen der Entrümpler musste sich wie ein Lauffeuer verbreitet haben. Und sehr schnell stellte sich heraus, warum es so war. Neben einer wertvollen Münzsammlung fanden sich Schmuck, kostbares Geschirr, Markenkleidung und andere Schätze.

Die Dame hatte offenbar ein lustiges Leben geführt. Im Wohnzimmer zierten Fotos mit Fernsehprominenten die Wände. Alle Aufnahmen waren bei privaten Anlässen entstanden und zeigten die Herrschaften in Feierlaune und ausgesprochen heiter. Nur zufällig hatten meine Entrümpler beim Gespräch mit der Nachlassverwalterin erfahren, dass die Dame *plötzlich und unerwartet* während der Fernsehshow ›Wetten, dass …?‹ auf ihrem Sofa gestorben war.

Freie Auswahl

Der Termin zur Wohnungsauflösung bei Frau Willemsen wird mehrmals verschoben, weil der Pflegedienst den Zeitplan durcheinanderbringt. Die Betreuerin der alten Dame findet diverse Gründe, um den Wohnungsschlüssel zu behalten. Die Lage ist verwirrend und belastend für Petra Willemsen, und noch bevor es zu einer Klärung kommt, muss sie abreisen.

»Das ist nichts Außergewöhnliches. Es passiert immer wieder, dass Pflegedienste oder Vormünder eine Auflösung hinauszögern. Dadurch verlängert sich der mögliche Abrechnungszeitraum für die Anbieter. Solange der *Auftrag* nicht abgeschlossen ist, wird Geld mit der Pflege und Betreuung verdient. Solche Verzögerungen sind nervig, aber kaum zu ändern. Oft gibt es ein Hin und Her zwischen den Diensten und den Angehörigen. Einer misstraut dem anderen. Hier im Haushalt fehlt zum Beispiel ein Goldarmband. Es ist nicht auffindbar, hat Frau Willemsen uns gesagt, nachdem sie neulich noch einmal in der Wohnung war. Bei meiner Oma waren es damals die Eheringe. Das ist eigentlich der Klassiker, wenn viele Fremde in der Wohnung waren. Wir können dann nur abwarten, bis alles geklärt ist und wir grünes Licht für die Auflösung bekommen«, sagt Mirko.

Als wir endlich zu dritt in der Wohnung stehen, bin ich ein wenig nervös.

»Jetzt machen wir erst mal unsere private Auswahl. Wenn dir etwas gefällt, gib uns Bescheid«, sagt Sven zu mir.

Ich muss ihn ziemlich erstaunt ansehen, denn schon schaltet sich Mirko ein.

»Wir beginnen mit einer sogenannten *aktiven Sichtung*. Das

heißt konkret, ohne Rücksicht alles anschauen, anfassen und eventuell auch ausprobieren, weil jetzt niemand mehr dabei ist. Wir prüfen, was uns persönlich gefällt oder was wir gebrauchen können, was Freunde und Bekannte bei uns in Auftrag gegeben haben und was wahre Schmuckstücke sind. Anschließend kommt eine Grobsortierung: Altglas, Altpapier, Altkleider, Müll, Flohmarkt und anderes. Das verschafft uns einen Überblick über den Arbeitsaufwand. Wir wissen dann ungefähr, wie viele Touren wir zum Wertstoffhof fahren müssen. Jetzt gucken wir auch in die Keksdosen und in die zweite Reihe des Stubenschranks. Hochwertige Sachen sortieren wir sofort aus und bringen sie in unseren Transporter. Womöglich kommt jemand anderer in die Wohnung, man weiß nie, wer vielleicht noch einen Schlüssel hat. Das ist uns leider schon passiert, damals wurde unsere Vorsortierung über Nacht abgeräumt. Wir hatten alles fein säuberlich auf einen Haufen gelegt, Münzen, Schmuck, Rosenthalporzellan, tja, und am nächsten Tag gab's den Haufen nicht mehr. Alles futsch. Da wird man vorsichtiger. Hier wird es aber wohl nichts Hochwertiges geben, es sei denn, wir stoßen noch auf einen Goldschatz oder den berühmten Montblanc-Füller. «

»Sind die Füller denn so viel wert?«

»Na klar, einige sind richtig was wert, aber es ist nicht ganz einfach, sich die entsprechenden Kenntnisse anzueignen. Solltest mich mal sehen, wenn ich im feinen Zwirn über die einschlägigen Messen tingle.«

Quasi nebenbei erfahre ich, dass Entrümpler *Experten der Weiterbildung* sein müssen. Mirko ist regelmäßiger Gast der für mich exotischen Füllfederhaltermesse. Und auch Briefmarken- und Porzellanmessen sind vor ihm nicht sicher. Dort schult er seinen Blick für Händler und Sammler, die womöglich auch an ihren Fundstücken interessiert sein könnten. Nur mit dem nötigen Know-how lässt sich im Glücksfall ein Montblanc-Füller für mehrere Hundert Euro an den Liebhaber bringen, anstatt ihn weit unter Wert auf dem Flohmarkt zu verscherbeln oder bei eBay zu versteigern. Mirko schlüpft manchmal sogar in die Rolle eines Schauspielers, um als potenzieller Kunde eine Gratisschulung zu besonderen Wertsachen zu erhalten. Im Laufe der Jahre hat er auch gelernt, Dinge zu verschönern und herauszuputzen, um sie am Ende *wertgetreu* verkaufen zu können.

»Wenn zum Beispiel ein großformatiger Gegenstand, sagen wir mal, ein verstimmtes Klavier aus dem frühen zwanzigsten Jahrhundert, durch eine Haushaltsauflösung in unseren Besitz kommt, dann stellt sich natürlich die Frage, ob sich eine Einlagerung lohnt, bis der Markt genügend zahlungskräftige Kunden bereithält, um einen hohen Preis zu erzielen, oder ob man es lieber sofort und günstig abgibt und im besten Fall sogar vor Ort abholen lässt und sich die Schlepperei und den Transport spart. Das alles kostet Zeit, Kraft und bedeutetet Aufwand. Für solche Entscheidungen muss man den Wert der Ware einschätzen können und auch die Möglichkeiten der Vermarktung kennen. Manchmal hilft auch Geduld weiter«, sagt Mirko und klingt plötzlich wie ein Geschäftsmann.

Und dann beginnt die *aktive Sichtung* und ich denke sofort an die Stiefel. Reinschlüpfen kann ich ja ruhig mal, aber noch ist keine Rede von einem Gang auf den Dachboden.

In der Wohnung halte ich mich zurück. Es erscheint mir seltsam, mich an den Sachen der alten Dame zu bedienen, obwohl sie zumindest rechtlich nicht mehr ihr gehören. Der gesamte Besitz ist laut Abmachung mit ihrer Tochter in die Hände der Entrümpler übergegangen. In der Küche entdecke ich einen hübschen Schneebesen mit Holzgriff, der den Eindruck vermittelt, man könne mit ihm ruck, zuck Eiweiß zu Eischnee verwandeln. In meiner Fantasie wird ein Baiserkrönchen auf Rhabarberkuchen daraus. Sven findet eine Tüte Gummibären und schaut auf das Verfallsdatum. 2009. Da lassen wir doch lieber unsere Finger davon, obwohl ich bei solchen Leckereien gern schwach werde. Mirko inspiziert die Speisekammer.

»Guck mal, hier, typisch Kriegsgeneration. Genauso sehen fast alle Speisekammern der Generation 80 plus aus. Voll, voll, voll! Die Leute bunkern regelrecht und haben Unmengen an Konserven. Die wissen ganz genau, was gesund und nahrhaft ist und bei Mangelernährung gegen Skorbut und Pest hilft: Sauerkraut, Erbsen, Möhren, Rote Bete, Kondensmilch, das volle Programm. Falls der Iwan doch noch kommt. Es gibt auch immer Döschen mit Mandarinen und Cocktailfrüchten. Ich habe mir noch nie im Leben eine Mandarinenkonserve gekauft. Seit zehn Jahren habe ich trotzdem immer welche auf Vorrat. Da haben wir sie ja schon, schau mal! Auf das Zeug sind sie in den Sechzigern abgefahren. Damals müssen Mandarinen groß in Mode gekommen sein, anscheinend haben sie den Geschmack dieser Generation getroffen. Und irgendwie sind sie drauf hängen geblieben. Oft finden wir auch Eingewecktes, aber da liegt das Verfallsdatum meist im vorigen Jahrhundert. Vor allem Kompott! Kennst du bestimmt auch, das gab's sonntags nach dem Braten. Leere Marmeladengläschen sind ebenfalls ein Klassiker. Die braucht zwar kein Mensch, aber sie werden ausgewaschen und gesammelt. Bohnenkaffee! Verschlossen und noch nicht abgelaufen, nehme ich mit. Ich habe mir seit Jahren keinen Kaffee mehr kaufen müssen. Und überhaupt: Fast alles, was ich brauche, finde ich bei den Haushaltsauflösungen. Geld benötige ich nicht viel. Und das Schöne ist ja sowieso: Es geht in diesem Leben nicht nur um Geld. Es geht um Freude und Spaß, na ja, und um einiges andere, aber jedenfalls nicht nur um Geld. Wenn ich dann mal eine Durststrecke habe, verkaufe ich etwas von dem ganzen Zeug aus unserem Lager«, sagt Mirko, der ins Reden gekommen ist.

»Wie sieht es mit Weinbeständen aus?«, will ich mit einem Blick in die Vorratskammer wissen.

»Hier scheint es keinen zu geben. Finden wir aber durchaus häufiger. Es waren schon edle Tropfen dabei. Ich hab mich inzwischen zu einem kleinen Kenner entwickelt. Wir haben mal einen gut betuchten Musikerhaushalt aufgelöst. Ich sag dir, da gab's Leckereien vom Feinsten.«

»Sind die Musiker gestorben?«

»Nee, die haben die Biege gemacht. Ihren ganzen Krempel verkauft und ab in den Süden. War 'ne Spontanaktion. Da steckten die CDs noch im PC und der Tisch war gedeckt. Schöne Sache. Wein bis zum Abwinken, schicke Möbel, hat sich gelohnt. Das Allerbeste war die Schallplattensammlung. Feinste Raritäten. Vieles davon steht bei mir zu Hause im Regal. Manche Single werde ich niemals freiwillig hergeben, und an ihrem ehemaligen Esszimmertisch sitzt meine Familie täglich«, sagt Sven und lächelt.

Im Vergleich dazu nimmt sich dieser Haushalt wirklich bescheiden aus. Die alte Dame war seit über zehn Jahren Witwe. Große Partys wird sie nicht mehr geschmissen haben. An ihrer Wohnung gefällt mir die Helligkeit. Sie ist von Licht durchflutet und auch jetzt, im kühlen Hamburger Frühling, behaglich und sonnig. Nur die Blumenbank und der Balkon machen einen vernachlässigten Eindruck. Den Pflanzen wurde seit Längerem keine Liebe und kein Wasser mehr geschenkt. Ein ehemals stattlicher Gummibaum kämpft wacker gegen das Absterben und zeigt noch einige grüne Blätter, während von Veilchen und Begonien nur verstaubte Überreste zu erkennen sind. Ohne Frau Willemsen senior haben sie keine Chance. Ich kann mir vorstellen, wie sie mit einer Gießkanne durch die Wohnung ging und jeder Blume das richtige Maß an Wasser gab. Und bei einem Blick ins Esszimmer sehe ich sie an ihrer Nähmaschine sitzen und Hussen für ihre Stühle nähen. Der samtene Stoff in Altrosa fällt sofort ins Auge. Vier Stühle, von den Lehnen bis zum Boden überzogen, mit aufwendigem Faltenwurf an den Vorderseiten. Sie muss eine gute Schneiderin gewesen sein.

»Und hier, auch ein Klassiker: eine Flasche Spiritus und Putzlappen aus alter Unterwäsche zum Großreinemachen sowie Kerzen und Streichhölzer für den Stromausfall. Diese Vorratskammer ist vorbildlich bestückt. Das Surfbrett gleich neben der Bügelhilfe und der Wäschesteife.«

»Surfbrett?«

»Ach, das ist so ein Schnack von Sven und mir. Wir sagen oft: Alles klar, hier haben wir einen ordentlichen Haushalt, Surfbrett an der richtigen Stelle, dort, wo es hingehört, was im Klartext meist bedeutet: *keine Überraschungen und keine großen Schätze.* Da können Haushalte ohne Surfbrett trotz Macken wesentlich interessanter sein. Auch wenn es oft an Sauberkeit mangelt – dreißig Jahre alte Spinnweben auf dem Dachboden können durchaus vielversprechend sein. Schmutz stört uns eigentlich nicht, da kennen wir keine Berührungsängste. Allerdings sind vermüllte Messiebuden, von denen oft die Rede ist, eher die Ausnahme.«

»Ein weiterer Klassiker bei Haushaltsauflösungen sind alte Zeitungen, meist handelt es sich um Berichte des Hamburger Abendblatts zur verheerenden Sturmflut vom Februar 1962 und zur ersten Mondlandung am 21. Juli 1969. Als wir das erste Mal auf solch eine Ausgabe stießen, haben wir uns tierisch gefreut. Wir dachten, es sei etwas ganz Besonderes«, sagt Sven.

»Und was sagt ihr nun zu dieser Auflösung?«

»Tja, hier sind wohl keine Überraschungen mehr zu erwarten. Und der Nazi-Orden aus Griechenland ist auch noch weg. Der wäre etwas für unseren Historiker gewesen. Den hätte er uns abgekauft. Wenn man dann die dazu passende Urkunde findet, bringt so etwas einige Hundert Euro. Ohne Urkunde aber auch schon einiges. Frau Willemsen hat nichts davon gesagt, dass sie ihn mitnimmt. Abgemacht war das jedenfalls nicht. Das ärgert mich. Jetzt gehe ich mal nachschauen, ob die Schildkrötpuppe im Schlafzimmer noch da ist. Bei den Steifftieren habe ich ohnehin keine Hoffnung«, sagt Sven.

Wenig später hören wir ihn murren, weil auch die Puppe fehlt, obwohl es doch anders abgesprochen war.

»Finde ich auch nicht in Ordnung«, sagt Mirko und scheint über eine Lösung nachzugrübeln.

»Das solltest du ihr sagen«, meint Sven.

»Werde ich auch. Unseren Historiker solltest du übrigens mal kennenlernen«, sagt Mirko zu mir.

»Unbedingt, der ist echt schräg drauf. Was der uns alles abkauft, das war anfangs wirklich überraschend. Inzwischen wissen wir genau, was ihn interessiert. Er muss ein gewaltiges Archiv haben, wenn ich mir überlege, wie viele Papiere er allein von uns übernommen hat. Postkarten aus allen Jahrzehnten des letzten Jahrhunderts, Familienfotos, Feldpost bis zum Abwinken, Ehrenkreuz der Deutschen Mutter, besonders das vergoldete, das gab es ab acht Kindern. Eigentlich nimmt er alle Kreuze aus der Zeit. Auf Urkunden ist er auch ganz wild. Verleihungsurkunden in Verbindung mit Orden sind der absolute Hammer für ihn. Dann strahlt unser Historiker. Er hat durch seine Recherchen schon tolle Sachen rausgefunden. Ist beeindruckend, wenn er einer Familiengeschichte auf den Grund geht. Wenn wir eine große Haushaltsauflösung in dieser Gegend haben, dann gibt es garantiert einen Koffer voller Papiere, die wir für ihn zurücklegen. Er nimmt uns immer etwas ab, weil wir nach seinen Interessen vorsortieren. Manchmal können wir regelrechte Spuren für ihn legen. Frank bohrt gern nach. Er ist wirklich ein spezieller Typ.«

Nachdem Sven und Mirko das Schlafzimmer oberflächlich durchgegangen sind, um die Verwertbarkeit der Möbel zu prüfen, jedoch noch nicht den Inhalt, öffne ich die Türen des Kleiderschranks und setze mich aufs Bett. Es ist ein seltsames Bild. Der Schrank ist beinah komplett bestückt, und ich frage mich unwillkürlich, welche Kleidung die alte Dame ins Pflegeheim mitgenommen hat. Viel kann es nicht gewesen sein. Ob sie bettlägerig ist? Hinter der linken Tür verbergen sich akkurat aufgestapelte Geschirrhandtücher in Weiß. Sie sind gebügelt oder gar gemangelt worden und riechen gut. Der Duft kommt einem regelrecht entgegen. Wie, um Himmels willen, erhält man Geschirrhandtücher über Jahre unbefleckt und weiß? In einem anderen Regal sind Bettschuhe einsortiert, darüber Unterwäsche und Nachthemden. Ich stehe auf und nehme umhäkelte Taschentücher in die Hand. Mir wird ein wenig mulmig. Ob Frau Willemsen diese Handarbeiten selber angefertigt hat? Ob sie noch etwas davon weiß? Was wird mit diesen Sachen geschehen? Ich mag es mir kaum vorstellen. Mäntel, Jacken, Röcke und Kostüme hängen an der Kleiderstange hinter der Doppeltür, darüber ein Regal mit Hüten und Handschuhen. Ich schaue aus dem Fenster, selbst die Gardinen verströmen einen angenehmen Duft. Das Leben in dieser Wohnung ist vorbei, zumindest für Frau Willemsen. Es war einmal und wird nicht wiederkommen. Der Gedanke führt mich in eine Melancholie, aus der ich mich möglichst schnell befreien möchte. Und so stelle ich mir vor, dass sie ein erfülltes Leben hatte, mit Urlaubsreisen nach Griechenland, in einer Zeit, als dieses Land noch weit entfernt von Hamburg war. Sie war eine leidenschaftliche Autofahrerin und hat eine langjährige Ehe geführt. Vielleicht ist sie sogar glücklich im Pflegeheim, zumindest ist sie dort nicht allein. Meine Gedanken kreisen. Das Schlafzimmer tut mir nicht gut. Nirgends sind Sachen ihres verstorbenen Mannes zu sehen. Vielleicht war sie einsam. Ich muss raus aus diesem Raum. Er ist zu persönlich, auch wenn hier kein einziges Foto hängt und ich kein Gesicht mit der ehemaligen Bewohnerin verbinden kann.

Mirko und Sven möchten wissen, ob der Dachboden noch vollständig bestückt ist. Wir nehmen den Fahrstuhl nach oben. Das Haus hat eine seltsame Architektur, was wohl daran liegt, dass es neben einer Tiefgarage auch noch einen Supermarkt beherbergt. Das Treppenhaus ist breit, aber dafür bietet der Fahrstuhl kaum Platz.

Die schwarzen Stiefel sind noch da.

»Die probiere ich mal an«, sage ich kleinlaut und verziehe mich in die hinterste Ecke der Bodenkammer. Perfekt. Meine Größe. Am Schaft zwar zu weit, sie haben noch Luft trotz dicker Jeans, aber für eine genaue Anprobe ist jetzt nicht der richtige Zeitpunkt. Nach einem kurzen Hineinschlüpfen lege ich sie beiseite. Zum Rock in jedem Fall zu weit.

»Hier, ein Zelt, ist das nicht etwas für dich?«, frage ich Mirko, von dem ich weiß, dass er gern in der freien Natur campiert.

Die Inspektion ergibt ein positives Urteil. Gute Qualität, ein

Familienmodell, komplett und trocken. Es kommt zu den *Privatsachen*. An einem Tannenbaumständer hingegen hat niemand Interesse.

»Das Zelt werde ich demnächst mal aufbauen. Vielleicht nehme ich es mit auf meine Insel, als Gästezelt«, sagt Mirko. Zwischen dem Sortieren von Angelzubehör und Christbaumkugeln erzählt Mirko mir von einer dänischen Insel, auf der sein Wohnwagen steht, selbstverständlich nicht auf einem spießigen Campingplatz, sondern auf einem urigen Privatgrundstück mit wenigen anderen Campern. Ein Idyll, das ich mir unbedingt mal ansehen soll. Dort seien Gefühle von Freiheit und Ganz-weit-weg-Sein garantiert.

Wir schleppen die wenigen interessanten Gegenstände in den Transporter, hauptsächlich Kinderspielzeug für Svens Töchter und den Hort, in dem er arbeitet. Im letzten Moment entscheidet Mirko sich für ein Angelgeschirr inklusive eines gut sortierten Angelkastens. In meiner Tüte stecken die Stiefel, eine Küchenschürze mit Kellermeister-Sekt-Motiv und ein metallener Durchschlag. Mirko kümmert sich um die Puppenkleider und sortiert sie in einen extra Karton. Als er noch einen großen Beutel mit Wolle entdeckt, scheint er sich ehrlich zu freuen.

»Für handgenähte Puppenkleider finden sich immer Abnehmer. Das Gleiche gilt für Wolle, Strickmaschinen, Strickmuster und Strickentwürfe, da gibt es regelrechte Liebhaber.«

Mirkos Handy klingelt, und nachdem er einige Worte mit dem Anrufer gewechselt hat, macht er uns ein Zeichen, dass es Petra Willemsen ist. Sven und ich nutzen die Pause für einen Kaffee im benachbarten Supermarkt.

»Wie lange kennt ihr beide euch eigentlich schon?«, frage ich Sven, der wieder sein komplettes Kettensortiment trägt. Er sieht meinen Blick auf seinen Hals und lächelt.

»Kommt fast alles aus Haushaltsauflösungen. Ich kann dir zu jeder Kette sagen, woher sie stammt. Ich mag alle gleich gern und lege sie deshalb alle um.«

Ein Anhänger fällt aus der Reihe des ansonsten silbernen Schmucks, und ich erfahre, dass er aus Straußeneierschalen gefertigt ist und Svens Lieblingszahl, die Neun, zeigt. Das Amulett ist zum Schutz mit einem Lederrand eingefasst. Das habe ihm ein Freund angefertigt und geschenkt. Sven legt anscheinend Wert aufs Detail.

»Mirko und ich kennen uns schon lange, seit Teenagerzeiten. Ungefähr vor zwanzig Jahren haben wir uns auf einem Abenteuerspielplatz kennengelernt. Der lag in direkter Nachbarschaft zu einer Begegnungsstätte und war ein wichtiger alternativer Treffpunkt, da hingen wir gern ab. Angefreundet haben wir uns erst später, und das gemeinsame Arbeiten kam dann auch irgendwann. Als das Plattenbüttel, so hieß das Areal, von Behördenseite geschlossen wurde, blieben die meisten Jugendlichen trotzdem da. Später gründete sich hier die antifaschistische Initiative zum Erhalt der Plattenbauten aus dem Zweiten Weltkrieg. Zwangsarbeiterinnen aus dem KZ Neuengamme und der Außenstelle Sasel hatten sie errichtet, um Wohnraum für ausgebombte Hamburger zu schaffen. Es war ein riesiges Gelände, fünfhundert Zwangsarbeiterinnen, vor allem jüdische Frauen aus Polen, haben dort schuften müssen. Für den Anbau des schicken Einkaufszentrums sollten auch die letzten Bauten abgerissen werden. Das ist zum Glück nicht ganz gelungen. Ein Plattenhaus steht noch und ist als Gedenkstätte und Studienzentrum eingerichtet. Musst du dir mal anschauen. Sonntags haben die immer geöffnet.«

»Mirko hat mir davon erzählt.«

»Als wir uns damals kennenlernten, wurde auf dem Platz viel gefeiert. Zeitweise trafen sich dort über hundert Leute, besonders im Sommer. Es gab ein kleines Theater, das Schauspielerpärchen hat auf dem Platz gelebt, und einen Kindergarten. Im Keller eines Plattenbaus hatten wir einen Übungsraum für unsere Band. Jede Menge Hunde rannten dort rum, kannst dir ja vorstellen, alles ein wenig punkig und anti. Es war ein wilder und gleichzeitig total friedlicher Haufen. Wir hatten kaum Stress mit den Bullen, auch wenn sie den Platz ein-, zweimal im Jahr geräumt haben, schließlich kursierten da auch Drogen. Das Übliche halt in der Szene. Ich war zu der Zeit fünfzehn, sechzehn Jahre alt, der jüngste von den Leuten, die sich dort trafen. Mirko ist zwei Jahre älter.«

Sven redet unglaublich schnell, und ich muss meine Ohren spitzen, um jedes Wort mitzubekommen. Er sagt, er sei ein *schwieriges* Kind und *auffälliger* Junge gewesen, größer als die anderen, mit starken Brillengläsern und einer so hektischen Sprechweise, dass man ihn damals kaum verstehen konnte. Als Jugendlicher galt er als aggressiv, aber er hat seine Ausbrüche in den Griff bekommen. Seine Kraft richtete sich gegen alles, was er als ungerecht empfand. Nur mit Glück ist er nicht ernsthaft mit der Polizei aneinandergeraten. Wenn Sven mal auf Glatzen, auf Nazis traf, mussten seine Kumpel ihn im Zaum halten. Mit seinen bunten Dreadlocks wurde er von der *Gegenseite* gern als Zielscheibe benutzt. Abgehauen ist er aber nicht, sondern er hat sich lautstark gewehrt. Er meint, als Junger sei er *plump* im Kopf gewesen, später habe er genauer differenziert und nicht ganz so spontan entschieden, wer einen Spruch von ihm verdient hatte.

Hier spricht ein Erzieher, der seinen persönlichen Werdegang reflektiert hat. Er begann seinen Beruf in dem Kindergarten, den er selbst als Kind besuchte, und arbeitet heute ganz in der Nähe. Erzieher wollte er werden, weil er andere beschützen will. So einfach ist das. Auch wenn er wusste, dass man in anderen Bereichen mehr Geld verdienen kann, stand für ihn ein sozialer Beruf außer Frage. Die Tätigkeit im Kindergarten bedeutet für ihn keine wirkliche *Arbeit*, wie er mir zu erklären versucht. Es sei eine Lebensaufgabe, ohnehin wolle er nichts anderes machen als sich um *Schwächere* zu kümmern.

»Und wann bist du sanft geworden?«

»Seit ich einundzwanzig bin«, sagt er, ohne eine Sekunde zu überlegen.

»Durch die Liebe?«

»Ja, durch Nina, meine Frau«, sagt Sven und berührt die Königskette an seinem Hals.

»Vorher war ich nicht grad der Typ, von dem man dachte, dass man ihm mal seine Kinder anvertraut, aber genau so ist es gekommen. Mich kennt der halbe Ort. Von den Eltern in der Kita, die zumeist in meinem Alter sind, bekommen Mirko und ich die meisten Aufträge. Anfangs staunten wir noch, was diese Leute unter Müll verstehen. Hier in der Gegend wohnen eher die Gutsituierten. Die zeigen dir den Keller, den du entrümpeln sollst, und meinen nur: *Das kann alles weg.* Du siehst die vollen Kisten mit Playmobil, und die Auftraggeber fragen dich noch, was du dafür haben willst, wenn du das ganze alte Zeug mitnimmst. Was meinst du, wie gut man solche Sachen verscherbeln kann, oder wie sich die in der Kita oder meine Töchter freuen, wenn wir ihnen die schönsten Figuren schenken?«

Vor meinem inneren Auge spule ich meine Vorstellung von seinem Lebenslauf ab. Sven lächelt, ganz so, als gefalle es ihm ausgezeichnet, wohin ihn die Liebe geführt hat.

»Seit wir unsere beiden Töchter haben, bin ich richtig glücklich. Meine Arbeit als Erzieher, mein Nebenjob als Entrümpler, meine Mädels, alles ist perfekt. Wenn ich jetzt mit den Polizeibeamten aus dem Revier Verkehrserziehung für die Kleinen anbiete und neben den Uniformierten durch den Stadtteil spaziere, muss ich selber lachen. Ist schon witzig«, sagt er, und nimmt erneut eine der Ketten zwischen seine Finger.

»Diese Kette habe ich Nina zum Abschied geschenkt, als sie zu ihrem großen Trip in die USA aufbrechen wollte. Wir waren erst seit kurzer Zeit ein Paar, und sie hatte ihr Auslandsjahr akribisch vorbereitet, hatte ewig darauf gespart und alles bestens organisiert. Sie setzte sich ins Flugzeug und flog davon. Das war hart für uns beide. Wir waren frisch verliebt und ein Jahr ist eine verdammt lange Zeit«, sagt Sven und strahlt: »Nach zwei Wochen war sie wieder da! Stell dir das mal vor! Sie hat alles abgeblasen, weil sie Heimweh und Sehnsucht nach mir hatte. So etwas hat nie zuvor ein Mensch für mich getan. Nina hat alle ihre Pläne über den Haufen geworfen, um zu mir zurückzukommen. Das war ein megamäßiges Gefühl! Plötzlich war ich mir ganz sicher, dass sie die Frau meines Lebens ist. Sie hat dann einen Job im Krankenhaus angenommen, bei dem sie keinen Schmuck tragen durfte. Die Kette war ihr aber viel zu wichtig, um sie irgendwo in die Schublade zu legen. Sie sollte getragen werden, und deshalb hat Nina sie mir zurückgeschenkt. Seit dem Tag habe ich sie nie wieder abgelegt.«

Wenig später kommt Mirko zu uns ins Stehcafé.

»Es tut Frau Willemsen leid mit dem Orden und der Puppe. Sie hatte keine Ahnung, dass die Sachen einen Wert haben, den wir in unsere Berechnung einbezogen haben. Sie wollte das alte Ding als Erinnerung an ihren Onkel behalten. Wenn sie demnächst wieder nach Hamburg kommt, bringt sie ihn zurück. Die Frau ist echt in Ordnung, sie wollte uns nicht beschubsen«, meint er.

»Das habe ich auch nicht gedacht. Ärgerlich ist es trotzdem. Du weißt selbst, dass er unter Umständen einiges wert ist. Und einen potenziellen Kunden haben wir schließlich auch.«

»Die Puppe aus dem Schlafzimmer hat sie übrigens zu ihrer Mama ins Pflegeheim gebracht. Für die alte Frau ist es eins der wenigen Dinge aus ihrer Vergangenheit, die sie auf Anhieb erkennt. Die Puppe lag Jahrzehnte auf ihrem Bett und Frau Willemsen hat jede Nacht mit ihr verbracht. Ist bei Demenzkranken wichtig, dass sie solch einen kleinen Halt, eine Orientierung haben. Sollte die alte Dame irgendwann nicht mehr sein, werden wir auch diese Auflösung übernehmen und die Puppe dann bekommen«, sagt Mirko, und ich versuche zu verstehen.

»Das alles hast du eben mit der Tochter abgesprochen? Ich meine, dass ihr die Haushaltsauflösung ihrer Mutter macht, wenn sie gestorben ist?«, frage ich.

»Darauf wird es hinauslaufen. Spricht doch nichts dagegen. Die Tochter lässt es lieber von uns erledigen, als jemand Fremden zu beauftragen. Wir haben im letzten Jahr schon ihren eigenen Umzug gemacht. Sie war ja meine Nachbarin und vertraut uns voll und ganz.«

Ich versuche, mir die Wertanrechnung einer Puppe vorzustellen, die nun wieder auf unbestimmte Zeit auf dem Bett einer alten und kranken Dame liegt.

»Bei manchen Gegenständen braucht es Jahre, bis sie einen Gewinn einbringen«, sagt Mirko, und es klingt angenehm neutral. So ist es nun mal. Es geht um das Geschäftliche hinter dem Menschlichen oder um das Menschliche vor dem Geschäftlichen? Beim Entrümpeln muss man den Tatsachen anscheinend pragmatisch ins Auge sehen.

Erst kürzlich konnte Mirko nach Jahren eine Zither verkaufen. Es bedurfte einer aufwendigen Recherche, weil dieses Instrument im Norden weitgehend unbekannt ist und es kaum Interessenten dafür gibt. Erst als er die Zither mit entsprechenden Informationen über den Hersteller und das Alter anbieten konnte, wurde ein gutes Geschäft daraus. Für manches braucht man eben einen langen Atem, wie er sagt.

Wir bestellen uns einen weiteren Kaffee und lassen die Arbeit warten.

»Wie seid ihr eigentlich zum Entrümpeln gekommen?«

Beide grinsen um die Wette und fallen sich ins Wort. Doch dann lässt Sven dem Älteren den Vortritt. Während Svens Worte sich manchmal überschlagen, spricht Mirko mit Bedacht, ganz so, als sei jedes Wort kostbar und ein Geschenk des Himmels, als freue er sich darüber, anderen Geschichten erzählen zu können. Sein Sprechen wirkt, als wolle er etwas teilen, etwas, das er gerne weitergibt, obwohl es kostbar ist, oder gerade, weil es kostbar ist und er gerne etwas verschenkt. Dabei schaut er seine Gesprächspartner aus hellblauen Augen an.

»Unsere gemeinsame Leidenschaft haben wir früh entdeckt. Wir waren schon in jungen Jahren Jäger und Sammler. Das war bei anderen auf dem Abenteuerspielplatz ähnlich, aber uns ist schnell aufgefallen, dass wir beide einen Zacken extremer waren. Wir kamen an keinem Sperrmüllhaufen vorbei, wir kannten jeden Flohmarkt im Umkreis und waren gut darin, ein Auto zu organisieren, um schwere Sachen abzuholen. Das war lange, bevor Sven seinen Führerschein hatte. Auf diese Art hat man sich damals das nötige Geld verdient. Sperrmüll, Abbruchhäuser durchsuchen, Dachböden aufräumen und Interesse an jedem Kleinkram haben. Vor uns war echt nichts sicher«, sagt Mirko.

»Als es bei mir ein wenig professioneller wurde, nach meiner Ausbildung zum Erzieher und meinem Wechsel nach Bielefeld, habe ich bei einem Umzugsunternehmen gearbeitet und nebenbei Flohmärkte gemacht. Ich hatte anfangs einen anderen Partner, mit dem ich kleine Entrümpelungen und den Verkauf der Sachen organisierte. Wir haben uns dann überworfen, weil das Vertrauen leider nicht mehr da war. Das war echt scheiße und wirklich traurig, aber wir waren einfach beide schräg drauf. Damit habe ich lange zu kämpfen gehabt. Als ich zurück nach Hamburg kam, habe ich wieder in einer Kindertagesstätte gearbeitet. Nebenbei habe ich mir Sperrmüll angeschaut, gelegentlich Dachböden geräumt und Flohmärkte besucht. Es dauerte nicht lange, und über die Eltern der Kita kamen Anfragen zu Entrümpelungen. Mirko hat damals in der Kita Hausaufgabenhilfe gegeben und mir manchmal bei den Entrümpelungen geholfen. Wir merkten dann schnell, dass wir richtig gut miteinander arbeiten können, und wurden Geschäftspartner. Tja, und dann kam unsere erste gemeinsame Auflösung in Hamburg, für mich noch heute die beste überhaupt.«

Mirko nickt zustimmend und taucht einen Moment lang in Erinnerungen ab.

»Von der allerersten Auflösung mit dir, damals als dein *Angestellter*, habe ich sogar noch ein Erinnerungsstück. Eine Siebzigerjahre-Stehlampe mit psychedelischem Muster zum Schwindeligwerden in Orange-Weiß. So hässlich, dass es schon wieder schön ist«, sagt Mirko und grinst.

»So, was meint ihr, wollen wir mal wieder einen Schlag ranhauen?«, sagt Sven, und wir machen uns auf den Weg zum Nebeneingang.

»Jetzt geht die Arbeit richtig los«, meint Mirko, als wir wieder oben in der Wohnung sind.

Die beiden beginnen mit dem Schlafzimmer, wo ich mir einen Platz in einer Ecke suche, um ihnen nicht im Weg zu stehen. Das Bettzeug wird in Säcke gestopft, die Matratzen bleiben vorerst an Ort und Stelle und dienen als Ablage für verwertbare Kleidung, wie ich sogleich erfahre. Doch zunächst staune ich über Sven, der jede einzelne Unterhose und jedes Unterhemd in die Hand nimmt, kurz schüttelt und dann in einen Plastiksack stopft.

»Warum machst du das?«, will ich wissen und schon fangen die beiden an lauthals zu lachen.

»Sollen wir es ihr sagen?«, fragt Sven und beide prusten los.

»Klar!«

»Das hat mit unserer ersten gemeinsamen Haushaltsauflösung zu tun, dem Sahnestück. Ich bin damals aus irgendwelchen Gründen früher hingefahren, Mirko wollte nachkommen. In der Wohnung hatte eine alte Frau gelebt, die kurz zuvor gestorben war. Gleich bei der ersten schnellen Sichtung habe ich in mehreren Schubladen Umschläge mit ausländischer Währung gefunden, keine großen Summen. Die Dame hatte auf den Kuverts notiert, ob es sich um Lire, Peseten oder Francs handelte. Das Geld war bei Urlaubsreisen übrig geblieben, umgerechnet höchstens hundert Euro. Gefreut hat mich das trotzdem riesig. Mit so etwas war doch nicht zu rechnen gewesen. Mir war sofort klar, dass vor mir niemand in der Wohnung gewesen war, kein Angehöriger, kein Pflegedienst, niemand. Wir haben den Auftrag zur kompletten Auflösung von einem Nachlassverwalter bekommen. Die Familie wollte damit nichts zu tun haben, kein Interesse, wie so oft. Es war sozusagen *unsere* Wohnung. Als ich dann im Schlafzimmer vor dem Schrank stand, hatte ich eine seltsame Vorahnung. Frag mich nicht, woran es lag. Bevor ich mich an den Schrank machte, habe ich mich aufs Bett gesetzt und eine geraucht. In aller Seelenruhe habe ich dann die erste Tür geöffnet. Es war wirklich total irre. Als ich ihre Unterwäsche aus dem Schrank nehmen wollte, um sie in einen Müllsack zu werfen, hielt ich plötzlich einen Umschlag in den Händen. Darauf stand *Gulden*. Er war prall gefüllt. Denk jetzt nicht, ich hätte ihn aufgerissen oder sei hektisch geworden. Nein, überhaupt nicht, ich weiß nicht, woher meine Ruhe kam. Als ich ihn schließlich vorsichtig öffnete, sah ich nur noch grüne Scheine«, sagt Sven und genießt den Rückblick. Mirko reibt sich die Hände und grinst.

»Gulden?«, will ich wissen.

»Nein, jede Menge Hundert-Euro-Scheine. Der absolute Hammer, ein ganzer Packen. Ich habe sofort bei Mirko angerufen, noch bevor ich mit dem Zählen anfing.«

»Du hättest seine Stimme hören sollen. Daraus klang die pure Freude. Von Geld hat er überhaupt nicht gesprochen. Musste er auch nicht. Es ist kein Picasso, hat er nur gesagt, damit ich nicht durchdrehe, und dann sagte er in ungewohnter Langsamkeit: *Du solltest ganz schnell kommen, ganz schnell.*«

»Eine horrende Summe. Die hat Mirko schuldenfrei gemacht und mich richtig übermütig«, sagt Sven.

»Ein richtiger Volltreffer also! Cooler erster Auftrag!«, sage ich.

»Das Ding hat sozusagen unsere vertrauensvolle Zusammenarbeit besiegelt. Der absolute Knaller. Ich habe ein paar Tage gebraucht, um das alles zu begreifen und Sven dafür zu danken. Schon irre, dass er keine Sekunde daran gedacht hat, die Kohle einzustecken. Wie gesagt, es war der Beginn unser Zusammenarbeit.«

»Ich habe mich so wahnsinnig über den Umschlag gefreut und konnte wirklich nur daran denken, Mirko so schnell wie möglich anzurufen und den Wahnsinn mit ihm zu teilen. Später war es ein richtig tolles Gefühl, so loyal gewesen zu sein und ein gemeinsames Geschäft auf diese Art zu beginnen. Der perfekte Anfang für uns beide. Seitdem haben wir eine gemeinsame Kasse. Alles halbe-halbe. Im Cover der Platte *Don't Worry, Be Happy* von Bobby McFerrin habe ich damals meinen Anteil an den Scheinen aufbewahrt«, sagt Sven.

Die beiden klatschen sich ab und schwelgen eine Weile in Erinnerungen. Die Schatz-in-der-Unterwäsche-Geschichte ist fast zehn Jahre her. Jahre, in denen es unzählige Auflösungen ohne besondere Funde gab. Jetzt schüttelt Sven erneut Unterhosen und noch dazu seinen eigenen Kopf, was wohl bedeuten soll, dass es hier definitiv keine Schätze geben wird. Während Mirko die Nachtschränke und die Kommode ausräumt, prüft Sven mit bemerkenswerter Routine und Schnelligkeit die Verwertbarkeit von Frau Willemsens Jacken und Mänteln. Er schaut sich die Vorderseite an, klappt die Revers und den Kragen um und entscheidet. Nur vollkommen unbeschädigte Sachen landen zur Weiterverwertung auf dem Bett, was nichts anders heißt, als dass sie auf Flohmärkten zum Verkauf angeboten werden. Auf die weitere Sortierung kann ich mir zunächst keinen Reim machen. Ein Großteil der Kleidung kommt in Plastiksäcke.

»Altkleidercontainer oder Altkleidersammlung«, sagt Mirko.

Und dann folgen gemurmelte Hinweise, die ihn kaum aus der Tiefe seiner Beschäftigung ziehen. *Brauchbare Kleider, die nicht mehr zu veräußern sind.* In diese Kategorie gehören bei jeder Haushaltsauflösung *unmoderne Kleidung, seltsame Größen, schlechte Qualität, fleckig, löchrig oder eingerissen.* Das alles sind klassische *Altkleider.*

Daneben wächst rasch ein weiterer Haufen: »Was wirklich hinüber ist oder unverkäuflich und aus Baumwolle besteht, landet hier«, sagt Mirko.

»Bei Frau Willemsen ist das nicht viel, eigentlich nur Bettwäsche, Unterwäsche und Nachthemden. Das bekommt unser Glaser und der Tischler.«

»Wie bitte?«

»Die machen Lappen daraus. Sie brauchen saugfähigen Stoff, der auf Holz und Glas keine Kratzer hinterlässt. Darüber freuen sie sich und können nicht genug davon bekommen. Zum Putzen und Polieren. Das bringen wir denen bei Gelegenheit vorbei.«

»Gibt es dafür Geld?«

»Nee, das sind Kumpel von uns. Das läuft als Tauschgeschäft. Dafür kriegen wir dann mal eine Scheibe, um einen Schrank aufzuwerten, bei dem ein Glasboden fehlt oder ein Türfenster. Der Tischler hilft uns mit kleinen Reparaturen oder leiht uns mal 'ne Maschine aus. Eine Hand wäscht die andere.«

»Verstehe.«

»Es gibt aber auch einen Typen, der zahlt etwas für Putzlappen und Altpapier. Der hat sich auf Nahezu-Abfall-Produkte spezialisiert. Das ist bestimmt kein fettes Geschäft, aber eine Nische. Fast alles ist irgendwie verwertbar. Und das ist auch gut so.«

Der Schrank leert sich. Ich traue mich nicht, ein Paar Lederhandschuhe anzuprobieren. Sie landen auf dem Flohmarkthaufen.

»Klamotten muss man gut aussortieren. Jeans gehen immer. Für drei bis fünf Euro kann man sie verkaufen. In diesem Haushalt gibt es allerdings keine einzige. Frau Willemsen trug wohl keine. Manche Wohnungen quellen über vor Kleidung, irgendwann hat man dann das Lager voll. Da muss man rigoros aussortieren und nur das Beste mitnehmen.«

»Und woher kennt ihr all die Leute, mit denen ihr Geschäfte oder Tauschgeschäfte macht?«

Sie lachen los und sagen *Rüdiger*. Es scheint eine längere Geschichte zu sein, die sie mir irgendwann in Ruhe erzählen wollen. Jetzt ist erst mal Abbau und Hinausschleppen angesagt.

Die beiden kommen rasend schnell voran, und ehe ich noch begreife, wie sie es anstellen, ist der Schrank ohne großen Lärm auseinandergebaut und die einzelnen Teile sind im Treppenhaus aufgestapelt. Eine Stunde später ist das Schlafzimmer besenrein. Nur die Gardinen bleiben hängen, weil es mit dem Maklerbüro so abgesprochen ist.

Bis zum Abend schaffen sie auch das Wohn- und das Esszimmer und fahren zwischendurch zwei Touren zum Wertstoffhof. Jeder Handgriff sitzt und die Stimmung passt auch. Sie lassen das Radio von Frau Willemsen laufen, singen bei Reggae-Stücken mit, lassen kurz die Hüften kreisen und finden sogar Zeit, sich Cover-texte von ausgewählten Trivialromanen vorzulesen. Das Entrümpeln macht ihnen Spaß.

Zwischen dem Stapel mit Frauenzeitschriften finde ich ein altes Telefonbuch aus den Sechzigerjahren.

»Was soll damit passieren?«, frage ich Sven.

Nach genauer Inspizierung entscheidet er sich für den Altpapierhaufen. Den Eintrag Herbert Willemsen ordnen wir dem verstorbenen Ehemann zu. Vermutlich haben die beiden damals ihren Telefonanschluss bekommen und das Buch als Erinnerung an ihren ersten Eintrag aufgehoben. Verkäuflich ist dieses Buch jedoch nicht.

»Bei manchem vermeintlichen Altpapier sieht es da schon anders aus, und deshalb suchen wir die Stapel und Kisten in den Haushalten auch gründlich durch.«

»Was fällt denn nun unter verkäufliches Altpapier?«, möchte ich von meinen Entrümplern wissen.

»Richtig alte Telefonbücher lassen sich richtig gut verkaufen«, sagt Mirko, und ich ahne schon, dass er mir in seiner ruhigen Art und mit Bedacht etwas erklären wird, von dem ich zuvor nie etwas gehört habe.

Weniger sorgfältige Entrümpler schmeißen Altpapier oft unbesehen in einen Müllcontainer und machen sich keine Arbeit damit. Doch Mirko und Sven schauen bei alten Telefonbüchern ganz genau hin, denn für viele Ausgaben gibt es Sammler. Telefonbücher sind Zeitdokumente, insbesondere jene aus den Jahren zwischen den Weltkriegen, an denen sich Stadtentwicklung und Technisierung ablesen lassen. Anfangs waren Telefonbücher überschaubare Hefte und sind ein Dokument des *Who is who* oder besser gesagt des *Who was who*. Wer konnte sich ein Telefon leisten? Wo war die moderne Kommunikationstechnik bereits angekommen? Allein schon aus diesen Gründen sind sie von Interesse. Welche Firmen waren damals wo ansässig? Auch für Ahnenforscher sind Telefonbücher eine wichtige Informationsquelle, sie schließen nicht selten Lücken im Stammbaum.

Manche Sammler haben es auf die Einträge berühmter Persönlichkeiten abgesehen, wie Thomas Mann, Albert Einstein, Marlene Dietrich, Hans Albers oder Heinz Rühmann. Neben der Nummer stand die Adresse, man zeigte gern, dass man ein Telefon hatte. »Und was bekommt man für ein altes Telefonbuch?«, möchte ich wissen.

»Das lässt sich nicht so einfach beantworten. Kommt auf den Jahrgang und die Qualität an. Wenn es gut erhalten ist und aus Hamburg, München oder Berlin stammt, dann lassen sich durchaus mal hundert oder hundertfünfzig Euro verdienen. Dafür muss man aber recherchieren und die potenziellen Interessenten und Händler finden und sie kontaktieren. Manchmal muss man so ein Geschäft aussitzen und nicht gleich an den Erstbesten verkaufen. Auch alte Zeitungen sind begehrt, insbesondere Ausgaben spezieller Ereignisse. Da richtet sich der Preis nach dem Angebot. Während sich mit der Mondlandung kein hoher Preis erzielen lässt, die Ausgabe ist einfach noch zu jung und jeder hat sie damals gekauft, sieht es bei der Währungsreform 1948 schon anders aus: *Am Sonntag 40 Deutsche Mark pro Kopf* lautete die Überschrift. Auch für Artikel über die Ankunft des GI Elvis Presley in Bremerhaven 1958 mit dem legendären Foto, auf dem er seinen Seesack geschultert hat, wird etwas gezahlt. Es macht echt Spaß, sich in diese Materie einzuarbeiten. Wäre ich nicht Entrümpler geworden, hätte ich das alles nicht auf dem Schirm. Mit den Jahren sammelt man eine Menge Erfahrungen. Wenn man lange genug Altpapierhaufen durchforstet hat, dann kommt man irgendwann darauf, dass es eigentlich keinen Müll gibt«, sagt Mirko und klingt einmal mehr überzeugend und reflektiert.

Am nächsten Tag ist die Küche von Frau Willemsen dran. Von Anfang an hatten sie ein Auge auf die Einbauküche geworfen. Vor dem Abbau wird noch einmal der Zollstock angelegt.

»Die passt. Dafür haben wir einen Abnehmer. Der hat's wirklich nötig. Kriegt er für kleines Geld oder gegen einen Handlangerdienst bei einer größeren Auflösung«, sagt Sven.

Jetzt kommt ihre Werkzeugkiste zum Einsatz. Routiniert werden Küchenschränke ausgebaut, was Mirko *vernünftigen Rückbau* nennt. Bei einem *unvernünftigen,* also laienhaften Rückbau, hat man später große Löcher in der Wand oder sogar ein Problem mit der Elektrik. Hier sind Könner am Werk. Nirgends wird etwas verbogen oder gar mit dem Hammer nachgeholfen. Die Küchenmöbel stehen bereit für den Weitergebrauch. Am Ende verspachteln sie die Löcher in den Wänden und fegen aus. Fertig. Entrümpler müssen nicht nur Möbelpacker, sondern auch Handwerker und Reinigungskräfte sein. Und vermutlich noch sehr viel mehr.

Als wir den Fahrstuhl vollgeladen haben und die Treppe hinunterrennen, um die Sachen unten in Empfang zu nehmen, kommt Sven auf eine Idee.

»Lass uns nach dem Einladen doch mal runter in die Tiefgarage. Vielleicht steht da noch was rum, ein Satz Winterreifen oder Werkzeug«, schlägt er vor.

Von Petra Willemsen haben sie einen Schlüsselbund bekommen, der Schlüssel zur Tiefgarage ist sicher auch dabei. Vergeblich suchen wir die Kellertreppe und drücken schließlich im Fahrstuhl auf die Minus-O-Taste. Unten angekommen, strömt uns ein Geruch von Benzin und Gummi entgegen. Die Tiefgarage ist erstaunlich groß und unübersichtlich. Hier gibt es mindestens vierzig Stellplätze, von denen die meisten nummeriert sind, allerdings in einer undurchschaubaren Reihenfolge. Auf Platz 7 folgt Platz 15, und wir kombinieren, es habe vielleicht etwas mit dem Einzugsdatum zu tun. Der alten Dame gehört laut Schlüsselbeschriftung die Stellfläche Nummer 20.

»Das gibt's doch nicht!«, platzt es aus Mirko raus.

»Nummer 20, eindeutig«, sagt Sven.

»Ein Porsche!«

»Ein verdammt schöner, verdammt alter Porsche. Ich fass es nicht.«

Unter einer Staubschicht, die auf langjährigen Stillstand und geringe Luftzufuhr schließen lässt, verbirgt sich ein Sportwagen undefinierbarer Farbe.

»Gehört der jetzt etwa euch?«, frage ich meine grinsenden Entrümpler.

Anstatt einer Antwort fallen sie sich in die Arme und führen einen seltsamen Tanz auf.

Historie statt Formel 1

Der Mann kommt zielstrebig auf unseren Verkaufsstand beim Sonntagsflohmarkt zu. Dem Angebot auf den Tischen schenkt er keine Beachtung. Seine Augen suchen nach Mirko und Sven, die mit dem Nachbarn ein Schwätzchen halten. Er ist groß und kräftig, ein Athlet mit blonden Haaren, die er streng zurückgekämmt trägt, das kantige Gesicht gebräunt und von Sommersprossen gesprenkelt. Ein nordischer Typ mit offenem Blick und in gepflegter Freizeitkleidung, vielleicht Anfang vierzig, dabei jung geblieben und zufrieden, zumindest in meinen Augen.

»Da kommt Frank«, höre ich Mirko sagen.

»Unser Historiker«, ergänzt Sven. Im nächsten Moment versuche ich, mich aus meiner selbst gestellten Vorurteilsfalle zu befreien, denn dieser Mann hat nichts gemein mit meiner Vorstellung von einem Historiker, der auf Flohmärkten nach Fundstücken aus der Vergangenheit stöbert und ein immenses Interesse hat an alten Briefen, Feldpost, Ansichtskarten, Orden, Wappen, Fotos und Urkunden. Der Mann sei an *allem* interessiert, hatten meine Entrümpler gesagt, an den unscheinbarsten Dokumenten und privaten Unterlagen, wenn sie nur eine interessante Spur in die Vergangenheit der Menschen dieser Region zeigten. Warum nur habe ich mir unter ihrem Historiker einen verschrobenen Kauz vorgestellt, der seine Lebensfreude aus alten Kriegsgeschichten zieht? In meiner Fantasie war er alt, womöglich selbst vom Krieg gezeichnet und dieser Zeit nachtrauernd. Nach dem Äußeren und dem Alter ihres Historikers hatte ich meine Entrümpler nie gefragt.

»Moin, ihr beiden, wie geht's?«, begrüßt er Mirko und Sven

per Handschlag und reicht auch mir sofort die Hand, nachdem er sieht, dass ich offensichtlich dazugehöre. Wir stellen uns kurz vor.

»Habt ihr was für mich?«, fragt er nach einer Weile.

»Und ob! Sogar was ganz Besonderes.«

»Das habe ich gehofft. Noch etwas von Familie Bienert?«

»Nein, an die Unterlagen bin ich nicht wieder rangegangen, keine Zeit gehabt. Die Kiste steht unangetastet in meinem Zimmer. Vielleicht findet sich da später noch was. Aber jetzt haben wir etwas Besseres für dich. Du wirst es nicht glauben: Ein Poesiealbum von Otto Ineken senior«, sagt Mirko und genießt jedes seiner Worte, wie mir scheint. Die Augen des Historikers werden größer, und ich stelle mir ein Blümchenalbum mit klugen Wünschen und Klebebildern vor. Zu diesem Gedanken wollen die kräftigen Männer vor mir, die sich sichtlich über den Fund eines Poesiealbums freuen, so gar nicht passen.

»Das gibt's doch nicht. Bist du dir sicher? Ich meine, zeig doch mal, bitte. Und was heißt überhaupt Otto senior?«

»Es ist nicht der Flieger Otto, von dem du den gesamten Nachlass hast, sondern sein Vater.«

»Ich werd verrückt.«

»Aus dem Jahre 1894«, sagt Mirko genüsslich und kramt schmunzelnd und mit Seelenruhe in seiner Tasche.

»Nun spann mich nicht auf die Folter.«

»Bitte schön«, sagt er schließlich und reicht ihm ein schlichtes Album mit braunem Einband und abgestoßenen Ecken. In den Händen des Historikers wirkt es noch kleiner. Ungeduldig blättert er darin, während Mirko mir erklärt, dass Frank vor Monaten fast alle schriftlichen Dokumente erstanden hat, die es über Otto junior gab. Sie stammten aus einer großen Haushaltsauflösung, bei der ein Wohnhaus vor dem Abriss komplett geräumt wurde.

»Fantastisch«, sagt Frank, schlägt die Seiten um und liest leise Namen und Jahreszahlen vor sich hin. Die meisten Einträge stammen aus den Jahren 1894 bis 1899, wie er sagt. Nach einer raschen Durchsicht hat er bereits einige namhafte Familien aus der Region gefunden. Er freut sich über den Kolonialwarenhändler aus dem Nachbarort, dessen Nachfahren inzwischen Gastwirte sind, den Müller und den Schlachter, den Bäcker und andere *prominente* Familien, die sich allesamt im Poesiealbum verewigt haben. Ich werfe einen neugierigen Blick in das besondere Buch, aber die Handschriften sind für mich nicht zu entziffern, weil sie in Sütterlin verfasst sind. Es sieht hübsch aus, aber bis auf wenige Worte bleiben sie mir fremd. Vage erinnere ich mich daran, dass meine Mutter Sütterlin als die *deutsche Schrift* bezeichnet hat. Sie konnte sie nicht nur lesen, sondern auch gut schreiben. Eine schöne Schrift, die mit ihren vielen Häkchen, Bögen und Spitzen fremdartig und historisch wirkt. Unserem Historiker geht es beim Entziffern der Handschriften auch nicht viel besser, wie er bereitwillig eingesteht, aber fürs Erste ist er mit dem Erkennen der Familiennamen beschäftigt und dabei ausgesprochen fündig. Es gibt nur wenige Klebebilder im Album, es ist eher schlicht gehalten, ganz anders als später üblich. Hier handelt es sich zumeist um fünf- bis sechszeilige Einträge in geschwungener Handschrift.

»Toll, ich bin begeistert. Wo hast du das nun wieder gefunden?«, möchte er von Mirko wissen.

»In einer Kiste, die bei Ineken auf dem Dachboden stand und die ich komplett in meine Wohnung mitgenommen habe. Beim ersten Durchsehen war mir das Poesiealbum nicht aufgefallen, weil es zwischen alten Zeitungen steckte. Es gibt sogar einen Eintrag zum Todestag von Otto senior im Jahre 1968. Hier, schau mal, gleich auf der ersten Seite hat eine gewisse Elisabeth Ineken, vermute mal, das war seine Frau, etwas geschrieben.«

Wir entziffern, dass er im Juli 1968 gestorben sein muss, im November war der abschließende Eintrag erfolgt. Und irgendwann danach muss es auf dem Dachboden gelandet sein.

»Die Familie hat ihren Nachlass wirklich gepflegt«, sagt Frank beim Blick auf die erste Seite des Albums, auf der Name, Geburtstag, Geburtsort und Todestag des Besitzers eingetragen sind. Das lässt mich sofort an den spärlichen Nachlass meiner eigenen Vorfahren denken. Der Krieg hatte sie zu Flüchtlingen gemacht. Mehr als einige Habseligkeiten konnten sie aus ihrer schlesischen und ostpreußischen Heimat nicht mitnehmen.

»Was bekommt ihr für das Album?«, erkundigt sich der Historiker. Beinahe hätte ich vergessen, dass es sich hier um eine Geschäftsbeziehung handelt. Die drei wirken vertraut, und Sven und Mirko machen ihre Scherze über das *wertvolle Zeitdokument* und die Mühe, es aus dem Nachlass herausgefiltert zu haben.

»In Anbetracht des enormen Alters, der guten Pflege und der lückenlosen Einträge«, beginnt Mirko mit übertrieben gespielter Geschäftigkeit und fängt an zu lachen. Als er sich gefangen hat, will er vom Historiker wissen, ob er mit fünf Euro einverstanden ist.

»Da wird nicht lange verhandelt. Bitte schön.«

Als Frank sich zum Gehen bereit macht, grüble ich noch immer über den Wert eines Poesiealbums aus dem ausgehenden 19. Jahrhundert nach. Der Verkaufspreis erscheint mir wie eine willkürliche Größe. Vermutlich hat solch ein Album für kaum jemanden einen Wert. Andererseits ist es ein persönliches und noch dazu ein hübsches Dokument. Für den Historiker scheint es jedenfalls von besonderem Wert zu sein. Ich möchte mehr über ihn und seine Vorlieben erfahren.

»Entschuldigen Sie bitte, aber ich würde gern wissen, was Sie mit dem alten Poesiealbum vorhaben«, lege ich los.

Er schaut mich an und zögert mit der Antwort. Keinesfalls möchte ich ihn ausfragen, und so bemühe ich mich um eine Erklärung für meine Neugier. Ich erzähle ihm von meiner *Arbeit* mit Sven und Mirko, die ich seit einer Weile zu Entrümpelungen und auf Flohmärkte begleite.

»Und deshalb beschäftigt mich die Frage, wer und warum jemand ein altes Poesiealbum kauft.«

»Wie soll ich das erklären? Es ist eine längere Geschichte.«

»Das hört sich gut an. Sven und Mirko haben mir schon von Ihnen erzählt. Es klingt spannend, womit Sie sich befassen.«

»Wie meinen Sie das?«, möchte er wissen und wirkt ein wenig skeptisch.

»Ich selber interessiere mich auch für die Vergangenheit, wenngleich im Sinne der persönlichen Vergangenheit einzelner Menschen. Ich bin Autorin und schreibe unter anderem Biografien. Lebensgeschichten begeistern mich.«

»Historische Geschichten?«

»Nur am Rande. Bisher handelte es sich um Biografien lebender Personen, um abenteuerliche oder tragische Lebensgeschichten mit exotischem Hintergrund.«

»Ich weiß nicht, was Sven und Mirko Ihnen erzählt haben, aber meine historischen Interessen sind weit gefächert und beziehen sich auf zivile und militärische Nachlässe. Vielleicht denken Sie, ich habe ein Faible für Kriegsgeschichten.«

»Wenn Sven und Mirko Geschäfte mit Ihnen machen, dann werden die Nachlässe bei Ihnen sicher in guten Händen sein. Da habe ich keinerlei Bedenken, falls Sie das meinen«, versuche ich ihn zu beruhigen.

»Sind sie auch, würde ich sagen.«

»Ich würde gern mehr über ihre historische Neugier erfahren. Könnten wir uns irgendwo treffen, wo Sie mir etwas darüber erzählen?«

»Warum eigentlich nicht.«

Wir haben uns für die Woche darauf bei ihm zu Hause verabredet und Mirko begleitet mich. Das Haus am Stadtrand ist modern und gastlich eingerichtet. Auf dem Boden liegen ein Spieltunnel und diverse Spielsachen, die auf ein kleines Mädchen hindeuten. Offensichtlich wird das Wohnzimmer gern als Rennstrecke für ein Dreirad genutzt.

Wir setzen uns an einen Esstisch im offenen Wohn- und Küchenbereich und Frank stellt uns seiner Frau vor. Unser Historiker ist ein Familienmensch und wirkt in seinen eigenen vier Wänden vollkommen entspannt. Seine Frau bietet uns ein köstliches Sommergetränk aus Holunderblütensaft an, und ich erfahre, dass *Hugo* groß in Mode ist. Bestimmte kulinarische Trends gehen vollkommen an mir vorüber. Wir prosten uns zu.

»Ich bin übrigens kein Historiker, wie Sie vielleicht vermuten. Manche bezeichnen mich zwar so, aber beruflich bin ich in einem Medienunternehmen tätig. Dort hat mein Aufgabenbereich eigentlich nichts mit Geschichte zu tun. Ich habe dieses Fach auch nicht studiert.«

Mich überrascht diese Information, und ich schaue Mirko fragend an. Der *Historiker* wird immer interessanter.

»Mirko sagte mir, dass Sie von ihm und Sven Nachlässe und Dinge aufkaufen, die in Verbindung mit der Historie dieser Region stehen, so wie neulich das Album.«

»Das ist richtig. Oft hat meine Sammelleidenschaft mit bestimmten Großfamilien zu tun. Ich betrachte mich als Heimatkundler und widme einen Teil meiner Freizeit dieser Leidenschaft.«

Und wieder will meine Vorstellung von einem Heimatkundler nicht zu dem Mann an der gegenüberliegenden Seite des Tisches passen. Wenn er gesagt hätte, er habe noch keine einzige Formel-1-Übertragung versäumt und verfolge sogar mitten in der Nacht den Rennverlauf in Malaysia, dann hätte es in meinen Ohren plausibler geklungen. Frank steht mitten im Leben, wie es so schön heißt, ist mit Beruf und Familie im Hier und Jetzt verankert. Dass er in einem Poesiealbum nach Hinweisen auf dörfliche Strukturen am Hamburger Stadtrand sucht, ist nicht so einfach vorstellbar. Das *Alte* interessiere ihn. Das Haus wirkt eher wie eine Vorlage zu einem modernen Möbelkatalog und keinesfalls wie ein Museum. Alles ist hell und zweckmäßig gestaltet, Platz für eine junge Familie, die es praktisch und wohnlich mag. Über dem offenen Küchentresen hängen Pfannen und Töpfe, die sicher regelmäßig auf dem Induktionsherd genutzt werden. Nirgends gibt es Spuren eines Faibles für die Vergangenheit.

Mirko richtet sich in seinem Stuhl auf und setzt sein vielversprechendes Lächeln auf, das seine Grübchen sichtbar macht. Dann holt er kurz Luft und legt los.

»Ich habe dir übrigens etwas mitgebracht. Wenn wir heute nicht verabredet gewesen wären, hätte ich dich deswegen sogar angerufen. Bin mir ziemlich sicher, dass es dich interessiert«, sagt Mirko, und ich weiß bereits, worum es geht. Der wieder aufgetauchte Fliegerorden aus dem Haushalt von Frau Willemsen.

»Fliegerorden klingt schon mal gut«, sagt Frank.

Mirko sucht in seiner Kuriertasche nach der Schatulle und zeigt ihm den Orden.

»Ich hab mich schlaugemacht. In dieser Form, vergeben für Einsätze in Griechenland, mit diesem Etui und in der Qualität wird der Orden ziemlich hoch gehandelt«, sagt er und der Heimatkundler prüft das Exemplar. Gewissenhaft hält er es ins Licht, setzt seine Brille auf und dreht und wendet den Orden. Die Schatulle findet sein besonderes Interesse.

»Schön, wirklich ein gutes Stück. Und der eingravierte Name? Stammte der Mann aus unserer Gegend?«, möchte er wissen.

»Ja, er war der Onkel einer Bekannten von mir. Bei ihrer Mutter haben wir kürzlich die Wohnungsauflösung gemacht, also bei der Schwester des Fliegers.«

»Gibt es Fotos von dem Mann?«

»Müsste man nachfragen. Kann sein, dass da noch etwas ist.«

»Und eine passende Urkunde?«

»Wir haben keine gefunden, die Tochter weiß nichts über die Hintergründe des Ordens, wie sie sagte, und die Schwester des Fliegers hat Alzheimer.«

»Der Orden interessiert mich«, gibt Frank unumwunden preis. Die beiden vertrauen sich, hier wird nicht lange *geklappert,* wie Mirko ein gewisses Geschäftsgebaren manchmal nennt: *Klappern gehört zum Handwerk.* Es wird mit offenen Karten gespielt. Der eine hat, was den anderen interessiert. Ich war überrascht, was Mirko mir über den Sammlerwert eines derartigen Ordens in dieser speziellen Schatulle erzählte. Mehrere Hundert Euro dürften dabei herauskommen. Er hat kurz nach der Wohnungsauflösung bei Frau Willemsen beinah einen ganzen Tag vor seinem Rechner gesessen und in den einschlägigen Foren nach der Herkunft und dem möglichen Wert gesucht. Ähnliche Nachforschungen betreibt er regelmäßig und weiß inzwischen die Quellen einzuschätzen. Je länger der Zweite Weltkrieg dauerte, desto mehr Orden wurden vergeben und desto weniger wertvoll sind viele von ihnen für die heutigen Sammler. Die Erfahrung bewahrt die Entrümpler inzwischen vor sinnlosen Recherchen, wenn ohnehin nicht viel dabei herauskommt. Meistens ist Mirko schnell genervt von dem schriftlichen Austausch in jenen Foren, die sich für Weltkriegsorden interessieren, aber für *ihren Historiker* legt er sich immer wieder mächtig ins Zeug. Die Beziehung zum Heimatkundler scheint außer von einem Geschäftsinteresse auch von Respekt geprägt zu sein. Frank ist kein Händler, sondern ein Sammler, wie ich von meinen Entrümplern erfuhr. Er archiviert die Relikte aus den Weltkriegen. Mich jedenfalls macht der nordische Athlet immer neugieriger. Doch angesichts eines Weltkriegsordens mit Hakenkreuz, der vor mir auf dem Tisch liegt, muss ich mich daran erinnern, dass es für diese Sammelleidenschaft Gründe geben muss, die neben den finanziellen Aspekten eine Rolle spielen.

In meiner Anwesenheit werden sie sicher keine Preisverhandlungen führen, aber sie signalisieren sich eine mögliche Übereinkunft. *Wird schon werden.*

»Was möchten Sie von mir wissen?«, wendet Frank sich an mich.

»Eigentlich alles«, sage ich. Mir fällt es nicht leicht, die Brücke zwischen einem Poesiealbum aus den Neunzigerjahren des vorvergangenen Jahrhunderts zu einem Fliegerorden aus dem Zweiten Weltkrieg zu schlagen.

»Haben Sie inzwischen mehr über das Poesiealbum herausgefunden?«, frage ich zunächst.

»Es hat mir einige vergnügliche Stunden bereitet. Ich beschäftige mich schon seit vielen Jahren mit der Heimatkunde, bin hier in der Gegend aufgewachsen und kenne die meisten Namen, aber es war trotzdem schön zu sehen, wie weit die Familien und ihre Berufe und Funktionen zurückreichen. Plötzlich ist ein Jahrhundert ein überschaubarer Zeitraum. Sogar viele Vornamen werden immer weitergeben, bis heute.«

»Es kommt mir beinah exotisch vor, womit Sie sich befassen. Wonach wählt ein Heimatkundler am Stadtrand von Hamburg sein Forschungsgebiet aus?«

»Ich kann höchstens beantworten, womit ich mich gern beschäftige und was mich bewegt. Vor einigen Monaten habe ich zum Beispiel einen besonderen Ehering gefunden, oder sollte ich besser sagen, einen *für mich* besonderen Ehering.«

»Auf einem Flohmarkt?«, will ich wissen.

»Ach nein, wo denken Sie hin, hier in der Gegend. Ich habe ein bestimmtes Gebiet mit einem Metalldetektor abgesucht.«

»Wie bitte?«

Frank lacht und gießt uns Getränke nach. An ihm vorbei schaue ich in den Vorgarten. Die Familie lässt der Natur ausreichend Freiheit, ein Garten zum Wohlfühlen. Unter einem Vordach liegen Brennholzscheite und ein altes Kanu. Mirko war auch erst einmal hier. Normalerweise treffen sie sich auf Flohmärkten im näheren Umkreis oder in der örtlichen Videothek bei Rüdiger, einer Art Kontaktbörse für Sammler.

»Vielleicht muss ich etwas weiter ausholen. Die Geschichte mit dem Ehering fing mit einer Ansichtskarte an, die ich auf einem Flohmarkt in Poppenbüttel gekauft habe. Die Karte stammte vermutlich aus den Zwanzigerjahren. Darauf war ein Gruß formuliert, der mir einen Hinweis auf ein Osterfeuer in Lemsahl gab. Kennen Sie Lemsahl? Das ist unser benachbarter Stadtteil, er gehört zu den Walddörfern und ist seit dem Mittelalter ein Teil Hamburgs außerhalb der Stadtmauern. Auf der Karte war vermerkt, dass man vom Osterfeuer aus bis nach Poppenbüttel schauen konnte. Das hat mich natürlich neugierig gemacht, weil ich nie von diesem Feuerplatz gehört habe«, sagt Frank mit glänzenden Augen, und ich nicke ihm aufmunternd zu.

»Lag der Ort erhöht?«

»Nein, das nicht. Könnte man vermuten, aber damals gab es schlichtweg keine Bäume, zumindest nicht solche Riesen wie heute. Das Holz wurde zum Heizen gebraucht. Da hatten die meisten Bäume keine Chance zum Großwerden. Außerdem stehen jetzt überall Häuser, und man kann von keinem Punkt aus bis nach Poppenbüttel blicken. Jedenfalls wusste ich durch diese Karte, dass es hier in der Gegend irgendwo einen Ort gab, an dem Osterfeuer abgebrannt wurden. Ich habe mich dann mit meinem Metalldetektor auf den Weg gemacht, weil ich eines genau weiß: Dort, wo viele Leute unterwegs sind, geht immer etwas verloren. Den Menschen fällt etwas aus der Tasche, ein Ring rutscht vom Finger und im Dunkeln, beim Osterfeuer, findet sich manches eben nicht wieder.«

»Und wenn dann noch was getrunken wird.«

»Genau, jedenfalls habe ich den Ring, diverse Münzen und andere eindeutige Spuren entdeckt und weiß nun, wo man sich damals am Ostersamstag traf. Das muss aber schon lange her sein, denn niemand hier kann sich noch daran erinnern. Ich habe mich umgehört.«

Frank strahlt, und ich stelle mir vor, wie andere Männer seines Alters und Formats sich in ihrer Freizeit mit ganz anderen Dingen befassen. Er hat ein höchst spezielles Hobby gewählt und ein kostspieliges noch dazu. Manche Quellen und Fundstücke haben ihren Preis. Und beruflich kann er seine Kenntnisse nicht verwerten.

»Kürzlich habe ich durch eine andere Ansichtskarte einen Badeplatz an der Alster ausfindig gemacht, an einer Schleuse hier in der Nähe. Dorthin sind die Leute aus Hamburg zum Baden gegangen. Da habe ich einiges gefunden, besonders an den Stellen am Hang, die sich zum Sonnen eigneten. Anfang des vorigen Jahrhunderts muss es dort einen regen Badebetrieb gegeben haben. Davon ist heute nichts mehr zu sehen. Ansichtskarten sind oft gute Wegführer.«

»Und was war mit dem Ehering? Hat er Sie irgendwohin geführt?«

»In den Ring waren ein Name und ein Datum eingraviert, M. Seeger, 25.12.1904. In unserem Ort gab es früher eine Familie mit diesem Namen. Ich habe mich durchgefragt, bis eine alte Frau aus der Gegend mir schließlich weiterhelfen konnte. Sie wusste, dass die Betroffenen oder zumindest deren Nachfahren früher an der Landstraße gewohnt haben und in den Sechzigerjahren weggezogen sind. Ich hätte den Ring gern der Familie zurückgegeben.«

Einige Wochen später fand er an einem Flohmarktstand ein Kassenbuch, das er eindeutig dieser Familie zuordnen konnte. Damit kaufte die Familie Seeger im Lebensmittelgeschäft Offen ein. Bezahlt wurde einmal im Monat. Die Einträge sagen einiges aus über die Einkaufsgewohnheiten und die gute Zahlungsmoral der Seegers: *Betrag erhalten, Offen* steht unter jedem Einkauf. Familie Seeger kaufte fast immer das Gleiche, wie aus dem Buch von 1951 ersichtlich ist: 5 Pfund Salz für 75 Pfennig, 1½ Pfund Tilsiter Käse 3 Mark 30, ½ Pfund Palmin 70 Pfennig, Zucker, Butter, Mehl, Margarine und Haferflocken standen ebenfalls auf dem Speisezettel. Tilsiter war ausnahmslos bei jedem Einkauf dabei.

»Haben Sie mit dem Detektor schon mal etwas Wertvolles gefunden?«

»Nie, jedenfalls nichts von nennenswertem finanziellem Wert.«

»Schade eigentlich. Könnte ruhig mal ein kleiner Schatz dabei sein, finde ich.«

»Wer weiß, vielleicht kommt das noch. Aber das Gucken und Nachforschen bereitet mir auch ohne jeglichen Gewinn großen Spaß, genauso wie der Ankauf von Nachlässen. Und wenn Mirko und Sven mir manchmal Monate nach dem Kauf passende Fotos zu irgendwelchen Briefen und Dokumenten liefern, dann finde ich das richtig klasse. Ich weiß, sie denken an mich, wenn sich etwas aus meinem Forschungsbereich findet. Sie haben eine ähnliche Freude daran wie ich. Ihre Vorauswahl ist super und erspart mir eine Menge Arbeit. Mirko liest stapelweise alte Briefe und taucht in die Geschichten ein. Ich gehe regelmäßig in die örtliche Videothek, zu Rüdiger. Den Laden sollten Sie sich mal anschauen.

Ist ein wenig untypisch, würde ich mal sagen. Für meine Zwecke ist es ein guter Anlaufpunkt. Filme leihe ich mir dort allerdings nicht aus. Tja, und wenn ich Glück habe, wird mir dort ein Stapel alter Briefe oder gar andere Stücke aus meinem Interessensgebiet überreicht.«

Meine beiden Entrümpler haben mir von einer großen Haushaltsauflösung in Rahlstedt, einem Hamburger Stadtteil, erzählt. Dabei kamen sie in den Besitz des gesamten Nachlasses einer weitverzweigten Familie. Neben Fotoalben und Tagebüchern fanden sie auch zahlreiche Briefe aus allen Dekaden des letzten Jahrhunderts sowie die umfangreiche Feldpost eines jungen Soldaten. Wenn sie die Papiere in einen Müllcontainer geworfen hätten, wären sie für immer verloren gewesen. Doch stattdessen haben sie nächtelang in den Unterlagen geblättert und besondere Fundstücke für Frank markiert. Auf diese Weise landete neben der Feldpost auch eine handgezeichnete Landkarte beim Heimatkundler, die ihm ebenfalls einige schlaflose Nächte bescherte.

»Als ich im letzten Jahr die Briefe aus dem Nachlass der Familie Bienert erhielt, war es ein besonderes Abenteuer für mich, weil ich der Geschichte eines jungen Mannes näher auf den Grund gehen konnte. Es gab Dutzende Briefe, die er während des Krieges von der Ostfront an seine Familie geschickt hat. Der junge Mann hat keine Gelegenheit ausgelassen, seinen Angehörigen ein Lebenszeichen zu senden. Es sind erschütternde Berichte darunter. Aus allen Briefen sprechen die Verzweiflung und das Heimweh. Seinem letzten Brief folgten Monate später Beileidsbekundungen seiner Kameraden an die Familie. Darin informierten sie die Angehörigen über die Todesumstände, den genauen Todestag im Jahre 1941 und den Ort. In einem Brief steckte eine Zeichnung, auf der eine Landschaft dargestellt war. Deutlich erkennt man ein Waldstück, einen Flusslauf, eine Bahnlinie und einige russische Ortsnamen. An einer Stelle war ein Kreuz eingetragen, wo die Kameraden den gefallenen Soldaten begraben hatten. Ich habe diese

Angaben mit den Karten auf Google Maps verglichen. Es hat ewig gedauert, aber anhand einer Flussbiegung und der Straßenführung konnte ich schließlich ziemlich genau nachvollziehen, wo der Mann begraben ist. Die Ortsnamen haben sich seit damals stark geändert, was die Suche erschwert hat.«

Ich muss Frank ziemlich erstaunt anschauen, denn er bemüht sich um Erklärungen, die mir wohl sagen sollen, dass er kein durchgeknallter Detektiv, sondern ein Forscher ist.

»Wissen Sie, das ist ein Rechercheerfolg. Man freut sich, wenn einem so etwas gelingt«, sagt er in aller Bescheidenheit.

»Ich finde es unglaublich. Was fangen Sie an mit diesen Informationen? Wie fühlen Sie sich, wenn Sie die Grabstelle eines gefallenen Soldaten anhand einer handgefertigten Zeichnung nach siebzig Jahren orten können?«

»Das ist schwer zu erklären. Der Hintergrund einer solchen Geschichte ist traurig, aber es reizt mich, danach zu forschen. Der Mann stammte aus unserer Gegend. Aus fast jeder Familie wurden Väter und Söhne in die Wehrmacht eingezogen und an die Front geschickt. Millionen vergleichbarer Schicksale, aber die meisten geraten in Vergessenheit. Wenn ich auf eine Geschichte stoße, die mit meiner Heimatregion in Zusammenhang steht, dann geht sie mir besonders nah. Ich überlege dann, ob ich womöglich jemanden aus der Familie kenne, oder ob es andere Schnittpunkte gibt. Der Krieg und der Nationalsozialismus sind ein Teil unserer Geschichte. Sie gehören dazu, wie auch die friedlichen Aspekte der Heimatkunde. Und wenn man die sorgsam angefertigte Zeichnung in den Händen hält, dann ist das berührend.«

»Darf ich die Zeichnung sehen?«

»Gern«, sagt Frank und verschwindet eine Weile in einem anderen Raum. Am liebsten würde ich ihm folgen und sein Archiv mit eigenen Augen sehen, aber ich halte mich zurück. Wir kennen uns kaum und mein Interesse an seiner Forschung ist schwer erklärbar, denn eigentlich möchte ich nur wissen, was mit den Fundstücken aus den Haushaltsauflösungen und seinen

Flohmarkterrungenschaften geschieht. Ich schaue Mirko an, der beifällig nickt. Auch für ihn scheint es spannend zu sein, was der Heimatkundler mit ihren Entrümpelungsschätzen anstellt.

»Den Auftrag zur Haushaltsauflösung bei Bienert hat uns eine ehemalige Kollegin aus der Kita nach dem Tod ihrer Mutter erteilt. Sie wird möglicherweise nichts über diese Karte wissen. Sie ist ja erst lange nach dem Krieg geboren. Ich habe keine Ahnung, in welchem Verwandtschaftsverhältnis sie zu dem toten Soldaten stand. Nachdem das große Haus leer geräumt war, ist es verkauft worden. Ein schönes altes Haus, in dem jetzt eine junge Familie wohnt, wie unsere Kollegin mir neulich sagte. Sie hing an ihrem Elternhaus, aber sie mussten den Haushalt trotzdem *auflösen,* wie es immer so schön heißt. Das Wort *entrümpeln* passt hier wirklich nicht. Es war eher eine Schatzsuche, zumal unsere Kollegin einige Geschichten zu den Fundstücken beitragen konnte. Soweit ich weiß, haben schon ihre Großeltern dort gelebt. Für uns war es ein schöner Auftrag, weil es viel zu tun gab und immer wieder Überraschungen auftauchten. Wir haben Tag und Nacht durchgearbeitet und dabei möglichst gut sortiert, um nicht versehentlich etwas Interessantes in den Müll zu werfen. Einiges davon lagert noch bei mir zu Hause.«

Als Frank aus seinem Archiv kommt, hält er einige Plastikhüllen in der Hand. Seltsamerweise hatte ich die Vorstellung, er käme mit einem Stahlhelm zurück.

»Forschen Sie für sich allein, oder geben Sie Ihre Erkenntnisse weiter, etwa an die Hinterbliebenen?«, frage ich ihn und denke dabei an die Kollegin aus der Kita.

»Wenn ich die Familie kenne, oder wenn es überhaupt noch jemanden gibt, dann reiche ich meine Forschungsergebnisse gern weiter, wenn es gewünscht ist. In diesem Fall sind mir keine Hinterbliebenen bekannt, die Interesse an den Dingen hätten. Der Nachlass war den beiden restlos übergeben worden, oder nicht?«, vergewissert er sich bei Mirko. Frank nimmt die Zeichnung der Grabstätte aus einem Schutzumschlag. Ich staune, wie schnell er das Dokument gefunden hat. Auf das Kuvert ist eine Nummer geklebt. Sein Archiv scheint bestens sortiert zu sein.

»Auf der Grabkarte ist ein Gebiet in der heutigen Ukraine eingezeichnet«, sagt er und faltet ein Papier auseinander.

Der Zeichner war begabt und sorgfältig: *Skizze über die Grabanlage von Leutn. Bienert* ist am unteren Rand zu lesen. Eine Kartenlegende erläutert die Symbole für Straße, Eisenbahn, Fluss, See und Wald mit Sumpf. Das Waldstück ist mit grünem Buntstift unterlegt, die Sumpfgebiete sind klar vom Wald abgegrenzt. Deutlich erkennbar sind ein mäandernder Flusslauf, zwei Seen sowie Straßen und Wege. Sie haben ihn in der Nähe eines Sees begraben. Ein beeindruckendes Dokument. Dort verlief im Zweiten Weltkrieg eine der zahlreichen östlichen Frontlinien, an denen Millionen Männer im Kampf aufeinandertrafen. Von der einen Seite *Russlandfeldzug*, von den anderen *Großer Vaterländischer Krieg* genannt, forderte der Deutsch-Sowjetische Krieg unvorstellbar viele Tote auf beiden Seiten. In den vier Jahren des Kriegs schickten die Soldaten der Wehrmacht fast durchgängig Feldpost in ihre Heimat. In nahezu jeder Familie gab es mindestens einen Mann, der im Krieg war, und nicht wenige Hinterbliebene haben die Feldpost bis heute aufbewahrt, sodass sie nun bei Haushaltsauflösungen vermehrt auftaucht. An der Ostfront starben annähernd 2,7 Millionen deutsche Soldaten, auf sowjetischer Seite waren die Opferzahlen mindestens zehnmal so hoch, wie zahlreiche Quellen belegen. Die Familie des gefallenen Soldaten aus Franks Nachbarort, dessen Kameraden damals eine Benachrichtigung und die Grabkarte schickten, konnte in ihrer Verzweiflung sogar noch *froh* sein, überhaupt informiert worden zu sein. Viele Angehörige haben nie erfahren, wie und wo ihre Männer umgekommen waren. Ihnen fehlt jeder Anhaltspunkt. Manche klammerten sich an die Hoffnung auf eine Gefangenschaft ihrer Angehörigen. Handgezeichnete Grabkarten finde man relativ häufig, doch nur selten in so einer sorgfältigen Form, erklärt mir Frank.

Ob Vergleichbares auch in heutigen Kriegen passiert? Ob Kameraden gefallener Kämpfer in Afghanistan und anderswo ähnliche Benachrichtigungen weiterleiten, per Foto, Video, auf Facebook oder per MMS? Oder erfahren die Angehörigen aus den Medien vom Tod ihrer Söhne und Töchter, bevor die *zuständigen Stellen* vor der Tür stehen?

Ich habe nie zuvor eine Grabkarte gesehen und weiß nicht so recht, was ich davon halten soll.

Auf mein Bitten hin holt Frank eine weitere Mappe aus seinem Archiv und Mirko erkennt sofort, worum es sich handelt.

»Ach ja, die Familie Ineken«, sagt er, »was haben wir dort nicht alles gefunden! Inzwischen ist mir die gesamte Verwandtschaft in gewisser Weise vertraut, auch wenn ich niemanden von ihnen persönlich kenne und die meisten vermutlich nicht mehr leben. Übrigens habe ich über ein Fotoalbum und Ansichtskarten herausgefunden, dass eine Tochter einen Gastwirt geheiratet hat und zu ihm an die Nahe gezogen ist. Er hat lange vor dem Krieg eine Art Weinschänke mit Hotel betrieben. Es gibt hübsche Fotos unter einer Weinlaube.«

Bei den Unterlagen, die Frank ausbreitet, geht es um Otto Ineken junior, genannt Ottel. Er war Pilot und gehörte einer Fliegerstaffel an.

»Ich weiß nicht, ob Sie das interessiert, aber für mich ist die Geschichte von Ottel in gewisser Weise rund, weil umfangreiche Dokumente existieren, mit denen man in das Schicksal einer Familie eintauchen kann.«

»Ich habe mich noch nie mit militärischen Nachlässen beschäftigt«, sage ich ein wenig unsicher und schaue Mirko an. Dabei denke ich an meinen vietnamesischen Freund Dien, der als Fünfjähriger im Mekongdelta von einem Granatsplitter getroffen wurde und seitdem querschnittgelähmt im Rollstuhl sitzt. Sein *militärischer Nachlass* besteht aus einem winzigen Splitter, der noch immer in seiner Wirbelsäule steckt und zur vollkommenen Gefühllosigkeit unterhalb des Bauchnabels geführt hat. Sein Überleben verdankt er der Behandlung in einem Hamburger Krankenhaus. Den längst vergangenen Vietnamkrieg macht er durch seine schwere körperliche Beeinträchtigung in gewisser Weise noch heute in jedem Moment *sichtbar*. Ich weiß wirklich nicht, ob ich mich für militärische Nachlässe deutscher Soldaten interessiere. Es ist mir fremd und verunsichert mich. Gleichzeitig sind es Zeitdokumente, und wenn es von einem meiner Vorfahren solche Unterlagen gäbe, würde ich sie mir ganz sicher genauestens anschauen. Nur selten empfinde ich solche Berührungsängste wie im Zusammenhang mit der nationalsozialistischen Vergangenheit und ihren Gräueltaten. Die Insignien der Naziherrschaft bereiten mir größtes Unbehagen.

»Otto Ineken junior war Stuka-Pilot. Seine Maschine hat bei einem Einsatz 1943 einen Motortreffer abbekommen.«

»Das steht in den Papieren?«

»Ja, schauen Sie hier, dieses Schreiben stammt vom Staffelkapitän.«

»Ich kenne mich mit den Begriffen nicht aus.«

»Stuka steht für Sturzkampfflugzeug und Staffel für eine militärische Einheit oder Teileinheit.«

»Die Abkürzung klingt jedenfalls deutlich harmloser als Sturzkampfflugzeug. Damit ist er also abgestürzt.«

»Der Kapitän berichtete der Familie, dass Otto getroffen worden war und auf feindlichem Gebiet notlanden musste. Er ist also nicht im freien Fall abgestürzt. Der Kapitän beschreibt genau, wo sie an jenem Tag im Sommer 1943 im Einsatz waren und wo sie Ottos trudelnde Maschine zuletzt gesehen haben. Dazu gibt es sogar eine Zeichnung. Für die Familie ist das eine grausame Nachricht«, sagt Frank und ich versuche zu verstehen.

»Die Familie wird sich an die Hoffnung geklammert haben, er sei in Gefangenschaft geraten. Andererseits hatten sie sicher Angst davor, dass er als Feind massakriert wurde. Im Nachlass fand ich ein Schreiben aus dem Jahre 1968, aus dem hervorging, dass alle Familienmitglieder gegenüber dem Amtsgericht versicherten, dass sie seit dem Krieg nichts mehr von ihm gehört hatten. Das nennt sich Todeserklärung und war notwendig, weil es keine offizielle Bestätigung für seinen Tod gab, keine Leiche. Hätte ja auch sein können, dass er jahrelang in Gefangenschaft war. Die Familie muss ewig in Ungewissheit gelebt haben. Ottel ist jedenfalls nie wieder aufgetaucht. Im Jahr 1968 ist übrigens Ottels Vater, Sie erinnern sich, der mit dem Poesiealbum, gestorben. Er hat allerdings ein hohes Alter erreicht.«

Und dann erzählt Frank mir von weiteren *Schätzen* aus Ottels Nachlass. Sämtliche Kameraden aus seiner Fliegertruppe hatten der Familie ihr Beileid bekundet. Der Kapitän hat die persönlichen Dinge, wie Ottels Armbanduhr und Fotos, an die Familie zurückgeschickt. Das alles befand sich geordnet im Nachlass. Selbst seine Feldkiste hatten die Inekens aufbewahrt.

»Ich habe auch ein Fotoalbum seiner Familie. Anhand dieser Aufnahmen kann man über die Jahre nachvollziehen, wie er und seine Geschwister aufgewachsen sind. Friedlich und behütet, würde ich sagen. Es war eine große Familie mit zahlreichen Schwägerinnen und Schwagern von Otto. Er selber war noch ledig. Der Nachlass ist wirklich etwas Besonderes. Ohne so umsichtige Entrümpler wie Mirko und Sven hätte ich es bei meinem Hobby schwer. Auf Flohmärkten und im Internet werden zumeist nur Bruchstücke von Nachlässen angeboten oder enorme Preise verlangt. Ich erinnere mich noch gut daran, wie Sven mich angerufen hat: *Komm doch mal ins Lager, wir haben da was für dich.* Sven wartete schon auf mich und holte zuerst ein Fotoalbum raus, dann einige Briefe und zuletzt die Feldkiste. Als er mir die Landkarte des Staffelkapitäns zeigte, wurde mein Interesse immer größer. Dann tauchte auch noch seine Mütze auf und andere persönliche Dinge. Da konnte ich nur sagen: *Ich will das alles haben!* Wir haben ein wenig gefeilscht und sind uns schnell einig geworden.«

»Tauschen Sie sich eigentlich mit anderen Heimatkundlern aus?«

»Es ist kein Hobby, bei dem man viele Gleichgesinnte findet. Um ehrlich zu sein, ich kenne sonst niemanden, der diese Leidenschaft mit mir teilt.«

Notizbücher und Geheimnisse

Seit Jahren notiert Mirko sich kleine und große Ereignisse. In Kladden mit unterschiedlichen Formaten hält er seine Gedanken, Ideen, Gefühle und Stimmungen fest. Manchmal sind es nur wenige Stichworte, die ihn später an etwas erinnern sollen, das zum Vergessen zu schade ist.

Seitdem er entrümpelt, finden sich in seinen Büchern auch Notizen zu den Haushalten, die er aufgelöst hat. *Aufgelöst!* Wenn er eine Weile über dieses Wort nachdenkt, dann klingt es nach Zauberei, ganz so, als könne er etwas in Luft auflösen und dadurch quasi verschwinden lassen. Eine Wohnung, ein Haus, ein Leben auflösen, oder zumindest die Dinge *entfernen,* die nicht zurückbleiben dürfen, wenn jemand *geht.* Oft sind es die materiellen Überreste eines ganzen Lebens. Er löst es auf. Nachdem er seine Arbeit getan hat, bleibt nichts mehr übrig. *Entrümpeln* hingegen klingt gröber, aber weniger endgültig. Er ist Entrümpler und Auflöser! Je länger er über diese beiden Worte sinniert, desto gewichtiger erscheinen ihm diese Akte. Es gibt gewaltige Abstufungen beim Auflösen, und er denkt dabei an einen schönen Dreißigerjahre-Bungalow, von dem nur noch die nackten Wände standen, nachdem sie ihre Arbeit getan hatten. Danach erledigte eine Abrissfirma das Übrige. Die meisten Menschen machen sich kein Bild über diese Tätigkeiten, über die Eingriffe in Lebenswelten, in vergangenes Leben, in die Hinterlassenschaften. Wieder solch ein Wort. *Hinterlassenschaften.* Damit beschäftigt er sich tagein, tagaus, mit Hinterlassenschaften. Besser gefällt ihm das Wort *Verlassenschaften,* aber es ist leider nur in Österreich gebräuchlich. Dabei trifft es den Kern der Sache am besten. Hinter allen Begriffen verbergen sich Geschichten und Geschichte, Tragödien und nicht selten Geheimnisse.

In seinen Notizbüchern geht es um Kostenvoranschläge, Wertanrechnungen, Gebühren für Müllentsorgung, Containermieten und um Entwürfe für Vertragsabschlüsse. Die eigentlichen Verträge besiegeln Mirko und Sven am liebsten per Handschlag. Etwas anderes widerstrebt ihnen. Warum sollte man weiteres Papier beschriften, wo die Welt bereits voller überflüssiger Druckerzeugnisse ist? Bei Aufträgen für Haushaltsauflösungen geht es letztendlich um Zuverlässigkeit und Diskretion. Manche Auftraggeber, sofern es Hinterbliebene sind, machen sich vorab ernsthaft Gedanken über die Dimensionen der Offenlegung vergangenen Lebens. Gegenüber Männern, die sich Entrümpler nennen. Manche befürchten den Blick dieser Männer in Schubladen und hinter die Nachtschränke. Aber es geht nicht anders. Diese Arbeit muss gemacht werden. Vertrauen gegen Vertrauen, Hand gegen Hand. Vonseiten der Entrümpler geschieht dies in aller Konsequenz, und mit ihren Auftraggebern hatten sie bisher selten Probleme. Das vereinbarte Geld haben sie fast immer bekommen.

»Mannomann, was hier nicht alles drinsteht«, sagt Mirko und blättert in einer Kladde aus dem Jahr 2010. »Hier, das war eine ganz besondere Auflösung. Richtig schön, rundum gelungen. Unser Bestatter hatte Sven den Tipp gegeben und etwas *Interessantes und Lohnendes* angekündigt. Eigentlich gehört alles, was von ihm kommt, in diese Kategorie. Wir sind echt froh, dass er mit uns zusammenarbeitet. Früher haben wir mit ihm Fußball gespielt, wir kennen uns schon lange und haben ein freundschaftliches Verhältnis. Stefan ist ein voll korrekter Typ. Sven hat sich nach dem Tipp um einen Termin bei der Familie bemüht, aber bis zum ersten Treffen dauerte es eine Weile. Man merkte, dass ein Familienrat involviert war. Als es dann endlich so weit war, konnte Sven nicht dabei sein. Er war mit seiner Kindertagesstätte auf Freizeit und ärgerte sich, weil der Auftrag von Anfang an verlockend klang.

Zufällig hat es sich ergeben, dass unsere Freundin Dora mitkam. Beim Termin lief es ab wie bei einem Bewerbungsgespräch, es gab harte Konkurrenz für uns, allerdings unsichtbare. Du weißt nie, welche Mitbewerber sich das Objekt anschauen und welche Angebote sie abgeben. Die Wohnung war ein Leckerbissen. Es dauerte ewig, bis das Vertragliche unter Dach und Fach war. Wir haben uns bei der Angebotserstellung mächtig ins Zeug gelegt, um die anderen auszustechen. So etwas läuft allerdings nicht nur über die Kostenschiene, wie man vielleicht denken könnte. Du kennst Dora doch und weißt, wie geschliffen sie sich ausdrücken kann und wie gewandt und freundlich ihr Auftreten ist. Beim Vorgespräch mit dem Auftraggeber versuchte auch ich, mich von meiner besten Seite zu zeigen.«

Ich muss schmunzeln, als ich daran denke, dass ich Mirko vor einigen Monaten in Doras Küche kennengelernt habe. Ihren Entrümpler hatte sie mir bis dato nicht vorgestellt gehabt, und ich bin überrascht, nun zu hören, dass sie sogar aktiv an einer Auflösung beteiligt war. Die Akademikerin und der Handwerker.

»Der Auftraggeber war ein Aristokrat alter Schule, Zweireiher mit Goldknöpfen und Einstecktuch, du verstehst«, sagt Mirko und ich nicke. »War jedenfalls ein prima Auftritt von uns beiden, würde ich mal sagen. Dora hat möglicherweise sogar eine Rolle dabei gespielt, dass wir den Auftrag bekommen haben. Sie hat sich zwar dezent zurückgehalten, aber es machte schon etwas aus, eine Frau wie sie dabeizuhaben. Da passte einfach alles. Bei solchen Gesprächen ist Etikette angesagt. Rhetorische Gewandtheit ist ebenfalls von großem Vorteil. Am besten hat man auch noch den Knigge halbwegs intus. Das macht echt viel aus, besonders bei solchen Kunden. Da muss man sich sprachlich annähern, sonst verstehen sie einen nicht. Es gibt erstaunlich viele Menschen in der gehobenen Klasse, die nicht über den Tellerrand schauen und einen entsprechend speziellen Wortschatz haben. Dahin muss man sich bewegen, sonst wird man ziemlich schnell beiseitegeschoben. Soziale Intelligenz nennt Sven so etwas gern, das passende Auftreten und Verhalten. Das kann nicht jeder. Traurigerweise muss ich noch dazu sagen, dass es uns in gewissen Kreisen hilft, dass wir Deutsche sind. Das schafft schon mal ein gewisses Grundvertrauen, selbst wenn das eigentlich Quatsch ist. Aber unsere Branche hat nicht gerade den besten Ruf. Das Gleiche gilt für Umzugsunternehmen, nur weil ein paar schwarze Schafe darunter sind.

Einen guten Ruf muss ein Entrümpler sich hart erarbeiten. Wer an Entrümpler und Umzugshelfer denkt, dem fallen vermutlich eher grobe und ungehobelte Typen ein. Da ist es nicht einfach, sich Vertrauen zu verschaffen, dabei ist das gerade in unserer Branche neben Pietät besonders wichtig. Das haben manche Kerle natürlich nicht so drauf. Sven und ich sprechen diese Themen bei Vorgesprächen direkt an. Bei Nachlassgeschichten oder wenn Menschen ins Pflegeheim gehen, versprechen wir ihnen einen akkuraten Umgang mit dem Haushalt und möglichen Fundstücken, unter Umständen auch Rücksichtnahme auf die Nachbarn und sauberes Arbeiten. Wir reden offen über die Vernichtung von Akten und Bankauszügen. Die Kunden merken dann schnell, wie genau wir die wunden Punkte bei solchen Haushaltsauflösungen kennen. Man darf das Ganze nicht nur geschäftlich angehen, denn dann fühlen die Leute sich oft unbehaglich. Es ist ohnehin eine schwierige Lage für sie, und sie sind froh, wenn jemand die Situation versteht und Lösungen anbietet. Meistens versuchen wir, uns vor einem Gespräch über die Familie zu informieren. Es ist immer besser, wenn man ungefähr weiß, mit wem man es zu tun hat. Ich hatte damals an dem Tag des *Bewerbungsgesprächs* fast verpennt und war spät dran. Dora hat mich dann schnell hingefahren. Als sie das schöne Wohnhaus sah, reichte ein kurzes Nicken und sie kam mit hoch.«

Ich schiele ihm über die Schulter und entdecke ein Wirrwarr aus Zeichen und Worten. Ein Pfeil hinter dem Wort Vitrine zeigt nach oben, bei Speisekammer zeigt der Pfeil nach unten. Es gibt zahlreiche Ungefährzeichen, die Mirko schwungvoll hinter Worte gesetzt hat, die aus Abkürzungen bestehen und die wohl nur er versteht. Eine Fünf steht für die Anzahl der Zimmer in der Wohnung. Andere Notizen geben Hinweise auf die Größe der Räume, die Kubikmeter Müll, auf Wertanrechnungen einzelner Gegenstände und den geschätzten Arbeitsaufwand in Tagen. Hinter manchen Gegenständen deuten waagerechte Pfeile auf Verwertungsmöglichkeiten hin: Gebrauchtmöbelcenter, Buchhändler, Kunsthandel, Lederhandel, Porzellanhändlerin, Tuchhändlerin, Museum.

»Porzellanhändlerin? Macht die das beruflich?«, frage ich.

»Unsere Porzellanhändlerin, Frau Jakobs, ist eine Porzellanverrückte, eine Porzellanverliebte. Die Dame ist spitze. Leider haben wir nicht so häufig mit ihr zu tun, weil wir nur selten kostbares Porzellan finden und weil wir uns inzwischen selber gut genug auskennen und ihren Rat seltener brauchen. Ich nenne sie Porzellanhändlerin, sie selber würde sich sicher nicht so bezeichnen. Manchmal gibt es aber auch Stücke, die wir nur von ihr unter die Lupe nehmen lassen, bevor wir sie irgendwo zum Verkauf anbieten. Porzellan ist ein kompliziertes Geschäft. Da muss man über Hersteller Bescheid wissen, Stempel zuordnen können und eine Erste-Wahl-Serie von einer Zweite-Wahl-Serie unterscheiden können. Es gibt winzige Gegenstände aus Porzellan, die einen Monatsverdienst einbringen können, wenn man sie als wertvoll erkennt und nicht aus Versehen in den Flohmarktkarton legt«, sagt Mirko und lacht. Ob ihm das schon mal passiert ist, drei Euro für ein Dreihundert-Euro-Porzellan-Teil, möchte ich wissen.

»Ich hoffe nicht.«

Die Notizen füllen mehrere Seiten, es gibt sogar eine Zeichnung von einem seltsamen Gegenstand, eine Glocke aus Porzellan, wie mir scheint.

»Meine Erinnerungen sind immer an Menschen geknüpft. Auch wenn der Aristokrat in diesen Notizen nicht erwähnt wird, er ist übrigens ein Großneffe der Verstorbenen, wie wir später herausgefunden haben, so sehe ich beim Betrachten der Worte, Pfeile und Zahlen sofort den Mann vor mir. Bei dem war nichts mehr mit locker auf Kumpel machen, da war von Beginn an ein professionelles Auftreten gefragt.«

Kaum hatten Dora und Mirko das Treppenhaus in Hamburg-Eppendorf betreten, da waren sie auch schon in eine andere Zeit und eine andere Welt eingetaucht. Nachdem die schwere Haustür ins Schloss gefallen war, verstummten die Geräusche der Stadt. Ein Fliesenmosaik erinnerte an ein Teppichmuster, ein Fußabtreter war raffiniert hineingearbeitet und ein antiquiert wirkender Schuhputzkasten neben dem Eingang platziert. Dort konnten die feinen Herrschaften den Staub der Stadt zurücklassen und ihre Budapester auf Hochglanz polieren. Im nächsten Moment wandelten die beiden »Bewerber« unter einem Gewölbegang, der zu beiden Seiten große Spiegelflächen zeigte. Dort hinein grinsten sie und wurden zigfach widergespiegelt. Im Treppenhaus roch es nach poliertem Holz. Das schwungvolle Geländer zog ihre Blicke an, Jugendstilkacheln mit Blütenmotiven zierten die Wände. Die Bohlen, aus denen die Stufen gefertigt waren, zeigten nur geringe Spuren der Schritte, die unzählige Füße in über hundert Jahren hinterlassen hatten. Das Erdgeschoss hatte eine extreme Höhe, unendlich viel Raum für Verzierungen bis hinauf zum üppigen Stuck, der das Portal krönte. Die Rosen an den Decken schienen zu blühen, und fast meinte man ihren Duft zu riechen. Dabei bestanden sie doch nur aus Gips, von einem begabten Stuckateur zu Beginn des vorigen Jahrhunderts angebracht. Ob der Handwerker sich Gedanken über die Generationen von Betrachtern gemacht hatte, die sein Werk würdigen, genießen oder etwa achtlos darunter hinweggehen würden, wenn er längst nicht mehr auf der Welt wäre? Selbst auf den Stumpfsinnigsten muss dieser Treppenaufgang eine Wirkung ausüben, und sei es auch noch so unbewusst. Die meisten werden sich daran erfreuen, andere sich vielleicht sogar erniedrigt fühlen.

Die Verstorbene hatte die vierte Etage bewohnt, angeblich ihr Leben lang. Sie war alt geworden, über neunzig, und die Letzte aus ihrer Familie, die hier lebte. So viel hatten sie vom Bestatter bereits erfahren. Seit den Zwanzigerjahren war die Wohnung ihr Heim gewesen.

Rosenberg stand in goldenen Lettern auf dem Schild über der Klingel. Sie waren pünktlich, der Aristokrat öffnete, eine Pfeife in seinen Händen, ein höflicher Gruß, zurückhaltende Gesten und ein aufmerksamer Blick.

Eines wurde sofort klar: Der Mann kannte sich aus und war über den möglichen Wert der Gegenstände bestens informiert. Das gab er unumwunden zu, jedes Flunkern erübrigte sich. Er erwähnte sogar Auktionatoren, die sich einige Stücke angesehen hatten. Es lag nun an Mirko, sich innerhalb kürzester Zeit einen Überblick zu verschaffen und später eine Schätzung vorzunehmen. Die Fülle an Porzellan brachte ihn beinah ins Schwitzen. Er schaute in die Schränke und nahm die Prägestempel des Porzellans unter die Lupe, hielt nach Wertgegenständen wie Münzen und Schmuck Ausschau und warf einen Blick auf Gemälde. Die Küche inspizierte er etwas genauer, dort wartet meistens mehr Arbeit, als einem lieb ist. Was muss aufwendig abmontiert werden? Welcher Schrank verliert wie viel an Wert, wenn er den Entrümplern im Treppenhaus aus den Händen rutscht? An dieser Stelle der *Bewerbung* waren Fingerspitzengefühl, Auffassungsgabe und sachliche Auseinandersetzung gefragt. Normalerweise gehört Klappern zum Handwerk, wie Mirko gerne sagt, wenn bei Verkaufs- und Bewerbungsgesprächen wort- und gestenreich über die möglichen Werte gesprochen wird. Dabei geht es nicht um Übertreibungen, sondern oft nur um lautes Denken und Kopfrechnen. Hier war eher leises Denken und feinfühliges Verhandeln angebracht, wobei es bei der ersten Sichtung noch nicht um konkrete Zahlen ging. Hier fiel nur die eine oder andere Bemerkung zum vermuteten Arbeitsaufwand und zum zeitlichen Ablauf der Haushaltsauflösung. Der Aristokrat war gewieft im Vertreten seiner *familiären Interessen*, wie er es nannte. Als Mirko andeutete, was er nach dem ersten Eindruck ganz unverbindlich *schätzen* würde, holte ihn Hubertus Rosenberg auf den Boden *seiner* Tatsachen zurück. Es wurde ein wenig gefeilscht, oder vielleicht war es auch nur ein Ausloten des Verhandlungsgeschicks des Gegenübers. Dieser Mann jonglierte sonst vermutlich mit ganz anderen Zahlen.

Die Wohnung entsprach dem Eindruck, den das Treppenhaus vermittelt hatte. Hier war alles gepflegt, und jedes Zimmer zeigte eine besondere Note, beinah wie in einem Museum. Es gab ein Lesezimmer mit Klubsesseln und zahllosen Büchern in massiven Holzregalen. Die kleine Privatbibliothek diente womöglich auch als Rauchzimmer, ein Aschenbecher aus Muranoglas und ein Zigarrenschneider lagen auf einem sogenannten Rauchtisch, davon zu riechen war jedoch nichts. Sie strahlte Behaglichkeit aus, wenn auch nicht in dem ungezwungenen Stil, der den Besucher die Füße hochnehmen und die Strickjacke unbedacht über die Lehne werfen lässt. Das benachbarte Wohnzimmer zeigte unverfälschten Sechzigerjahreschick. Hier hätte Erik Ode sicher gern ermittelt. Der Raum wirkte erstaunlich modern, auch wenn sich hier seit fünfzig Jahren nicht viel verändert hatte. Ein weiteres Zimmer war ein Abbild der Innenarchitektur der Gründerzeit im späten neunzehnten Jahrhundert. Darin befand sich eine Vitrine, die von Mirko als Königin der Möbel in diesem Haushalt ausgemacht wurde und im Notizbuch einen dicken Pfeil nach oben bekam. Sie war zwischen zwei Fenstern in Szene gesetzt, gegenüber stand eine passende Anrichte. Das Holz hatte nie darben müssen, Öle und Wachse hatten es lebendig und schön gehalten.

Mirko wollte den Auftrag unbedingt haben. Doch dafür war eine immense Hürde zu nehmen, denn eines wurde sehr schnell deutlich: Der Aristokrat und sein Familienanhang würden akribisch nachrechnen und die einzelnen Posten durchgehen. Kosten für *Manpower* hatte der Aristokrat den Arbeitslohn genannt, da wusste man gleich, woher der Wind wehte. Dazu kamen Entsorgungskosten, Materialkosten, inklusive der Abnutzungskosten bei den Transportmitteln, Wegekosten, Verpackungskosten und einiges mehr. Nach einer Stunde waren Mirko und Dora wieder draußen.

Als Sven am nächsten Tag von der Kinderfreizeit zurückkam, berichtete Mirko ihm haarklein, was er gesehen hatte. Gemeinsam machten sie einen detaillierten Kostenvoranschlag. Sie wollten sich den Auftrag unbedingt sichern, wollten dort arbeiten, in die Vergangenheit eintauchen, entdecken und möglichst auch noch Geld verdienen. Die Wertanrechnung fiel ungewohnt hoch aus, der Arbeitsaufwand gleichermaßen, das Treppensteigen eingerechnet. Schwere alte Möbel plus ein Parkplatzproblem in der gesamten Nachbarschaft beeinflussten den Preis. Der Großneffe verstand.

»Die Umstände sind häufig entscheidender als die Wertgegenstände. Das war ihm auf Anhieb zu vermitteln. Kein bequemer Auftrag, dort war Schleppen angesagt«, erinnert sich Mirko. »Aber wir wollten an die Sachen herankommen, deshalb haben wir hin und her gerechnet und verdammt knapp kalkuliert. So etwas machen wir selten, weil das Risiko einfach zu hoch ist. Aber wenn du einen Auftrag haben willst, dann musst du manchmal pokern. Ein Bewerber war sogar billiger als wir. Simple Gebrauchsgegenstände gibt es in anderen Wohnungen schon genug. Hier hatten wir es mit Sahnestücken zu tun und hofften insgeheim auch noch auf Schätze. Die Eppendorfer Wohnung war ein Stück Kulturgut. Und was sich dann daraus entwickelte, hat den Auftrag ohnehin lohnend gemacht. Sven hat sich bei den Berechnungen voll auf mich verlassen, mit eigenen Augen hatte er ja nichts gesehen. Genauso hätte ich es umgekehrt auch gemacht. Da sprechen wir eine Sprache.«

Hubertus Rosenberg bat nach Einreichung des Kostenvoranschlags um Bedenkzeit. Erst Tage später wurde der Vertrag im Büro des Bestatters per Handschlag besiegelt.

Mirko und Sven waren ungewohnt nervös, als sie zum ersten Mal gemeinsam in die Wohnung nach Eppendorf fuhren. Sie hatten Proviant dabei, einige Flaschen Bier und etwas zu essen. Schon auf dem Weg gaben sie sich ihrer Vorfreude hin. Könnte ein langer Abend werden. Was Mirko erzählt hatte, machte Sven so neugierig wie schon lange nichts mehr. Nicht viel anders mussten sich wohl Schatzsucher fühlen oder vielleicht auch Goldsucher in einem bewährten Schürfgebiet. Die erste Besichtigung – so vielversprechend sie auch sein mag – sagt nicht viel darüber aus, was sich möglicherweise hinter der Fassade verbirgt. Noch war nicht unter Betten geschaut und kein Schrank abgerückt worden.

»Geile Bude!«, sagten sie wie aus einem Munde, als sie in den Klubsesseln saßen und sich zuprosteten. Sie waren die Einzigen, die noch einen Wohnungsschlüssel und Zugang zu den Räumen hatten.

Frau Rosenberg war im vergangenen Monat beerdigt worden. Der vertrocknete Blumenstrauß, den Mirko beim Vorgespräch gesehen hatte, stand nun nicht mehr auf dem Wohnzimmertisch. Es war oft das gleiche Bild: verwelkte Blumen in abgestandenem Wasser, mal muffig und mal gammelig riechend. Altes Blumenwasser kann wirklich einen penetranten Geruch verströmen und damit auf unangenehme Art an die Vergänglichkeit jeder Frische und Schönheit erinnern. Genauso trostlos wirken verwaiste Blumenfenster. Manche Pflanze mag über Jahrzehnte gepflegt worden und zu einem stattlichen Exemplar gewachsen sein, doch dann bleibt nach wenigen Wochen ohne Versorgung nur noch ein Gebilde vertrockneter Stängel, Blätter und Blüten übrig. Bis auf den entfernten Blumenstrauß schien die Wohnung unverändert.

Auf einer Anrichte stand ein siebenarmiger Leuchter und auf dem Nachtschränkchen lag eine Hamsa, eine schützende Hand. Doch auch ein Rosenkranz fand sich neben einer Bibel. Nach einem Rundgang durch die Wohnung, bei dem Mirko die Führung übernahm und dabei Sven freudestrahlend auf bestimmte Gegenstände aufmerksam machte, nahmen sie die große Vitrine unter die Lupe.

Das Erste, was ihnen dort in die Hände fiel, war eine Porzellanglocke. Sie stand im obersten Vitrinenboden und war in ihrer Zartheit sofort als etwas Besonderes zu erkennen. Ein Fall für ihre Porzellanhändlerin. Die Dame musste unbedingt ein Urteil abgeben, bevor sie diese zum Verkauf anboten. Am besten hier vor Ort, denn schon bald stießen sie auf weitere interessante Stücke. Ganz unbedarft waren die beiden zwar nicht und schätzten den Wert als relevant ein, aber man konnte nie wissen. Porzellan bietet immer wieder Überraschungen. Vielleicht gehörte dieser Gegenstand in die Kategorie *Schatz* oder zumindest Schätzchen.

Dem Dekor zufolge stammte die Glocke aus dem Jahr 1936, es zeigte das Berliner Olympiastadion mit Nazisymbolen, auf der Innenwand fand sich das Emblem von Rosenthal. Im Nachhinein fragt man sich, wie der konvertierte Jude Philipp Rosenthal sich drei Jahre nach der Machtübernahme durch die Nazis auf die Produktion solcher Propagandastücke hatte einlassen können. Der Judenhass war längst umfassend geschürt worden. Wenig später wurde der Fabrikant seines Postens enthoben und emigrierte nach England.

Als ich Mirko nach seinen Empfindungen frage, wenn er in *normalen* deutschen Haushalten auf Symbole der Nazidiktatur stößt, muss er nicht lange überlegen.

»Diese Zeit ist Teil unserer Vergangenheit, und deshalb ist es unsinnig, sich dem entziehen zu wollen. Sie gehört zu unserer Geschichte und Kultur, und man muss sich damit auseinandersetzen, dass auch heute noch massenweise Gegenstände mit Nazisymbolen nicht nur gesucht und gesammelt werden, sondern die Herrschaft der Nazis sogar verherrlicht wird. Manche Leute finden nun mal nicht alles scheiße, was damals abgelaufen ist. Auch wenn es für dich und mich überhaupt nicht nachvollziehbar, sondern einfach nur daneben ist, wenn Menschen in gewisser Weise auf die Weltkriegsgeschehnisse abfahren, so ist es doch Fakt. Wir haben laufend dieses Zeug in den Händen, aber es bringt nichts, alles in den Müll zu schmeißen, dadurch ist es nicht wirklich verschwunden. Erst wenn das Nazidenken in den Köpfen weg ist, hat man was erreicht. Als Anschauungs- und Sammlerstücke kann ich manches sogar gut akzeptieren. Meinetwegen sollen die Leute sich damit befassen und sich hoffentlich kritisch mit den Hinterlassenschaften auseinandersetzen. Für manche hat es nun mal seinen Reiz, dieser Zeit nachzuspüren. Das heißt ja noch lange nicht, dass sie mit der Ideologie einverstanden sind. Der Krieg, das Leiden, die Tragik rufen bei vielen Menschen starke Gefühle hervor. Extremsituationen üben immer einen gewissen Reiz aus. Wie oft hat man früher von Überlebenden des Kriegs gehört, dass es trotz allem eine schöne Zeit war. Manchmal sogar ihre *schönste*, aus welchen Gründen auch immer. Vielleicht, weil man sich in der Not gegenseitig half, vielleicht auch, weil es im Angesicht des Todes flüchtige Liebschaften gab. Was wissen wir schon darüber? Ich versuche, weitgehend neutral mit den Symbolen umzugehen, zumindest wenn es sich um familiäre Erinnerungsstücke wie Urkunden und Orden handelt. Das Verständnis hört allerdings bei kriegsverherrlichendem und antisemitischem Propagandamaterial auf.«

In der geräumigen Vitrine im Hause Rosenberg gab es zahlreiche Fächer, Schubladen und Kästen. Sie nahmen Berge von Papieren unterschiedlichen Datums heraus, darunter Pässe, Briefe und amtliche Dokumente und legten alles auf einen Tisch. Es kamen weitere Relikte aus der Zeit des Nationalsozialismus zum Vorschein, was nicht weiter verwunderlich war, da die Familie seit den Zwanzigerjahren hier gewohnt hatte. Doch irgendetwas war seltsam. In einem Fach fanden sich Lebensmittelmarken, Ausweise, ärztliche Bescheinigungen, Stammurkunden und Ahnentafeln – allesamt mit Hakenkreuzen – auf den Namen Helene Behrmann ausgestellt. Dabei zeigten einige dieser Dokumente Fotos, die auf Frau Rosenberg hindeuteten.

»Hat sie bei der Hochzeit den Namen ihres Mannes angenommen und ihn später wieder abgelegt?«, sinnierte Mirko.

»Hm, das kann irgendwie auch nicht sein. Der heißt anscheinend noch mal anders. Schau, hier, dieses Dokument.«

»Aber das ist doch dieselbe männliche Person wie auf diesem

Ausweis aus den Sechzigern mit dem Namen Helmut Rosenberg. Und der Name Schuster auf den Nazidokumenten klingt überhaupt nicht jüdisch. Hier, lauter Nazimist. Da stimmt doch was nicht.«

Die beiden Entrümpler sortierten die Unterlagen, so gut sie konnten, und bildeten separate Stapel, die ihnen ein deutlicheres Bild bringen sollten.

»Wo kommen die unterschiedlichen Namen her? Ich schaue mal im Schlafzimmerschrank nach, ob dort irgendwas Erhellendes zu finden ist.«

Doch erst in einer Abstellkammer fand Mirko einen Karton mit Altpapier. Es wirkte, als sei er erst kürzlich durchsortiert worden. Aktuelle Zeitungen lagen obenauf. Unter einem Stapel mit Werbebroschüren eines Lebensmittelmarktes stieß er auf alte Landkarten und ein Telefonbuch, das für eine Großstadt wie Hamburg erstaunlich dünn war. Beim genauen Hinsehen erkannte man ein Datum: 1934. Das Buch wurde sofort auf den Stapel *Wertsachen* gelegt. Zwischen alten Rechnungen, vergilbten Zeitungsartikeln, alten Versicherungsakten, verjährten Steuerunterlagen, Kontoauszügen und Strickanleitungen tauchte eine Dokumentenfolie auf. Darin ein Foto. Das musste Frau Rosenberg sein, eindeutig, als junges Mädchen vor der Synagoge im Hamburger Grindelviertel. Das Gotteshaus wurde 1938 in der Reichspogromnacht verwüstet und im Folgejahr abgerissen. Ein anderes Foto zeigte einen Jungen bei einer Bar-Mitzwa-Feier, das Datum auf der Rückseite war nur noch schemenhaft zu erkennen, vermutlich war es Ende der Zwanzigerjahre entstanden, ebenfalls in Hamburg.

Halt, stopp! Erst mal hinsetzen. Es war 20 Uhr, eigentlich wollten die beiden Entrümpler längst nach Hause, vorher noch schnell was einkaufen und morgen wiederkommen. Aber diese Spur! Was war hier los? Und dann vergaßen sie alles um sich herum, dachten sich in die Personen hinein, die hier gelebt hatten, verglichen Arztbescheinigungen und Lebensmittelmarken.

Hinter einem Regal in der Abstellkammer ließ sich ein Stein

lösen, dahinter eine Aussparung im Mauerwerk, weitere Ausweispapiere, dieselben Gesichter, unterschiedliche Namen. Ein Mit-
gliedsausweis für den *Bund Deutscher Mädel in der Hitlerjugend*
lag ebenfalls dabei, ganz so, als wollte jemand keinen Zweifel an
der Gesinnung der Familie lassen. In ein und demselben Versteck
fanden sich Hinweise auf jüdische Identitäten und auf sogenann-
tes Ariertum. Warum wurde so etwas aufgehoben?

Aus vier Stapeln wurden sechs, die Uhr zeigte fast Mitternacht.
Sven rief zu Hause an, er fahre jetzt los. Mirko schnappte sich eine
Decke und legte sich mit einem alten Haushaltsbuch der Familie
Rosenberg aufs Sofa.

In der Nacht träumte er von Personen, die er nie gesehen hatte. Hakenkreuze, Davidsterne und Rosenkränze in den Händen der
Fremden. Wer war wer? Angst in den Gesichtern. Wer war durchs
Treppenhaus gerannt, welche Schreie waren hinaufgehallt? Wer hatte es aus welchen Gründen geschafft zu überleben? Und wer nicht?

Die Wohnung rührte an sein Innerstes. Seit Langem war er mit
Zeitzeugen des Zweiten Weltkriegs befreundet, nicht wenige von
ihnen waren in den letzten Jahren gestorben. Seit seiner Zeit als
Altenpfleger hatte er häufig Kontakt zu Menschen, die auf vielfäl-
tige Weise mit den Schrecken des Krieges konfrontiert gewesen
waren. Manche sahen in ihm eine Art Verbündeten und zogen
Mirko ins Vertrauen, wenn sie von seinem Engagement in der
Vereinigung der Verfolgten des Naziregimes erfuhren.

Er durfte in die Tagebuchaufzeichnungen eines Widerstands-
kämpfers schauen, der in Gefangenschaft geraten war. Die er-
haltenen Fragmente hat Mirko später geerbt. Bei einigen seiner
ehemaligen Pflegefälle hat er nach deren Tod die Auflösung von
Wohnungen oder der Zimmer im Seniorenheim übernommen.
Damals sah er sich selbst noch nicht als Entrümpler, aber später fügte sich sein berufliches Schicksal ganz automatisch in diese
Richtung. Niemand hätte es besser machen können. Zu Beginn
dieser Laufbahn kannte er die Personen noch, deren *Verlassenschaften* er sortierte. Manche hatten ihn zu Lebzeiten sogar schon

darum gebeten und ihm gesagt, was mit bestimmten Sachen geschehen solle. Das waren seine ersten Auflösungen, lange bevor er sich mit Sven zusammentat. Einige dieser alten Menschen tauchen noch heute in seinen Träumen auf, Jahre nachdem sie sich von unserer Welt verabschiedet haben. In Mirkos Gedanken, Gefühlen und Erinnerungen haben sie einen Platz zum Weiterexistieren gefunden.

Am folgenden Tag rief er Hubertus Rosenberg an.

»Wir haben Unterlagen entdeckt, die vielleicht von Interesse für Sie sind. Private Dokumente. Wir möchten sie nicht einfach vernichten.«

»Ich habe alles mitgenommen, was für mich und meine Familie von Belang ist. Wir haben mit dem Haushalt nichts mehr zu tun.«

Die Antwort erschütterte Mirko in gewisser Weise, und er musste sich seine Enttäuschung eingestehen. Wie konnte ein Nachkomme kein Interesse haben? Welche Gründe mochte es dafür geben? Wusste er um die Geheimnisse in der Familie, oder wollte er nichts wissen? War die Wahrheit zu schmerzhaft? Hatte sich jemand etwas vorzuwerfen? Mirko war ratlos, weil er nun keine Antworten auf seine Fragen bekam. Wer waren die Rosenbergs? Welche Überlebenstaktik, welche Kontakte und welche Verstecke hat es gegeben? Er wollte mehr wissen und gleichzeitig stand eine Menge Arbeit an. Er war schließlich nicht als Forscher, sondern als Entrümpler in die Wohnung gekommen, aber trotzdem ließen ihm die Fundstücke keine Ruhe. Vor dem Haus lag kein Stolperstein. Entweder gab es in diesem Haus trotz jüdischer Bewohner tatsächlich keine Opfer zu beklagen, oder niemand wusste davon, oder niemand hatte einen Stolperstein angeregt.

Seit 1995 erinnert der Kölner Künstler Gunter Demnig mit seinen zehn Zentimeter großen Stolpersteinen an die Opfer der nationalsozialistischen Gewaltherrschaft. Der kleine Stein trägt den Namen, das Geburtsjahr, den Todeszeitpunkt und -ort, soweit dies bekannt ist. In Hamburg gibt es mittlerweile über viertausend Stolpersteine, bundesweit sind es ein Vielfaches mehr.

Mirkos nächster Anruf galt Frau Jakobs, ihrer Spezialistin in allen Fragen rund ums Thema Porzellan und alte Stoffe.

»Du solltest mal vorbeischauen. Wir haben etwas für dich«, sagte Mirko nach einer ausgiebigen Begrüßung. Sie arbeiteten seit einigen Jahren zusammen, aber die Verbindung von Frau Jakobs zu Sven reichte bis in seine Schulzeit zurück. Die gebildete Dame war damals seine Lehrerin und gleichzeitig die Mutter eines guten Freundes, weshalb er von Kindesbeinen an in ihrem Haus ein- und ausgegangen war.

»Klingt gut, ich komme heute Nachmittag bei euch vorbei. Bis dann«, sagte Frau Jakobs in ihrer knappen Art. Wenn sie sich so rasch auf den Weg machte, dann schien Mirko die richtigen Worte gefunden zu haben. Vielleicht weckte auch die *gute Adresse* in Eppendorf ihre Neugier. Auf Schatzsuche ging sie mindestens genauso gern wie die beiden Entrümpler. Sie hielt Ausschau nach interessanten Stücken für ihre private Sammlung und kaufte den beiden gelegentlich etwas ab, aber nicht minder wichtig waren ihre Ratschläge zur Qualität und zum Wert der Waren.

Frau Jakobs hat viel Zeit in England verbracht, wo sie sich in die Materie der Porzellankunst vertiefte. Ihr Haus soll einem Privatmuseum gleichen, wo man vor lauter Porzellan und anderen Sammelstücken kaum weiß, in welchem Zimmer man sich befindet, denn überall gibt es Regale mit Servicen, Schüsseln, Püppchen, Kerzenhaltern und jeglicher Art von Dekorationsgegenständen. Für ihre Sammelleidenschaft grast sie Flohmärkte, Spezialmärkte und Messen ab und forscht im Internet.

Für Mirko und Sven war es selbstverständlich, sie zu kontaktieren, als sich bei ihren ersten Entrümpelungen Fragen zum Verkaufswert von Porzellan stellten. Frau Jakobs ist neugierig, wissbegierig, klug und – was das Schönste ist – sie teilt ihr Wissen gern mit den beiden Männern. Letzteres ist eher die Ausnahme, wie die Entrümpler in anderen Fachgebieten häufig zu spüren bekommen. Die meisten behalten ihre Kenntnisse lieber für sich und erhoffen sich dadurch Geschäftsvorteile.

Kaum hatte Frau Jakobs die Türschwelle überschritten, bekam sie auch schon leuchtende Augen. Die Einrichtung und der gepflegte Haushalt waren ganz nach ihrem Geschmack. Sie ging durch die Zimmer und stellte einige Gegenstände zur Seite. Manchmal kommentierte sie ein Stück mit wenigen Worten und dem Hinweis, dass es dazu noch eine Geschichte zu erzählen gäbe.

»Wer hat denn eigentlich hier gewohnt?«, fragte sie, nachdem sie sich jedes Zimmer angeschaut und auch Blicke in Kleiderschränke und Abstellkammern geworfen hatte. Aus ihrem Tonfall war ein Gespür für gewisse Unstimmigkeiten herauszuhören.

»Das fragen wir uns auch«, sagte Sven.

»Der Leuchter und die Hamsa sind eindeutige Symbole«, sagte Frau Jakobs. »Wenn man so etwas in nicht jüdischen Haushalten findet, dann merkt man schnell, ob es aus modischen Gründen dort steht oder weil man die Gegenstände aus dem Urlaub mitgebracht hat. Die Hamsa ist übrigens der populärste Talisman für Glück und Wohlstand im Mittleren Osten. Hamsa bedeutet fünf, in der jüdischen Tradition ist die Hamsa ein Symbol für den Schutz: Gottes schützende Hand, mit den fünf Fingern, vor Neid oder vor dem bösen Blick. Der Energie der Hamsa werden allerlei positive Einflüsse zugetraut. Es gibt Hamsa-Symbole auch in anderen Religionen, wie im Christentum und im Islam«, referierte Frau Jakobs und Sven erinnerte sich lächelnd an seine Schulzeit bei ihr.

Sie schaute sich weiter um und warf auch einen Blick auf die Papierstapel im Wohnzimmer.

»Sieht irgendwie nach Doppelleben und Mehrfachidentität aus. Überall diese Dokumente. Sie haben wesentlich mehr Papiere aus der Nazizeit aufgehoben als gemeinhin üblich. Seitdem ich mich intensiver mit der Rolle meiner eigenen Familie während dieser Zeit befasse, hat sich meine Spürnase weiterentwickelt, wenn es um diese grausame Vergangenheit geht. Da schrillen bei mir sofort die Alarmglocken. In diesem Haushalt ist einiges ungewöhnlich. Einerseits gibt es auffallend viel Naziplunder, und andererseits hat hier seit den Zwanzigerjahren eine jüdische Familie gelebt, offenbar durchgehend, wie ihr sagt.«

Die beiden zeigten ihr sämtliche Unterlagen und Verstecke, und dann spekulierten sie gemeinsam weiter. Doch es war unmöglich, plausible Erklärungen zu finden und die Vergangenheit zu ergründen. Zwar ging die Familiengeschichte der Rosenbergs sie eigentlich nichts an, doch war die Vergangenheit plötzlich so greifbar nah, wenn auch ohne die beteiligten Personen, sondern nur mit ihren Hinterlassenschaften. In diesen Betten hatten sie geschlafen, sich mit diesen Decken gewärmt, in diesen Büchern gelesen und von jenen Porzellantellern gespeist. Ihre Überlebenstaktik bestand vermutlich in einer perfekt getarnten Scheinidentität. Hier hatten Bewohner versucht, ihr hundertprozentiges *Ariertum* zur Schau zu stellen, obwohl sie jüdischer Herkunft waren. Wie hatte das funktioniert? Ohne einen Angehörigen, der ihnen weiterhalf, kamen sie den Rätseln nicht auf den Grund. Doch dieser Weg war versperrt, nachdem der Aristokrat eindeutig Desinteresse signalisiert hatte.

Nach und nach verstauten Mirko und Sven den Haushalt in Kisten und Kartons und reservierten eine kleine Truhe für Briefe und Fotos, die sie sich später noch einmal genauer vornehmen wollten. Im Grunde genommen gab es in Mirkos Wohnung keinen Platz mehr für solche Truhen und Kisten, aber er konnte unmöglich widerstehen. Irgendwann würde er weiterforschen. Jetzt ging es jedoch ums Entrümpeln.

»Lasst euch bei der Tischwäsche bloß nicht über den Tisch ziehen«, riet Frau Jakobs ihnen augenzwinkernd und hielt dabei ein gestärktes Tischtuch mit Hohlsaum in den Händen. »Das gebt ihr nicht für unter hundert Euro her. Sonst nehme ich es«, legte sie mit dem bestimmenden Tonfall einer Lehrerin fest, die ihre Schützlinge stets im Griff hatte.

»Und hier, schönster Damast, sehr gut erhalten. Stammt sicherlich aus den Zwanzigerjahren. So etwas findet man heute nicht mehr so häufig. Bestimmt gab es in dieser Familie eine Art Haushälterin, die etwas von Wäschepflege verstand«, sagte Frau Jakobs und strich über eine fein gemusterte Tischdecke, auf der weiße Blüten auf weißem Untergrund changierten.

»Das Wort Damast bezieht sich übrigens auf die syrische Hauptstadt Damaskus. Über die Seidenstraße kamen Stoffe von China über Indien und Persien bis nach Damaskus. Dort wurde diese Technik der Tuchherstellung zur Perfektion gebracht. Für Damasttücher braucht man spezielle Webstühle. Wunderschön«, sagte sie, und die beiden Männer versuchten, ihre Begeisterung nachzuempfinden. Ähnlich euphorisch wie Frau Jakobs angesichts des Tuchs war Mirko kürzlich gewesen, als er in einem Haushalt alte Feuerwehrschläuche fand, die es in diesem speziellen Material heute nicht mehr gibt. Damit lassen sich inzwischen gute Preise erzielen. Einige davon finden ihren Weg zu kreativen Designern und werden zu Taschen, Gürteln und anderen Gebrauchsgegenständen weiterverarbeitet.

»Die Wäschekammer ist nicht mehr komplett. Ich bin mir sicher, dass dort bereits aussortiert wurde«, stellte Frau Jakobs fest. »Das Gleiche gilt für das Porzellan, da klaffen Lücken, der Geschirrschrank war sicher mal voll. Ich nehme an, sie besaßen ursprünglich ein vierundzwanzigteiliges gutes Service. Davon sehe ich hier nichts. Für die Glocke dürfte es etwas Geld geben, das andere Porzellan ist zwar schön, aber schwer zu verkaufen. Hoffentlich ist das keine Enttäuschung für euch.«

»Wir sind Kummer gewohnt«, sagte Sven und lächelte.

»An den Kaffeetassen aus Limoges bin ich interessiert. Das Service ist zwar unvollständig, aber mir gefällt es ausgesprochen gut«, sagte Frau Jakobs und nahm eine der zierlichen Tassen mit zartem Rosendekor in die Hand. Der Goldrand war verwischt und machte sie dadurch umso schöner. Er zierte den Tassenrand, Teile des Henkels und des Bodens. In ihren Augen waren es perfekte Tassen, das Rosenmuster von Hand aufgemalt und von beiden Seiten des Porzellans fühlbar. Das Limoges-Geschirr würde einen schönen Platz in ihrer Vitrine erhalten. Doch es würde nicht nur zur Schau gestellt, sondern auch in Gebrauch kommen, wie die beiden Entrümpler aus eigener Erfahrung wussten. Bei Frau Jakobs war Porzellan in guten Händen und wurde auch benutzt.

Mirko versinkt in Erinnerungen an die Haushaltsauflösung in Eppendorf und blättert in seiner Kladde. Es ist ganz offensichtlich seine Passion, vergangenem Leben nachzuspüren und zumindest einen Teil davon, in Form von Dokumenten und Fotos, zu erhalten. In manchen Momenten taucht er so tief ein, dass er selber ein Teil der Geschichte wird. Und er fühlt eine gewisse Enttäuschung, wenn seine Spurensuche keine Antworten bringt. Bei den Rosenbergs mussten Sven und Mirko sich mit Fragmenten zufriedengeben und dem Fakt, dass diese jüdische Familie mitten in Nazideutschland, mitten in Hamburg überlebt hat, obwohl ab Herbst 1941 Hamburger Juden in zahlreichen Transporten in die Ghettos von Lodz, Minsk und Riga verschleppt und dort größtenteils umgebracht wurden. Bis wenige Monate vor Kriegsende wurden sechstausend Hamburger Juden zudem in die Konzentrationslager Ausschwitz und Theresienstadt deportiert, wo die meisten von ihnen umkamen. Alle Spuren in der Wohnung Rosenberg deuteten darauf hin, dass diese Familie zu den wenigen Hundert überlebenden Juden von den einst siebzehntausend zählte, die noch 1933 in der Stadt gelebt hatten.

Als Mirko mir von den Rosenbergs erzählt, denke ich sofort an den Film *Die Wohnung*, der vor einiger Zeit im Kino lief. Die Geschichte hat ihren Ausgangspunkt in Tel Aviv und schildert das schwierige Unterfangen einer Wohnungsauflösung durch die Hinterbliebenen. Sie scheitern schnell an den Hinterlassenschaften ihrer aus Deutschland emigrierten Eltern (Großeltern, Urgroßeltern). Nur ein Enkel, der Filmemacher Arnon Goldfinger, schaut sich Bücher, Tagebücher, Fotoalben und Dokumente seiner Großeltern genauer an und rettet sie in letzter Minute vor dem Entsorgen durch rabiate Entrümpler. Neben unfassbaren Geheimnissen offenbart sich die vollkommene Ahnungslosigkeit bei den meisten

Hinterbliebenen und das Nichtwissenwollen bei anderen. Große Sprachlosigkeit bestimmte das gesamte Leben der Nachkommen der Eheleute Tuchler aus Berlin, die 1937 ins damalige Palästina, nach Tel Aviv emigriert waren. Erst das Stöbern im Nachlass, das Lesen von Briefen und das Betrachten von alten Fotos fügte hier Lebensgeschichten zusammen, von denen die Lebenden nichts gewusst hatten. Doch zum Zeitpunkt der Wohnungsauflösung ist zunächst niemand mehr da, bei dem der Filmemacher genauer nachfragen könnte. Erst durch seine aufwendige Recherche wird Licht in das Dunkel gebracht und überlebende Zeitzeugen werden aufgespürt. Die Fundstücke in der Wohnung der Verstorbenen führen zu einer deutsch-jüdischen Geschichte, die ohne ein sensibles Vorgehen beim Entrümpeln nie hätte erzählt (und verfilmt) werden können.

»Selbstverständlich gehen wir immer alles noch einmal durch, weil wir eines genau wissen: Dort, wo man es kaum vermutet, findet man Informationen und manchen Schatz«, sagt Mirko aus einer gewissen Versonnenheit heraus. Offenbar hofft er noch immer auf plausiblere Erklärungen zur Geschichte der Familie Rosenberg. Kein Müllsack ist vor den beiden Entrümplern sicher. Wenn sie in Tel Aviv dabei gewesen wären, hätte Goldfinger eine große Hilfe gehabt. Stattdessen musste er zunächst seine eigenen Angehörigen davon überzeugen, die Haushaltsauflöser vom gründlichen Entsorgen abzuhalten. Zu dem Zeitpunkt lag ein Teil des Mobiliars bereits im Hausflur. In einer kurzen Filmszene tauchte auch das Thema Wertanrechnung auf, das gesamte Hab und Gut der verstorbenen Familie Tuchler, abzüglich des Arbeitsaufwands, wurde auf 210 Dollar beziffert, was auf den Zuschauer schockierend gering wirkte. Es ist mehr als ernüchternd, was, in blanken Zahlen gesehen, von einem (erfüllten) Leben übrig bleibt.

»Hat sich der Eppendorfer Auftrag gelohnt?«, frage ich Mirko, während ich versuche, mir die Wohnung, das Mobiliar und die Schlepperei vorzustellen.

»Definitiv ja! Wir haben viel dabei gelernt, haben neue Erfahrungen gemacht und auch noch was verdient. Allerdings hätte nichts schiefgehen dürfen. Wenn uns auch nur ein wertvolles Möbelstück kaputt gegangen wäre oder wir uns bei dem Kleinkram verkalkuliert hätten, dann wäre es für uns eng geworden. So war es perfekt. Zwischen dem Auftraggeber und uns ist übrigens nur wenig Geld geflossen. Wir mussten verkaufen, verkaufen und noch mal verkaufen, um auf unsere Kosten zu kommen.«

Dann fällt ihm noch eine Geschichte zur Familie Rosenberg ein.

»In der Speisekammer fanden wir einen Gegenstand, auf den wir uns absolut keinen Reim machen konnten. Das Ding hatte Ähnlichkeit mit einem Fass, oder besser gesagt einem Fässchen oder einer kleinen Rolle aus Metall, die man irgendwie öffnen und von außen beheizen konnte und dabei über einem Haltegestell drehte. Das Ding roch absolut neutral, weder Fisch noch Fleisch war damit in Berührung gekommen. Deshalb haben wir unseren ersten Gedanken an eine Räuchervorrichtung wieder verworfen. Frau Jakobs konnte uns auch nicht weiterhelfen. Das Teil war ein Rätsel.«

Die Entrümpler lagerten das Gerät einige Wochen ein und grübelten immer wieder über den Verwendungszweck nach. Ob es etwas Exotisches sein mochte, ein Küchenutensil aus fernen Landen, ein kultischer Gegenstand, ein Experiment, eine Erfindung, die zu nichts geführt hatte? Nachfragen bei ihren Händlerfreunden in der Videothek brachten ebenfalls kein Ergebnis. Dort gab es normalerweise immer einen Tipp. Schließlich nahmen sie den seltsamen Gegenstand mit auf einen Flohmarkt. Es dauerte nur einen halben Tag, bis einer ihrer Stammkunden weiterhelfen konnte.

»Mit solch einem Gerät röstete man früher Kaffee. Dieses hier ist übrigens nie benutzt worden. Nagelneu sozusagen. Was wollt ihr dafür haben?«, fragte der potenzielle Kunde.

»Was zahlst du?«

Stiefelverliebt

Sie gehören nun tatsächlich mir, und in meinen eigenen vier Wänden verliere ich die Scham, sie aus der Tasche zu holen. Endlich gönne ich ihnen einen wesentlich genaueren Blick als auf dem Dachboden von Frau Willemsen. Schließlich traue ich mich sogar, sie in aller Ruhe anzuprobieren, allerdings nicht ohne dabei an die alte Dame zu denken, die dement im Pflegeheim weilt und sich nur in ihren hellen Momenten an die Schildkrötpuppe auf ihrem Bett erinnert und manchmal auch an ihre eigene Tochter. Schnell verwerfe die Vorstellung, sie zu besuchen und danach zu fragen, ob ich die Stiefel behalten darf. Wie sollte ich meine Anwesenheit in ihrer Wohnung erklären, oder vielmehr in der Wohnung, die bis vor Kurzem ihre war? Ob ihr überhaupt bewusst ist, dass diese Zeit endgültig vorbei ist? Dass sie nie wieder an ihrer Nähmaschine sitzen wird, und dass vielleicht niemand ihre samtenen Hussen in Altrosa zu schätzen weiß? Wie viel Arbeit sie das Nähen wohl gekostet haben mag, aufwendig drapiert und perfekt über den Stuhllehnen sitzend. Meinen Geschmack trafen sie allerdings nicht. Ganz im Gegensatz zu den Stiefeln.

Aber was sich schon beim ersten raschen Hineinschlüpfen zeigte, bestätigt sich nun: Sie sind mir viel zu weit. Der Schaft ist so ausladend geschnitten, dass ich getrost zwanzig Kilo zunehmen könnte und immer noch bequem reinpassen würde. Ich versuche, den XXL-Schaft zu ignorieren, denn alles andere an den Stiefeln ist genau nach meinem Geschmack: Sie sind aus der Mode gekommen, was nichts anderes bedeutet, als dass kaum eine andere Frau solche Stiefel trägt. Wenn sie in einigen Jahren womöglich wieder en vogue sind, kann ich sie ja immer noch einmotten. Der

Absatz ist perfekt, exakt zwei Zentimeter unter dem Niveau, das mich zum unschönen Schwanken und Staksen bringt. So hoch, dass ich *groß* aussehe, mindestens einssechsundsiebzig. Aber das Schlabbern um meine Waden, selbst wenn ich eine Jeans hineinstecke, nimmt ihnen jeglichen Sexappeal. Ich sehe darin aus wie ein Rehkitz in Knobelbechern. Nein, das geht gar nicht, ein gut sitzender Schaft gehört nun mal zu beinah kniehohen Absatzstiefeln und macht dieses gewisse Etwas aus. Ob mein Schuster sie wohl enger machen kann? Der Mann hat mich seit meinem ersten Besuch in seiner Werksatt vor mehr als zehn Jahren regelrecht zu einer guten Kundin erzogen. Das hat er mit einer gewissen Autorität bewerkstelligt, und so sind meine Besuche bei ihm nie ganz angstfrei. Immer befürchte ich mit meinen Schuhproblemen zu spät zu kommen, das Paar nicht richtig gepflegt zu haben oder gar einem Fehlkauf aufgesessen zu sein. Ich habe ihn sogar schon mit fabrikneuer Ware aufgesucht und gefragt, wie ich mich bei jenem speziellen Paar verhalten soll. Er hat sie inspiziert, nach dem Preis gefragt und zu einem seiner Vorträge angesetzt: *Der Schuh und das Schuhhandwerk im Wandel der Zeit!* Ein eher trauriges Kapitel, schenkt man meinem Meister Glauben. Minderwertige Ware, schlechte Verarbeitung, Einwegmodelle, orthopädische Desaster und absurde Größen seien an der Tagesordnung.

Ob er meine Stiefel passend machen kann? Oder ob diese Frage womöglich zu einem vernichtenden Vortrag führt, bei dem ich mir unwissend, naiv und geradezu weltfremd vorkomme? Der Schaft im Wandel der Moden? Wie viel Schaft braucht eine Wade? Ein Schaft ist unumkehrbar!

Ich nehme meinen Mut zusammen – was mir bei Sonnenschein und 26 Grad Außentemperatur nicht allzu schwer fällt – und stecke die Stiefel zurück in die Tasche, nicht ohne vorher die Stiefelspanner von Frau Willemsen hineinzuschieben. Solche Spanner machen sicher einen guten Eindruck auf meinen Schuster. Sie demonstrieren, wie wichtig mir gute Pflege ist.

Draußen vor der Tür ist die Schwüle drückend, und ich habe

nichts anderes im Kopf als ein Paar Winterstiefel mit gefüttertem Schaft. Auf dem Weg erinnere ich mich daran, erst kürzlich auf einer Party spontan über Schuhpflege und meine geheimen Ängste vor meinem Schuster referiert zu haben. Bei dem Gedanken muss ich laut loslachen und ernte den irritierten Blick einer Passantin in der belebten Straße meiner Nachbarschaft. Verrückte gibt es hier zuhauf, denke ich, spontanes Loslachen sollte da eigentlich nicht weiter auffallen. Bei meinem Vortrag hatte eine entfernte Bekannte zugehört und mich gefragt, ob mein Schuster derjenige aus dem Eckladen in der Nähe des S-Bahnhofs sei. Genau! Sofort nutzte sie die Gelegenheit, über ihre eigenen Ängste gegenüber dieser Autorität zu sprechen. Angst und Bewunderung, genau wie bei mir. Wenn er mit seiner wuchtigen Gestalt hinterm Tresen steht, kahlköpfig, beide Hände aufgestützt, die Schuhe seiner Betrachtung zwischen den Pranken liegend, dann kann man nur noch zu einem artigen Mädchen werden, das seinen donnernden, wenn auch nicht zu lauten Worten lauscht. *Der Absatz hätte längst erneuert werden müssen! Nun ist es fast zu spät! Eine Schande!*

Meistens lässt er mir ein Fünkchen Hoffnung auf Rettung. Rettung durch seine Wunderhände. Meine Lieblingspumps habe ich für sage und schreibe sechzig Euro von ihm runderneuern lassen. Wahrlich kein Pappenstil für eine freischaffende Autorin mit dem Hang zu exotischen Themen. Nachdem er mir damals erklärt hatte, welche Art der Betreuung meine klassischen schwarzen Pumps bei ihm erhalten werden, vergaß ich meinen angespannten Kontostand und willigte ein. Er hätte es mir allerdings auch nicht übel genommen, wenn ich auf dem Absatz kehrtgemacht hätte, denn er ist kein Mann für schnelle Geschäfte. Einmal habe ich ihn beinah angefleht, ein Paar Ziegenlederpumps zu besohlen. *Nein, da ist wirklich nichts mehr zu retten. Laufen Sie noch ein paar Abende damit herum, nicht gerade, wenn es regnet, und genießen Sie sie! Dann ist endgültig Schluss! Den Zeitpunkt der Besohlung haben Sie verpasst!*

Die spitzen Braunen aus Ziege waren mir eine Lehre. Seitdem

gehe ich lieber zu früh als zu spät zu meinem Schuster. Insgeheim freue ich mich, wenn er mich lobt, denn solchen Männern gehört mein Herz: Handwerkern mit Schwielen an den Händen, Männern, die zupacken können und nicht nur wissen, wo der Hammer hängt, sondern auch damit umgehen können.

Es war übrigens eine Intellektuellenparty, bei der ich nicht erwartet hatte, über bodenständige Themen sprechen zu können. Aber für Schuhe interessiert sich vielleicht jeder. Ich habe ordentlich Werbung für meinen Meister gemacht.

Sobald ich die Ladentür öffne, erklingt der vertraute und angenehme Ton der Glocke. Es riecht nach Leder, Fetten und Gummi. Im hinteren Raum läuft eine Maschine. Und schon steht er vor mir und grüßt. An seinem Lächeln kann ich nie ablesen, ob er mir bestimmte Schuhe, Sprüche und Stimmungen zuordnen kann. Ob er mich erkennt? Oder ob ich nichts weiter als eine seiner vielen Kundinnen bin und keine seiner Musterschülerinnen?

»Kann man einen Stiefelschaft schmälern?«, will ich wissen.

»Hm, also ich kann das nicht«, sagt er mit einem Blick auf meine Stiefel.

Er sieht meine Enttäuschung, meine Verzweiflung.

»Aber wieso denn nicht?«, fordere ich ihn mutig heraus und bin bereit für einen Vortrag.

»Ich kann es nicht, aber ich kenne jemanden, der es kann. Max, kommst du mal!«

Ein junger Mann taucht aus dem Hinterzimmer auf, der nach kreativem Künstler aussieht. Groß und sehr schmal, Lederweste über einem St.-Pauli-Trikot, diverse Ohrringe, einige Tattoos, wild wucherndes Haar, das kurz vor dem Durchbruch zur Rastafrisur steht, aber im derzeitigen Stadium eher an Kraut und Rüben erinnert. Es steht ihm trotzdem.

»Moin, zeig mal her«, sagt er zum Schuhmacher, grüßt mich kurz und lässt sich das Problem erklären.

»Kann ich machen«, meint er nach eingehender Prüfung, allerdings werde ich seiner Meinung nach auch nicht mehr lange Freude am linken Reißverschluss haben. Er gibt mir ausführliche Informationen zu diesem Thema, und ich begreife, dass es vor etwa zwei Jahrzehnten eine Zäsur in der Verwendung des Reißverschlussmaterials gab. Ein Reißverschluss sei bereits ausgetauscht worden, was mir nicht mal aufgefallen war. Hoffentlich hört der Meister nicht mit. Von Weitem schaut er rüber und kommt zurück an den Tresen, als der angehende Rastamann und ich genug gefachsimpelt haben. Inzwischen bin ich über sämtliche Arbeitsschritte informiert und möchte keinesfalls meinen Beruf mit dem des Rastasketen tauschen. Was ihm nicht alles bevorsteht: Nähte auftrennen, Scherenschnitte, Futteranpassung und dann noch der Reißverschluss.

»Und was kostet der Spaß?«, will ich schließlich wissen und bin mir im Klaren, dass ich die Stiefel von Frau Willemsen nicht *umsonst* tragen werde. Ich denke an die Fütterung des Schafts, die mich bestimmt wärmen wird, obwohl der Stiefel eher schick als praktisch wirkt. Ein nicht unerhebliches Kriterium, beinah unbezahlbar. Warme Stiefel, die nicht nach Knobelbecher, sondern nach Flanieren aussehen.

»Soll ich schon mal Maß nehmen?«, sagt der Lederschneider und ich krempele ein Hosenbein hoch.

Der Meister rechnet, die Herren besprechen sich und schließlich nicke ich zustimmend, als ich mit unter hundert Euro für einen neuen Reißverschluss und das Abnähen des Schafts davonkomme. Vierzig lasse ich als Vorschuss da. Wenn Frau Willemsen das wüsste. Was würde sie wohl dazu sagen?

Und was werden meine Entrümpler dazu sagen, wenn sie von solchen Investitionen in ein Fundstück hören? Ob ich es Mirko überhaupt erzählen soll, mit dem ich gleich verabredet bin? Ich setze mich in die Bahn und fahre ans andere Ende der Stadt. Dort befindet sich die Videothek, von der meine Entrümpler stets als ihrer *Kontaktbörse* sprechen. Ich soll sie mir unbedingt anschauen, um ihr Netzwerk besser kennenzulernen. Dort haben sie viele

ihrer Geschäftsbeziehungen geknüpft und halten sie bei regelmäßigen Zusammenkünften aufrecht. Hier haben sie ihren Historiker kennengelernt und hier trinkt auch der Glaser sein Bier und
bringt eine dringend benötigte Scheibe mit, wenn es sein muss.
Der Tischler schaut regelmäßig vorbei und nimmt bei Gelegenheit einen Sack Putzlappen mit, den Mirko und Sven dort für ihn
hinterlassen haben. Hier tauscht man sich aus und erfährt, wo gerade was läuft. Es werden Aufträge vermittelt und man hilft sich
gegenseitig. *Eine Hand wäscht die andere.*

Rüdiger, der Ladeninhaber, ist nicht nur Herr über ein DVD-
Imperium, sondern Spezialist in Sachen Münzen und Briefmarken und der Erste, der einen Blick auf entsprechende Schätze aus
den Haushaltsauflösungen wirft. Rüdiger ist Philatelist, wie ich
durch eine Suchanfrage im Internet herausgefunden habe. Diese
fremdartige Tätigkeitsbezeichnung hatte mich für einen Moment
noch neugieriger auf das Geschäft und seinen Inhaber gemacht,
doch ein Blick ins Fremdwortverzeichnis machte mir rasch meine
Wissenslücke deutlich. Ein Philatelist ist ein Briefmarkenfreund
und -kenner. Logisch, hätte ich mir auch denken können. Und
wieder einmal tut sich durch meine Entrümpler ein Fachgebiet
auf, zu dem ich bisher keinen Zugang hatte. Vage erinnere ich
mich an ein rotes Briefmarkenalbum in meinem Elternhaus, in
dem es Marken aus Amerika, der DDR, China und sogar der
Südsee gab. Das ist verdammt lange her. Wo ist das Album, eine
Marke war angeblich wertvoll, eigentlich geblieben? Beim Thema
Briefmarkensammeln versuche ich, nicht noch einmal in die gleiche Vorurteilsfalle zu tappen wie beim Historiker. Ich kenne bis
jetzt keinen einzigen Philatelisten persönlich und stelle mir auch
nicht vor, dass er ein langweiliger Mensch sein muss. Ähnliches
versuchte ich kürzlich über Taubenzüchter zu denken und wur-
de bestätigt. Taubenzüchter können aufregende Menschen sein!
Und Tauben possierliche Tierchen! In der Großstadt, speziell auf
St. Pauli, begegnet man den Züchtern jedoch nie. Da gurren die
Ratten der Lüfte vorzugsweise frühmorgens auf meinem Balkon

herum und beenden die Ruhe, ohne dass sie jemandem gehören, der sie zu nachtschlafender Zeit einsperren würde.

Die große Ära der Briefmarkensammler geht zu Ende, sie sterben weg und entsprechend groß ist das Angebot, hat Sven mir erst kürzlich in aller Nüchternheit erläutert. Bei fast jeder Haushaltsauflösung finden sich Alben und Zigarrenkisten, vollgestopft mit Briefmarken. Vielversprechende Funde stellen sie Rüdiger vor. Er ist täglich außer sonntags in der Videothek und blättert dort die vermeintlichen Schätze der Entrümpler durch. Seine Einschätzung gibt er rasend schnell ab, egal ob es sich um Alben oder lose Marken handelt. Ich muss sofort ans Geldzählen in fernen Ländern denken, wo man den Gegenwert von hundert Euro in einer Einkaufstüte davontragen muss. Dort können die meisten Menschen in Höchstgeschwindigkeit Geld durch ihre Finger gleiten lassen. Manchmal rattert es dabei beinah, als handle es sich um mechanische Zählmaschinen. Die Fingerfertigkeit erinnert mich immer an Kartentrickser und Magier. Rüdiger ist angeblich weit und breit der schnellste Blätterer und zuverlässigste Markenkundler. Nach seiner Blitzdurchsicht nennt er Sven und Mirko den Preis, den man erzielen kann. Mit ein wenig Glück bringen einzelne Marken sogar einige Euro mehr ein als prognostiziert, denn schließlich sind Mirko und Sven auch Händler mit einem verkäuferischen Geschick. Rüdiger gibt sein umfassendes Wissen als Philatelist gern weiter und informiert über das notwendige Zubehör für Sammler. Er weiß auch von Weichmachern, die im Material mancher Alben stecken und den Briefmarken Schaden zufügen. Diese erkennt der Fachmann an ihrem Alter, offenbar weiß er um alle Mysterien aus der Welt der bunten Marken.

Aber in der Videothek spiele sich weit mehr ab als die Briefmarken-Wissensbörse. Ich werde schon sehen, hatten Mirko und Sven nur gesagt.

Es ist später Vormittag, als ich mit Mirko verabredet bin. Ein unscheinbares Schaufenster, dessen Auslage vermutlich schon mehrere Sommer unter UV-Belastung leidet, ist das Erste, was man von der Straße aus sieht. *Schloß Stapelfeldt* prangt in anspruchsvollen Lettern unter einer Neonröhre. Die Tür zur Videothek steht offen und wir treten ein. Ein Bartträger im Blaumann und mit gerötetem Gesicht lehnt sich an den Verkaufstresen, nickt Mirko einen Gruß zu und setzt seine Unterhaltung mit dem Inhaber fort. Der Chef scheint in einer Grube zu stehen. Als ich mich noch frage, warum der Raum diese seltsame Architektur hat, fällt mein Blick auf nackte Hintern und Brüste, dazwischen erigierte Penisse. Nach einem weiteren Schritt sehe ich mein erstauntes Gesicht und erschrecke. Ein schmaler Spiegel schirmt diesen Bereich ein wenig ab, womöglich soll er als Raumteiler dienen oder um die Kundschaft im Auge zu behalten. Momentan spiegelt er mich und meinen irritierten Blick.

»Wo sind wir denn hier?«, frage ich und glaube die Bezeichnung Videothek in gewisser Weise falsch verstanden zu haben. Rüdiger knipst das Licht zum hinteren Verkaufsraum an, was wirklich nicht notwendig ist.

Mirko stellt mich vor, und der Chef reicht mir seine Hand über den Tresen. Hinter ihm entdecke ich ein Regal mit einigen wenigen Zigarettenschachteln, die sich bei näherer Betrachtung als erlesenes Sortiment herausstellen. Eine Packung Eckstein in Giftgrün katapultiert mich in eine weit zurückliegende Vergangenheit.

»Die gibt es noch? Eckstein?«, frage ich verwundert, noch bevor ich einige Worte mit dem Inhaber wechseln kann. Das Zigarettenpäckchen zieht mich magisch an.

»Die wollte Reemtsma einstellen, aber bis jetzt liefern sie. Eckstein No. 5 ist die älteste noch existente deutsche Zigarettenmarke. Immer ungefiltert.«

»Darf ich mal sehen?«

Ich entziffere den Slogan *Echt und recht*, der sich auf der Packungsseite befindet. *Feiner Tabak. Durch und durch würzig. Ohne Filter ein ehrlicher Genuß* lautet ein weiterer Spruch auf der kleinen Packung. Ich versuche, den Geruch wiederzuerkennen, und hoffe auf ein wenig Vertrautheit beim Tabakaroma. Nach mehrmaligem Schnuppern scheinen meine Geruchsnerven etwas Bekanntes zu erinnern. Oder bilde ich es mir ein?

»Die hat mein Vater geraucht. Er ist 1971 gestorben. Seitdem habe ich die Packung nur sehr selten irgendwo gesehen«, sage ich und fühle mein Herz klopfen. Ich war zehn, als er nach einem Arbeitsunfall starb. Die Packung wirkt seltsam vertraut, als sei es nicht gut vierzig Jahre her.

Peter Stuyvesant, Overstolz, Orienta, Reval ohne Filter, Camel ohne und Roth-Händle gehören zu Rüdigers Sortiment.

»Gibt es eigentlich noch Atika? Mit denen habe ich das Rauchen angefangen. Fand ich total cool. Schicke Verpackung, weiß mit grünem Rand und roter Schrift. Sah irgendwie edel aus«, sage ich.

»Die kenne ich auch. War damals echt eine Edelmarke, Schickimicki, auch wenn es das Wort noch nicht gab. Warte, ich schau mal im Katalog nach. Die habe ich ewig nicht gesehen.«

»Ich habe sie zuletzt an einem Tabakstand entdeckt, der alles Mögliche im Sortiment hatte. Ist aber auch schon eine Weile her.«

»Ja, Atika gibt es auch noch. Soll angeblich ein Revival erleben«, sagt Rüdiger.

Langsam schwant mir, dass der Chef nicht durch einen tiefer gelegenen Bereich des Geschäfts läuft, sondern klein geraten ist. Er trägt ein Jeanshemd, das ein wenig über seinem gewölbten Bauch spannt. Durch sein fülliges Jungengesicht wirkt er seltsam alterslos und er hat eine schöne Stimme.

Der vordere Teil des Ladens entspricht einem abgespeckten Kiosk. Dem Edelsortiment an Zigaretten steht die Auswahl an Süßwaren in nichts nach. Neben den großen und unverzichtbaren Marken für einen Heimabend vor dem Fernseher gibt es auch hier Raritäten wie Afri Cola Bonbons und Afri Power Bonbons. Daneben liegen Snyder's of Hanover, Schietwetter Bonbons und Hamburger Speck, eine *Spezialität,* deren besondere Vorzüge einer *Quiddje,* einer Zugezogenen wie mir, verborgen bleiben. Der süße Fruchtgelee-Würfel in Rot-Weiß hat für mich nur optisch einen gewissen Reiz.

»Die kaufe ich einem kleinen Händler ab. In den Supermärkten findet man sie selten im Sortiment«, sagt Rüdiger.

»Sind das Pornos?«, frage ich mit einem Blick nach hinten und komme mir im nächsten Moment etwas plump vor. Eigentlich wollte ich etwas ganz anderes wissen, aber Rüdiger scheint mich auch so zu verstehen.

»Der Laden darf erst ab achtzehn Jahren betreten werden. Steht draußen dran. Habe ein Schild aufgehängt.«

»Ach so. Lohnt sich das denn mit den DVDs?«, erkundige ich mich und wundere mich selber über diese dreiste Frage. Irgendetwas irritiert mich und schaltet mein Gehirn auf Sparflamme. Der Laden ist skurril. Mirko geht zum Durchgang und kommt mit zwei Flaschen Apfelschorle zurück. Daraufhin malt Rüdiger zwei Striche auf einen Block. Die Wand hinterm Tresen ist bis unter die Decke mit Regalböden versehen. Auf einem Brett unter der Decke sitzen Asterix und Obelix als Stoffpuppen, daneben stehen zwei Star-Wars-Masken.

»Habe ich mir damals in den USA bestellt. So etwas gab es hier nicht«, sagt Rüdiger, als er meine interessierten Blicke sieht.

»Ach so.«

Ich kann mir Frank, den Heimatkundler, beim besten Willen nicht in diesem Laden vorstellen. Welch seltsame Mischung an Kundschaft muss sich hier treffen? Tausend Fragen gehen mir durch den Kopf. Es gibt keine Sitzgelegenheit, nicht einmal für Rüdiger. Ein Männertreffpunkt ohne jede Gemütlichkeit. Rumstehen, Bier trinken, schnacken, Geschäfte machen.

»Es gab goldene Zeiten in diesem Geschäft. Die sind vorbei. Der Verleih von Videofilmen war für einige Jahre lohnend. Wie alle anderen musste ich natürlich auch auf DVD umstellen. Mirko und Sven haben mir beim Ausräumen geholfen und Kisten voller Videokassetten auf dem Flohmarkt verkauft. An manchen Tagen kann man die Kunden an zehn Fingern abzählen. Mein Zweitgeschäft sind Briefmarken, Zubehör und alles rund um Münzen«, sagt Rüdiger.

In einer Vitrine stehen *Löser für Schonfalzflecken* und anderes *Philatelie- und Numismatikzubehör*. Ich staune über Münzentaschen, Gold- und Silberbad.

»In Deutschland sind fünfzigtausend Briefmarkensammler in Vereinen organisiert, zumindest sind das die offiziellen Zahlen. Früher waren es deutlich mehr, uns fehlt der Nachwuchs. Ich habe einen Versandhandel und eine Menge Stammkunden.«

»Übers Internet?«

»Nee, das kannst du vergessen. Da werden erst die Preise kaputt gemacht, und am Ende machen sich die Firmen gegenseitig kaputt. Ich agiere eher nach alter Schule auf schriftliche oder telefonische Nachfrage und versende per Post. Dafür inseriere ich in Fachmagazinen. So läuft das Geschäft besser als über das Internet. Damit unterscheide ich mich von der Konkurrenz. Im Internet würde ich für keinen Artikel das bekommen, was ich haben muss.«

»Durch das Internet geht vieles den Bach runter«, sagt Mirko. »Da haben wir als Entrümpler mit ähnlichen Problemen zu kämpfen wie Rüdiger und viele andere. Im Netz agieren dubiose Anbieter für eine Weile, hinterlassen einen enormen Flurschaden und sind dann selber weg vom Fenster.«

»Wir Kleinen müssen uns unbedingt gegenseitig helfen«, sagt Rüdiger und Mirko nickt zustimmend. Der Chef dreht das Radio lauter und Mirko verstummt abrupt, denn es läuft *Frühstück bei Stefanie*. Auch ich spitze meine Ohren, wie so oft, wenn ich die Sendung zufällig mitbekomme. Die Rätselfrage zum Ende des Beitrags lässt uns um die Lösung wetteifern. Der Charakter des Alten, der für seine Kreuzworträtsel auf die Hilfe von Imbisschefin Stefanie vertraut, ist inzwischen Kult. Rüdiger sucht in seinem Gedächtnis und hat prompt einige der typisch absurden Fragen und Antworten parat, und auch mir fällt spontan etwas ein.

»Ich brauch noch *Strom in Ägypten mit drei Buchstaben*«, stelle ich eine Rätselfrage.

»EON«, antwortet Rüdiger *korrekt,* und wir lachen los.

»Okay, ich habe noch einen: *Kanal in Ägypten mit vier Buchstaben.*«

»Hm, keine Ahnung.«

»Sat1.«

»Auch nicht schlecht.«

Immer wieder schaue ich auf die Regale hinter Rüdigers Rücken. Dort finden sich Dinge, die nicht zum Verkauf angeboten werden, sondern wohl eher der Dekoration dienen. Ein gelber Montblanc-Füllfederhalter, Modell Carrera, eine Porsche-Carrera-Sonnenbrille und ein Lacketui in Gelb sind prominent angeordnet.

»Stammen die Sachen aus Haushaltsauflösungen von Sven und Mirko?«, möchte ich wissen.

»Das Etui nicht. Stell dir vor, es ist meine original Federmappe aus der Schulzeit. Ist die nicht abgefahren? Gelber Knautschlack. Gelb ist meine Lieblingsfarbe. Steht dort nur, weil ich sie cool finde.«

»Sieht toll aus.«

»Guck mal hier, das kommt von uns. Habe ich erst letzte Woche vorbeigebracht. Hättest die Jungs mal sehen sollen«, sagt Mirko und holt Daffy Duck aus dem Regal. Die Stoffpuppe ist in etwa so groß wie ein Babykörper, aber mit ihren langen Watschelbeinen, die eigentlich nur aus Füßen bestehen, und den spiddeligen Armen sieht die schwarze Ente recht imposant aus.

»Bei dem Anblick wurden gestandene Männer zu Kindern. Ich traute meinen Augen kaum, als sofort Scheine auf den Tisch gelegt wurden. Handwerkertypen im Blaumann feilschten um Daffy Duck. War echt 'ne Show. Aber so läuft das nicht, da musste ich die Jungs enttäuschen. Die Ente bleibt schön hier bei Rüdiger und schaut uns beim Schnacken zu«, sagt Mirko.

»Als Gegenspieler von Bugs Bunny fand ich Daffy Duck am besten«, sage ich und suche im Geiste nach entsprechenden Szenen. Hat die Ente nicht gelispelt? Damals gab es nur wenige Sendungen dieser Art und maximal drei Fernsehkanäle. Zumindest die Generation der Vierzig- bis Sechzigjährigen ist mit diesen Figuren groß geworden. Da kommen ähnliche Erinnerungen auf und die Herzen schlagen höher. Diese Figuren waren *prägend*, würde Mirko sicher sagen. Und schon zählt er mir eine Reihe weiterer wichtiger Comic-Charaktere auf und führt mich in einen Nebenraum, wo Popeye zwischen DVDs sitzt und seine Olivia vor Brutus in Schutz nimmt. Im nächsten Gang hängt das Raumschiff Enterprise von der Decke und blinkt, wenn man einen Knopf betätigt.

»Wenn bei unseren Haushaltsauflösungen Figuren und Zubehör im Original auftauchen, also nicht nachgemacht, dann bringen wir sie flugs zu Rüdiger. Hier sind sie bestens untergebracht. Und ehrlich gesagt, ist es auch ein wenig eigennützig. Damit bewahre ich mir die Erinnerung und habe immer wieder Freude daran, wenn andere auch ihren Spaß damit haben. So ähnlich geht es mir, wenn ich meine Familie oder Freunde besuche. Überall gibt es Gegenstände, die ich ihnen geschenkt habe und die mich an Auflösungen erinnern. Da weiß man dann auch, dass man beim Entrümpeln nicht nur einen Schrank zertrümmert und ihn entsorgt hat, sondern auch etwas gerettet hat. Seit Neuestem steht ein Spinnrad aus einer unserer Auflösungen auf einer Theaterbühne. Das haben wir für einen korrekten Preis abgegeben. Jetzt ist es quasi in der Öffentlichkeit ausgestellt und wir haben dazu beigetragen. So etwas freut uns dann.«

Rüdiger schaut Daffy Duck beinahe liebevoll an, als er die Ente zurück ins Regal setzt.

»Und hier trefft ihr also euren Glaser, den Tischler, Versicherungsmakler, KFZ-Mechaniker, den Heimatkundler und auch den Rechtsanwalt?«, möchte ich wissen.

»Genau, die meisten kommen ab siebzehn Uhr, nach Feierabend, auf ein Bier vorbei. Dann wird die Videothek zur Kontaktbörse. Für mich findet sich manchmal auch ein Kurzzeitjob, wo ich nur anpacken muss. Am schönsten ist es natürlich, wenn wir bei unseren Entrümpelungen etwas entdecken, das wir hier anbieten können oder das für Rüdiger selbst von Interesse ist.«

»Oder für meinen Vater, der Münzen sammelt, und selbstverständlich auch für meine Sammlerfreunde und Kunden«, ergänzt Rüdiger und stützt weiterhin eine Hand auf dem Tresen ab. Das scheint seine Lieblingsposition zu sein. Mit der anderen streicht er gelegentlich über seinen Notizblock und den Stift. Ansonsten zeigt er sich weitgehend regungslos.

»Manchmal finden wir bei Haushaltsauflösungen genau die Sachen, an die man sonst nicht rankommt, jedenfalls nicht für einen fairen Preis. Wir hatten mal einen richtig schönen Fund von Deutsche-Mark-Gedenkmünzen. Die gibt es in diversen Auflagen und Legierungen und vor allem unterschiedlich im Wert. Für einen Münzenfreund besteht das Ziel darin, eine Sammlung zu komplettieren. Bei einer schnöden Dachbodenentrümpelung, wo wir wirklich nicht mit Überraschungen rechneten, sind wir in einem unauffälligen Schuhkarton auf Gedenkmünzen in Hülle und Fülle gestoßen. Ein Volltreffer. Auf den ersten Blick haben wir das nicht sofort erkannt, aber Sven hat die Angelegenheit genauer unter die Lupe genommen. Da war ganz schnell klar, dass der Auftrag sich spitzenmäßig gelohnt hat. Auf einen Schlag konnte nicht nur Rüdigers Vater seine Sammlung vervollständigen, sondern auch andere Bekannte, die hier im Laden verkehren. Wir haben den handelsüblichen Preis genommen und alle waren glücklich. Von solch einem Schatz träumt man gern. Das sind lohnende Geschäfte, nicht nur in finanzieller Hinsicht, es war auch schön, die Freude der Sammler zu sehen. Weißt du, manche von ihnen hatten es schon aufgegeben, an die fehlenden Stücke heranzukommen. Bestimmte Auflagen haben Seltenheitswert und werden zu horrenden Summen angeboten. Wir wollen aber nicht anonym an irgendjemanden verkaufen, auch wenn es mehr Geld bringen würde. Rüdiger hat die fehlenden Münzen seinem Vater zum runden Geburtstag geschenkt. Alle waren selig.«

»War echt 'ne tolle Sache«, meint auch Rüdiger.

Der Philatelist setzt sich eine Pilotenbrille auf die Nase, Porsche-Design, wie er betont, und ich nicke aus einem Impuls heraus. Er kommt hinterm Tresen hervor, steht für einen kurzen Moment in Cowboystiefeln vor mir, ich schaue auf seine hohe Stirn mit den Geheimratsecken und dem hellen Haar und bin sprachlos. *Mittagspause,* sagt er. Rüdiger könnte sicher gut als Anregung für eine dieser neuen Comedyserien dienen. Seine Ausstrahlung ist *ungewöhnlich.* Gut, Koteletten sind wieder in Mode, aber Rüdiger hat seine vermutlich nie abgelegt und trägt sie in Grau. Sein Jeanshemd ist gewagt weit aufgeknöpft, und an seinem Arm baumelt eine fette Uhr. In meiner Nachbarschaft auf St. Pauli würde er kaum auffallen, aber hier in der feinen Vorstadt muss er wie ein Unikum wirken. Das wird es auch sein, was Mirko gefällt, überlege ich, denn vom *Verein für Verfolgte des Nationalsozialismus* bis zum *Schloß Stapelfeldt,* wie die Videothek offiziell heißt, ist es ein weiter Weg, trotz der wenigen Hundert Meter Luftlinie. Vom Sehen kannten Mirko und Sven ihn bereits seit frühester Jugend, Rüdiger habe sich seitdem eigentlich nicht verändert, behaupten sie. Das muss demnach in den späten Achtzigern gewesen sein. Menschen, die ihrem Typ treu bleiben, können in gewisser Weise faszinieren, sie bieten etwas Beständiges in einer äußerst unbeständigen Welt. Wer sammelt heute noch Briefmarken? Und wer hat einen Bewegungsradius von nur wenigen Hundert Metern? Wen trifft man an über sechzig Stunden in der Woche an ein und demselben Ort an? Mir fällt auf Anhieb kaum jemand unter neunzig ein. Außer Rüdiger.

»Schicke Stiefel«, sage ich.

»Habe nie etwas anderes getragen.«

»Auch nicht im Sommer?«

»Nee, seit 1973 nicht. Von Sancho aus Mexiko, handgenäht. Das sind die besten Cowboystiefel.«

»Verstehe.«

Und dann stiefelt er in seinen grau-schwarzen Sanchos davon, selbstverständlich in der hohen Version, denn Stiefeletten *gehen ja wohl gar nicht,* wie er sagt. Seine Mittagspause ist ihm heilig, und die wird zu Hause verbracht.

Als wir auf dem Bürgersteig vor dem *Schloß Stapelfeldt* stehen, schaue ich mir das Schaufenster noch einmal genauer an.

»Woher kommt eigentlich dieser extravagante Name?«, möchte ich wissen.

»Den hat ein Künstler erfunden, der auch regelmäßig bei Rüdiger im Laden ist. Er kam eines Tages mit diesem schönen Schild vorbei und seitdem hängt es im Schaufenster. Einen tieferen Grund hat es nicht.«

»Wirklich schöner Schriftzug.«

Ansonsten ist das Fenster eher verwaist und bietet wenig Hinweise auf die Produkte in der Videothek. Das soll noch vor Kurzem anders gewesen sein, als zwei junge Mädchen es regelmäßig aufwendig dekorierten und dafür neue Filmthemen aufgegriffen haben, zumeist mit Stoffpinguinen als Hauptdarsteller. Doch ihre gesamte Requisite ist bei einem Brand vernichtet worden, was ihnen die Lust daran genommen hat. Zu Fußballweltmeisterschaften und Europameisterschaften steuern Mirko und Sven Leihgaben aus ihrem üppigen Fundus bei.

Ruckzuckauflösung

»Ich habe eine Wohnungsauflösung für euch, nichts Spektakuläres. Der Kunde hat keine Zeit, er will auf Reisen und das Ganze soll möglichst sofort über die Bühne gehen. Es wird keine Wertanrechnung und keinerlei Diskussionen geben. Er zahlt bar auf die Hand. Die Wohnung muss besenrein übergeben werden und das ruck, zuck«, sagt ihr alter Fußballfreund Stefan, von Beruf Bestatter, am Telefon. Wenn er ihnen ein Angebot macht, dann gibt es normalerweise keine unschönen Überraschungen.

»Was ist das denn für ein Loch?«, will Sven wissen.

»Kein Loch, eine ganz normale Singlewohnung, nichts Besonderes.«

»Welche Art von Mobiliar?«

»Auch nichts Besonderes, nicht der Rede wert.«

»Na ja, wir können das gern übernehmen, wenn du sagst, es ist ein korrekter Auftrag.«

»Ist es. Ach ja, da fällt mir ein, es soll ein Loewe Flachbildschirm in der Wohnung sein, ungefähr fünf Jahre alt, und ein ziemlich neuer Wäschetrockner, keine sechs Monate alt. Könnt ihr alles übernehmen. Ich kenne den Kunden. Macht einen soliden Preis, gutes Geld für gute Arbeit, ich leite euer Angebot weiter. Er hat es eilig und ihr seid schnell. Wie gesagt, er meinte, in der Wohnung stehe nur Schrott rum, das könne alles weg. Der will das Zeug loswerden, verstehst du. Ich habe ihm gesagt, ihr arbeitet ordentlich und seid vertrauenswürdig.«

»Okay, machen wir.«

Der Bestatter informiert Sven über die Größe und Lage der Wohnung, Parkmöglichkeiten und den vermuteten Arbeitsaufwand. Nun ist schnelles Rechnen verlangt. Noch am Telefon gibt Sven ein Angebot ab. Für ein paar Hunderter lösen sie die Wohnung auf. Wenige Stunden später kommt es zum mündlichen Vertrag. Damit ist alles besiegelt, auch wenn sie in diesem speziellen Fall keinen einzigen Blick in die Wohnung geworfen haben.

»Könnt ihr auch wirklich morgen loslegen? Anfang der Woche kommen schon die Nachmieter«, vergewissert sich der Bestatter bei einem weiteren Telefonat.

»Wenn es unbedingt sein muss. Heute Abend spielt zwar St. Pauli, wie du sicher weißt, wichtiges Aufstiegsmatch Richtung Erste Liga, aber irgendwie kriegen wir das schon hin.«

»Dann gebe ich das so weiter. Bis zum nächsten Mal.«

»Alles klar und danke für den Auftrag.«

»Nichts für ungut«, sagt Stefan, der genau weiß, dass er sich auf seine alten Kumpel verlassen kann. Er führt ein großes Bestattungsunternehmen und wird von seinen Kunden regelmäßig nach seinen Kontakten zu Entrümplern gefragt. Und nicht wenige Entrümpler fragen bei ihm nach Aufträgen nach. Nicht selten werden dabei auch Beteiligungen angeboten. In gewisser Weise sitzt er an der Quelle.

Die Party war feucht und lang, denn die Kiezkicker waren als Sieger aus einer anspruchsvollen Partie hervorgegangen, hatten drei Punkte eingefahren, die Erste Liga konnte kommen. Erst im Morgengrauen war die Nacht vorbei gewesen. Nur unter Aufbietung der letzten Kraftreserven und dank leistungsstarker Wecker aus Haushaltsauflösungen treffen Mirko und Sven pünktlich um elf an der verabredeten Adresse ein. Sie stecken sich Kaugummis in den Mund, nehmen einen letzten Schluck aus der beinah geleerten Colaflasche und reiben sich die Augen.

Der Kunde bittet sie nach kurzem Klingeln in die Wohnung und scheint ihren roten Augen und müden Gesichtern keinerlei Beachtung zu schenken. Hektisch läuft er durch die Wohnung und deutet auf die beiden Zimmer. Er ist groß, schlank und wie ein Geschäftsmann gekleidet. Die Wohnung macht einen erstaunlich aufgeräumten und weitgehend leeren Eindruck, wirklich keine große Sache. Hier sind nicht einmal Teppiche zu entfernen, überall ist Laminat verlegt. Es wirkt, als habe hier nie jemand richtig gewohnt. Wie hat der Kunde ihr Angebot nur annehmen können? Selbst für weniger Geld ist es lohnend, sie auszuräumen und besenrein zu hinterlassen. Warum finden solche Aufträge nicht häufiger den Weg zu ihnen? Alles nur ein Klacks.

Mirko hat entsetzlichen Durst und denkt nur noch an den Wasserhahn, den er aufdrehen wird, sobald sie das Finanzielle mit dem Eigentümer geregelt haben.

»Wie gesagt, ich habe wenig Zeit. Hier sind Geld und Schlüssel. Schmeißt das Bund einfach heute Abend in den Briefkasten des Bestatters. Ich muss dann mal los zum Flughafen. Besten Dank noch.«

Und dann ist er auch schon verschwunden.

»Und jetzt?«, fragt Sven und zählt die Scheine nach.

»Frühstücken.«

»Würde ich auch sagen. Und ein Konterbier wird uns auch nicht schaden.«

»Sehe ich genauso.«

Sie kennen den Stadtteil kaum, aber nach wenigen Schritten findet sich ein Imbiss, in dem sie sich auf Barhocker setzen und zunächst die beiden Projekte *verkaterte Stimmung* und *labiler Kreislauf* angehen. Alles andere muss vorerst warten.

»Easy Sache, würde ich mal sagen«, meint Sven und spült sein Konterbier runter.

»Ganz easy Sache, wenn's keine dummen Überraschungen gibt. Sah verdammt harmlos aus, die Bude. Und dann haben wir auch schon die Scheine in der Tasche, bevor wir einen Finger gerührt haben.«

Sie verdrücken Spiegeleier und Speck, wechseln bei den Getränken zu Kaffee und Cola und sind nach einer Stunde bereit für die schnellste Haushaltsauflösung ihrer Karriere.

Wenig später stehen sie in der Wohnung und schauen in die Schränke. In der Küche findet sich alles, was einen modernen Singlehaushalt ausmacht, kaum benutzt und teilweise noch mit Preisschild versehen. Markenware. Im Schlafzimmer wird es noch interessanter.

»Ist das nicht sogar deine Größe?«, sagt Mirko mit Blick auf einen Wintermantel.

»Armani, ich fass es nicht. Die Teile kosten ein Vermögen. Unter tausend Euro bekommt man so etwas nicht«, meint Sven und schlüpft in den Mantel. Er passt und landet flugs auf dem Haufen *privat.*

Nach kaum drei Stunden sind sämtliche Möbel auseinandergebaut und die Wohnung leer geräumt. Es findet sich sogar ein Besen, um sie besenrein zu hinterlassen. Die Stimmung steigt.

»Unser Job ist toll!«, sagt Sven und stolziert im Armani-Mantel und mit einem Müllsack voller *Altkleider* ins Treppenhaus.

Da sein VW-Bus eine Panne hat, sind die Entrümpler auf Hilfe angewiesen und klingeln einen Freund per Telefon aus seinem Fußball-Siegesschlaf. Nach dem Versprechen einer guten Bezahlung kann er sich an ihre gestrige Abmachung im Stadion erinnern und scheint halbwegs bereit zu einem Blitzeinsatz. Eine Stunde später fährt er mit seinem Transporter vor. Der gesamte Singlehausstand liegt bereit zum Abtransport und bildet einen meterlangen Haufen vorm Eingangsbereich. Die drei Männer laden zunächst die verwertbaren und *privaten* Dinge auf, wovon es weit mehr als den Flachbildschirm und den Wäschetrockner gibt. Ein Ledersofa, eine Mikrowelle, ein Kaffeeautomat und die komplette Haushaltsausstattung, inklusive Geschirr und Besteck, eignen sich hervorragend zum Weiterverkauf. Zwei schicke Designer-Anzüge ermutigen Sven zu kühnen Plänen, wo er sie tragen könnte. Bei seiner Größe und schmalen Figur kommt es nur selten vor, dass ihm fremde Kleidung passt. Nicht einmal die Ärmel sind zu kurz und trotzdem schlottern die Sakkos nicht wie sonst zumeist. Er überlegt, wie die Mütter in seiner Kita wohl guckten, wenn er beim nächsten Elternabend in Armani erschiene. Nach den vielen Wandlungen, die er seit seiner Jugend durchgemacht hat, würde ein solches Auftreten das gewisse i-Tüpfelchen setzen. Manche Eltern sind in seinem Alter, stammen aus derselben Gegend und kennen ihn noch als Sonderling und Punk. Anzüge muss er sich in den nächsten Jahren wohl keine mehr kaufen. Sven grinst in sich hinein. Das ist wirklich ein guter Tag. Diese Auflösung setzt dem Sieg der Kiezkicker noch ein Krönchen auf. Besser geht's nicht. Lauter schöne kleine Überraschungen. Zum Schluss kümmern sie sich um den Müll, der aus Altpapier, angeschlagenen und billigen Gläsern, Leergut, Nippes, Bettwäsche und Handtüchern besteht, ein überschaubarer Haufen. Diesen Teil der Ladung liefern sie rechtzeitig vor Torschluss beim Wertstoffhof ab, der Rest muss zu Sven in den Keller.

Gemeinsam laden sie ab, bezahlen ihren Helfer und schauen auf den Haufen, der sich auf dem Bürgersteig vor Svens Haus auftürmt. Es kostet sie eine gewisse Überwindung, den letzten Teil des Auftrags anzugehen. Sie haben keine Lust mehr und sind müde. Mindestens noch zehnmal die Auffahrt hinauflaufen und die Kellertreppen hinunter. Es ist einiges zusammengekommen, und obenauf liegt eine Beinprothese, die erschreckend technisch und gleichzeitig lebendig wirkt. Mirko versucht, sie mit seinem Pulli abzudecken, aber der rutscht sofort wieder herunter.

»Was ist das denn?«, fragt Svens Frau, als sie aus dem Haus kommt und das Bein schon von Weitem entdeckt.

»Das lag unterm Bett. Wir haben es erst entdeckt, als unser Auftraggeber längst verschwunden war. Das Teil sieht irgendwie nobel aus. Damit kann bestimmt jemand etwas anfangen.«

»Wir aber nicht. Soll das Ding etwa in unserem Keller lagern? Das möchte ich nicht. Es sieht unheimlich aus, wie ein richtiges Bein. Kein schöner Anblick.«

»Es bleibt nur ein paar Tage. Wir kümmern uns darum, dass es dort landet, wo es gebraucht wird«, sagt Sven und ärgert sich, dass er die Mülltüte, in die das Bein eingewickelt war, für Altkleider in Gebrauch genommen hat. Wenngleich sie so etwas noch nie gesehen haben, sind die Entrümpler sich sofort einig gewesen, dass es sich um ein solides und teures Exemplar handelt. So etwas schmeißt man doch nicht einfach weg.

Auch die beiden Töchter Nele und Zoe finden das Bein eklig und kreischen gleich los. Woraufhin Sven ihnen verspricht, es so schnell wie möglich an einen Bedürftigen weiterzugeben. Beim Hineintragen ins Haus fällt es ihm aus der Hand und rollt ein Stück über die Auffahrt. Auch das ist kein schöner Anblick. Nele schaut wie gebannt auf die Prothese, scheint sich keinen Reim darauf machen zu können und hält sich zur Sicherheit an ihrer Mutter fest.

»Tut mir leid«, flüstert Sven seiner Nina zu. »Wird nicht lange bei uns herumliegen.«

Die Mädchen löchern Sven und Mirko mit Fragen nach dem Bein, die sie nicht beantworten können. Vor allem die entscheidende Frage, wem dieses Bein nun fehlt, bereitet den Kleinen Kummer.

Als endlich alle Arbeiten erledigt sind, macht sich Mirko auf den Weg zur U-Bahn. Er will nur noch schlafen. Die Scheine in seiner Tasche fühlen sich gut an. Davon lassen sich offene Rechnungen begleichen.

Eine Woche später nehmen die Entrümpler sich der Beinprothese an.

»Was machen wir denn nun mit dem Ding?«, fragt Mirko, als sie gemeinsam im Keller stehen und es genauer unter die Lupe nehmen.

»Keine Ahnung, jedenfalls ist es eindeutig zu schade zum Wegwerfen. Vielleicht kann es jemand gebrauchen. In armen Ländern laufen sie bestimmt noch mit Holzbeinen rum. Wir sollten uns irgendwo erkundigen«, schlägt Sven vor.

»Ich telefoniere mal mit den Johannitern.«

Doch alle Anrufe bei Hilfsorganisationen, einer Einrichtung für Behinderte, bei Orthopäden und am Ende sogar bei Privatleuten, die auf eigene Faust medizinisches Gerät nach Afrika verfrachten, bleiben erfolglos. Die Prothese entwickelt sich zunehmend zu einem Problem. Niemand will sie haben. Schließlich überwindet Sven sein schlechtes Gewissen wegen einer Entsorgung, wickelt das Bein in einen Müllsack, verklebt diesen mit Isolierband und stopft das Ganze in den Gemeinschaftsmüllcontainer vor ihrem Wohnblock. Ihm ist nicht wohl dabei, aber eine andere Lösung fällt ihm nicht ein. Das Bein muss weg!

Als Mirko am Samstagnachmittag vor Svens Tür steht, um ihn zum Fußball abzuholen, grinst er nur und zeigt in Richtung der Müllcontainer. Aus einem ragt das nackte Bein heraus, den Fuß in die Höhe gestreckt.

»Also jetzt reicht's! Wie lange hat der Wertstoffhof heute auf?«, will Sven wissen.

»Kannste vergessen, zu spät.«

»Ich dreh noch durch«, sagt er unter leisem Lachen, damit seine Mädels nicht aufmerksam werden, und legt das Bein auf den Rücksitz des Autos. Darüber wirft er den Armani-Mantel und hofft auf eine zündende Idee während der Fahrt zum St.-Pauli-Spiel.

In Stadionnähe verschenken sie es schließlich an einen Secondhandladen, der vor allem mit alten Möbeln und Haushaltswaren handelt.

Flohmarkt

Der Flohmarkt findet auf dem Parkplatz eines Supermarktes im Hamburger Osten statt. Mir ist dieser Teil der Stadt fremd. Es überwiegen Einfamilienhäuser mit kleinen Gärten, denen sich übergangslos Wohnblöcke mit Etagenwohnungen anschließen. Noch ist von einem Flohmarktgelände nichts zu sehen, aber als ich mich vergewissern möchte, ob ich mich in der richtigen Straße befinde, entdecke ich in der Ferne im Schritttempo rollende Autos. Beim Näherkommen wird deutlich, dass die Fahrer im Gedränge von Passanten nach Parkmöglichkeiten suchen. Ordner versuchen regulierend einzugreifen. Mit meinem Fahrrad komme ich mühelos durch. Nachdem ich mein Rad an einem Zaunpfahl losgeworden bin, versuche ich mich zu orientieren. Selbst früh am Morgen kommen bereits schwer bepackte Besucher aus Richtung des Marktes und tragen ihre Schätze davon. Einer kämpft mit einem Wäscheständer und zwei Klappstühlen, die er sich unter den Arm geklemmt hat. Die Nächste wuchtet einen Stapel Kleidung in Richtung Parkplatz. Das Gelände ist teilweise überdacht und wirkt unübersichtlich. Private Flohmarktstände und professionelle Händler reihen sich aneinander. Es riecht nach Kaffee und frischen Brötchen, und so steuere ich zunächst einen Bäckerwagen an.

»Moin, was darf es denn sein?«, fragt mich ein junger Mann, der eine Kaffeemaschine bedient und Milch aufschäumt. Seine Kollegin ist fürs Servieren zuständig und lässt mich an eine persische Prinzessin denken. Sie trägt den perfektesten Lidstrich, den ich je gesehen habe. Nur Farah Diba hätte mit ihr konkurrieren können.

»Moin, einen Milchkaffee bitte.«

Ich versuche, die Prinzessin nicht anzustarren, als der Barmann ihr meinen Kaffee reicht und sie ihn vor mir auf den Tresen stellt.

»Sie tragen einen wunderschönen Lidstrich. Wie zaubert man eine derart perfekte Linie?«, muss ich sie einfach fragen.

»Das ist keine Zauberei, sondern Übungssache. Ich mach 'ne Ausbildung zur Kosmetikerin und habe schon Tausende von Lidstrichen gezogen«, sagt sie mit einem einnehmenden Lächeln.

»Es sieht super aus.«

»Danke.«

Ich schnappe mir meinen Kaffee und suche nach meinen beiden Entrümplern.

Nach wenigen Schritten stehe ich vor einem Mann, bei dem ich mich nicht entscheiden kann, ob seine Goldkette mit den schweren Gliedern oder die verspiegelte Sonnenbrille mich stärker in den Bann ziehen. Er hält ein Mikrofon in der Hand und brüllt etwas hinein.

»Euro, Euro, Euro«, höre ich schließlich heraus. Er spricht das Wort mit gerolltem »R« und wirft ein schallendes Lachen hinterher. Passanten drehen sich nach ihm um, während seine Standnachbarn nicht weiter darauf reagieren. Der Mann ist ein wenig füllig und trägt sein Hemd weit aufgeknöpft. Sein Haar ist dunkel und schütter. Ein bescheidener Zopf baumelt über seine breiten Schultern.

»Heute Superware, Euro, Euro, Euro«, sagt er und lacht erneut.

Er wirkt so, als sei es ihm egal, was die Welt über ihn denkt. An seinem Stand bietet er Lautsprecherboxen, einen Radiowecker, Kabelwirrwarr und weitere elektronische Dinge an, die für mich persönlich nicht von Interesse sind. In seiner direkten Nachbarschaft gibt es Angelzubehör und wärmende Einlegesohlen aus Filz, die hoffentlich noch viele Monate auf ihren Einsatz warten müssen.

»Euro, Euro, Euro!«, ruft er wieder und scheint dabei die Welt umarmen zu wollen.

»Resa, halt die Klappe«, schallt es von irgendwo herüber.

»Selber!«, lautet seine Antwort.

Ich nicke ihm zu, eine Mischung aus Gruß und Komplizenschaft.

»Madam, was kann ich für Sie tun?«, fragt er mich.

»Momentan nichts. Ich schaue erst mal rum.«

»Gut, dann also bis später.«

»Bis später.«

»Billig, billig, billig«, brüllt er in sein Mikrofon und spielt dann einen Hit von Shakira. Ich sehe noch, wie er kurz seine Hüften schwingt und sich dann in einen Liegestuhl legt.

In der nächsten Reihe entdecke ich den hochgewachsenen Sven. Der Verkaufsstand hat eine exponierte Lage, fast jeder Besucher kommt daran vorbei. Erst auf den zweiten Blick erkenne ich die Ausmaße auf beiden Seiten des Weges. Nach einer ausgiebigen Begrüßung nehme ich das Angebot näher unter die Lupe und stoße auf den Teewagen aus Frau Willemsens Wohnung. In ihrem Esszimmer und mit einem weißen Deckchen obendrauf sah er deutlich edler aus, als hier auf dem Pflaster neben der Plastiksitzfläche einer Kinderschaukel und diversen Kunstfaserseilen. Der Teewagen hat zwei große und zwei kleine Räder, an manchen Stellen ist der weiße Lack ein wenig abgesprungen. Im nächsten Moment interessiert sich ein junges Paar dafür.

»Was soll der Servierwagen kosten?«, fragt die Frau.

»Der schöne Teewagen? Gut gepflegt aus einem Nichtraucherhaushalt«, sagt Mirko mit einem lustigen Unterton. »Na, sagen wir mal fünfundzwanzig Euro.«

Der Mann schiebt ihn ein wenig hin und her, prüft die Reifen und nimmt auch den Bügel genauer unter die Lupe.

»Für fünfzehn Euro würden wir ihn mitnehmen.«

Sven und Mirko werfen sich Blicke zu, denen beide sicher vieles ablesen können.

»Dann einigen wir uns doch einfach auf zwanzig«, schlägt Mirko vor.

»Das ist zu teuer«, sagt die junge Frau.

»Das finde ich nicht. Zwanzig ist ein korrekter Preis. Solche Servierwagen bekommt man nicht alle Tage. Schauen Sie sich die Räder an! Kaum abgefahren, erstklassiges Design, aus einer Zeit, als dieses Wort noch weitgehend unbekannt war«, sagt Mirko und grinst.

Das Paar lächelt und wirft sich einigende Blicke zu.

»Also gut, gekauft. Dürfen wir den Wagen eine Weile hier stehen lassen? Bis wir von unserer Flohmarktrunde zurückkommen?«

»Kein Problem.«

Mirko steckt den Schein in seine Hosentasche und schiebt den Teewagen hinter den Flohmarktstand. Er lächelt über ein Geschäft, mit dem beide Seiten zufrieden sind.

Anstelle des Teewagens wird ein bestückter Werkzeugkasten in die vordere Auslage gestellt. Sofort interessiert sich ein Kunde für eine Bohrmaschine und bietet fünf Euro. Selbst als Mirko erklärt, dass es sich um ein Markenfabrikat handelt und sie funktionsfähig ist, bleibt er bei seinem niedrigen Gebot. Mirko ist im Nu genervt und nennt ihm nicht einmal einen angemessenen Preis. Stattdessen wendet er sich ab, und der Kunde versteht.

»Manche Leute wollen alles immer nur billig haben, billig, billig, billig. Dieses ganze Geiz-ist-geil-Ding geht mir auf die Nerven. Die beiden mit dem Teewagen waren voll okay, aber es gibt auch Leute, die bieten dir für so einen Wagen ganz frech *fünf Euro* und schauen dir dabei noch unschuldig ins Gesicht. Handeln sollte eine vergnügliche Angelegenheit sein, bei der die Beteiligten gewisse Untergrenzen akzeptieren. Über das Angebot für die Bohrmaschine muss ich wohl keinen Ton verlieren. In den letzten zwei Jahren ist es echt schlimm geworden. Da bleibt der Spaß auf der Strecke, aber so ticken die Leute. Schnelllebigkeit und mangelnde Wertschätzung gehören zusammen. Es klingt vielleicht abgedroschen, aber letztendlich trifft es den Punkt, wenn man von Werteverfall spricht«, sagt Mirko, und ich ahne schon, dass er mir gern mehr darüber erzählt, wenn ich es möchte. Er hat sich daran gewöhnt, von meinen Fragen gelöchert zu werden und mir seine Erfahrungen und Einstellungen mitzuteilen.

»Du weißt genau, dass ich keinesfalls derb konservativ denke, aber es gibt einiges in unserer Gesellschaft, das immer mehr den Bach runtergeht. Und dazu gehört das Thema Wertschätzung. Es gibt Kunden, die wollen nicht mehr als eine Aufwandsentschädigung zahlen. Die machen sich überhaupt keine Gedanken, woher unsere Ware kommt, was alles dafür getan werden muss, bis sie hier auf dem Flohmarkt landet, wie viel Arbeitskraft wir hineingesteckt haben und wie viel Transportkosten anfallen. Das ist zum Prinzip geworden, und das hat auch etwas mit der Vernetzung zu tun. Die Leute sind darauf gepolt, nur noch nach dem Billigsten zu schauen, anstatt mal zu sagen: *Der Preis stimmt, ich bin damit zufrieden und der Verkäufer ist auch damit zufrieden.* Aber wer denkt heute noch so? Das werden dir viele Verkäufer oder Dienstleister bestätigen. Manche Kunden kennen den Wert der Waren vielleicht sogar, aber sie versuchen trotzdem, den Preis auf ein unterirdisches Niveau zu drücken. Das gilt auch im handwerklichen Bereich. Leistung wird nicht mehr anerkannt. Und die Kunden schämen sich dabei noch nicht einmal. Es gibt immer weniger Leute, die Respekt vor unserer Arbeit haben, wie mir scheint. Ich gehe nur sehr selten in die Innenstadt oder gar in irgendwelche Einkaufszentren, aber wenn es mal vorkommt, dann bin ich erschlagen von den ganzen Billigklamotten, die dort angeboten werden. Alles in Hülle und Fülle, gigantische Mengen, in fernen Ländern produziert für 'nen Appel und 'n Ei. Wer will dann noch einen reellen Preis für etwas Gebrauchtes zahlen? Bei manchen Kunden ist bei einem Euro schon Schluss. Euro, Euro, Euro. Das darf doch alles nicht wahr sein«, sagt Mirko in seinem bedächtigen Tonfall. Er regt sich nicht auf, er gibt einfach nur wieder, was er erlebt und welche Schlüsse er daraus zieht.

»Stell dir mal vor, es kommen manchmal Typen an den Stand und vergleichen den Preis per Internet mit irgendwelchen Angeboten bei eBay. Sie zeigen dir dann ganz frech, dass dort zum Beispiel eine bestimmte Vase viel billiger ist. Das sind vielleicht Trottel. Manche sind so dämlich und wissen nicht mal, dass der angebotene Preis bei eBay noch längst nicht der Endpreis sein muss. Es gibt Flohmärkte, da siehst du alle paar Meter ein Schild mit der Aufschrift *Jedes Kleidungsstück 1 Euro.* Kein Wunder, wenn die Kunden dann nicht bereit sind, an einem anderen Stand mehr zu zahlen. Wir haben zum Ende eines Flohmarktes schon häufiger Sachen verschenkt, die wir ohnehin nicht losgeworden wären. Wenn man damit Leute glücklich macht, die bedürftig sind, dann ist es okay, aber manchmal spürt man die Berechnung und die Gier. Früher hat man wenigstens noch ein wenig Geld dafür bekommen und die Kunden waren froh über ein Feierabendschnäppchen, jetzt erwarten die Leute ein Gratisschnäppchen«, sagt Sven, der sich zu uns gesellt hat, weil es momentan keine Kundschaft gibt.

Neben einem parkenden Auto wartet Frau Willemsens Nähmaschinenschrank auf Kundschaft.

Ich schaue mir das gute Stück noch einmal genauer an. Bereits in ihrer Wohnung war ich begeistert von dem Innenleben gewesen. Äußerlich zwar schlicht, verbergen sich hinter der Tür eine versenkbare Maschine und eine Miniwerkstatt. Spulhalter und Nähgarnhalterungen sorgen für Ordnung, die Arbeitsplatte mitsamt der Maschine ist stufenverstellbar und an verschiedene Körpergrößen anpassbar. Die Technik benötigt nicht einmal Elektrizität, weil sie von Strom auf Fußbetrieb umgestellt werden kann. Ein wahres Wunderwerk. Wenn ich doch nur nähen könnte!

Ich freue mich über das Wiedersehen mit Frau Willemsens Sachen, ohne genau sagen zu können, woran es liegt. Hoffentlich findet sich ein Käufer, der Gefallen an der Maschine hat und sie auch nutzen kann.

Als ich Mirko von meinen Gedanken erzähle, lächelt er.

»Bei einem Blick über unser Angebot erkenne ich fast immer alles wieder und kann die einzelnen Dinge bestimmten Haushaltsauflösungen zuordnen. Hier schau mal, diese Decke, sie stammt noch von Familie Rosenberg. Es ist unser letztes Stück aus der Eppendorfer Auflösung. Sie ist schwierig zu verkaufen, weil die Häkelkante Löcher hat, aber wir geben sie trotzdem nicht her für einen lächerlichen Flohmarktpreis. Sie ist mehr wert als ein paar läppische Euro. Frau Rosenberg hatte sie als Überwurf auf ihrem Bett liegen. Ich habe sie sogar gewaschen«, sagt er und zeigt auf eine grau-braun gemusterte Decke.

Durch den defekten Häkelsaum macht sie einen vernachlässigten Eindruck, aber dennoch zieht sie Kunden an und wird im Laufe des Tages häufig in die Hand genommen. Manche sehen ihr die gute Qualität an und mögen das Muster. Aber unter fünfzehn Euro geht nichts, legt Mirko fest. Ein Verkaufsstand auf einem Hamburger Flohmarkt wird vermutlich die vorletzte Station dieser Decke sein. Wenn der Stoff doch nur erzählen könnte!

»Wo sind denn das Garn und das andere Nähzubehör aus Frau Willemsens Nähmaschine geblieben?«

»Der Schrank ist beim Transport beinah auseinandergefallen, er sieht weit besser aus, als er ist. In der Wohnung fiel das nicht auf, da lehnte das Teil an der Wand. Wir haben das Nähzubehör in einen Nähkasten einsortiert, den wir schon verkauft haben. Vor zehn Jahren wäre solch eine Maschine noch vor dem offiziellen Beginn des Flohmarkts verkauft gewesen. Da hätten die Leute sich darum gestritten, wer mehr zahlt. Nähmaschinen waren ein Renner. Unter hundert Euro wäre sie nie weggegangen, trotz des defekten Schranks. Die Zeiten sind vorbei. Auf so ein Ding ist heute kaum noch jemand scharf. Die Leute kaufen sich lieber eine neue No-Name aus Kunststoff bei einem Billiganbieter, statt robuster Markenware aus vergangenen Zeiten. Dabei kannst du für fünfzig Euro eine Inspektion machen lassen, und dann schnurrt sie wieder wie neu.«

Auf einem runden Holztisch, um den sich bequem sechs Stühle platzieren lassen, sind Mineralien und Steine ausgebreitet. Ich schaue auf die vielfarbigen Brocken und muss erneut feststellen, dass ich zu dieser Materie keinen Bezug habe. Manche der zumeist tellergroßen Steine schillern im Sonnenlicht und wirken wie bemalt. Erst beim genaueren Hinsehen bin ich überzeugt davon, dass sie ihre natürlichen, wenn auch ungewöhnlichen Farben zeigen. Hier trifft giftgrün auf royalblau. Die Anzahl der Interessenten, die sich über die Ware beugen und einzelne Steine prüfen, erstaunt mich regelrecht. Zu dieser in meinen Augen wirklich *toten Materie* habe ich mich nie hingezogen gefühlt, aber angesichts der neugierigen Betrachter riskiere ich nun nähere Blicke.

»Hast du Ahnung von Steinen?«, will ich von Mirko wissen.

»Ach weißt du, das ist ein Bereich, in dem das sogenannte gefährliche Halbwissen zum Einsatz kommt«, sagt er mit einem schelmischen Lächeln.

»Und das heißt?«

»Wenn wir so wie heute eine ganze Sammlung ausgebreitet haben, dann kommen manchmal Kunden an den Stand, die ordentlich einen ausschnacken wollen. Für manche ist das anscheinend die einzige Gelegenheit, sich über ihr Hobby auszutauschen. Sie wissen ja nicht unbedingt, dass wir Entrümpler sind. Sie halten dann kleine Referate und geben ihr Wissen zum Besten. Daraus kann man häufig etwas lernen. Schwierig wird es, wenn sie komplizierte Fachfragen zur Herkunft und Wirkung der Steine stellen, weil sie denken, dass wir Sammler sind.«

Kurz darauf tritt eine füllige Dame an unseren Mineralientisch und nimmt einzelne Steine in die Hand. Sie gehört zu jenen Frauen, die fernab von Natürlichkeit diverse Farbschichten auf Haupt, Haut und Fingernägel auftragen. Während mir hundert Fragen zu ihrem Make-up durch den Kopf schießen, kann ich meinen Blick kaum von ihrer roten Haarpracht, den grünen Augenlidern und den rosafarbenen Nägeln lassen. Warum nur diese Farbenvielfalt? Macht das Auftragen und Bemalen solch einen Spaß, oder soll es sexy wirken? Gibt es Männer oder Frauen, die schreiend rote Lippen anziehend finden? Ihr Mund glänzt und man kann die Duftstoffe aus der Farbpaste sogar riechen. Auch wenn ich es nicht verstehe, so bin ich doch dankbar für diese schillernde Abwechslung und versuche mir vorzustellen, wie die Dame am Abend nach dem Abschminken aussehen mag.

»Was kostet die Rose?«, fragt sie mich, und ich versuche in dem Sammelsurium von Steinen eine Rose zu entdecken. Mirko greift helfend ein, und ich erinnere mich plötzlich daran, dass es in Hamburg eine der größten Mineralienmessen der Welt geben soll. Zeitweise sieht man an jeder Plakatwand Hinweise auf dieses Ereignis. Vielleicht ist die Stadt voller Mineralienkenner, ohne dass ich es je mitbekommen habe. Eine von ihnen steht nun offenbar vor mir.

»Rose?«, frage ich Mirko.

»Nennt sich auch Wüstenrose oder Sandrose. Diese kommt aus Mexiko, aber es gibt sie auch in der Sahara und in Namibia«, sagt Mirko und nimmt ein bräunliches Gebilde in die Hand, das tatsächlich aussieht wie eine Rose.

»Wie teuer soll sie sein?«, hakt die farbenfrohe Dame nach und nimmt den Stein in die Hand.

»Drei Euro.«

»Und die anderen Steine?«

Beide fachsimpeln eine Weile, bis Mirko versucht, ihr das gesamte Mineralienangebot schmackhaft zu machen. Sie landen bei komplizierten Rechenbeispielen, die sich mal auf ein Dutzend, mal auf dreißig Steine und dann wieder auf das gesamte Sortiment beziehen, was allerdings nicht abgezählt ist. Die Verhandlungen ziehen sich hin, bis die Dame sich Bedenkzeit erbittet. Sie will später wiederkommen.

»Die Rose ist wirklich schön«, sage ich zu Mirko, als wir allein sind.

»Sie soll eine spezifische Wirkung auf die Geschlechtsorgane haben.«

»Das sagst du nur, um mich zu belustigen oder Kunden anzulocken.«

»Nein, das würde ich nie machen. Solche Rosen bestehen im Grunde genommen aus Gips, was sich auch Calciumsulfat nennt. Es gibt einige wenige Regionen auf unserer Erde, in denen das Klima so extrem ist, dass sich solche Rosen formen. Es muss heiß und windig sein, wie in Namibia, wo Ozean und Wüste nah beieinanderliegen. Wenn heiße Winde über feuchte Oberflächen fegen, dann können solche Formen aus kristallisierenden Salzen entstehen.«

Ich schaue mir die Rose genauer an und entdecke plötzlich Spuren von bräunlichem Wüstensand.

»Der Sand hilft beim Formen der schönen Gebilde, die an Rosen erinnern. Es gibt sie in gigantischen Ausmaßen. Manche kann man als Skulptur in einem Raum aufstellen, wo sie positiv auf Prostata, Hoden und Eierstöcke wirken sollen«, führt Mirko weiter aus.

»Und was heißt in diesem Fall *positive Wirkung?*«

»Sie sollen Blockaden lösen.«

Auch wenn ich das bizarre Kristallgebilde nun noch genauer unter die Lupe nehme, kann ich mir beim besten Willen nicht vorstellen, wie ein Stückchen Gips aus einer heißen und trockenen Wüstenregion irgendetwas mit den Geschlechtsorganen anstellen soll.

Wenig später kommt die geschminkte Dame zurück und die Verhandlungen beginnen von Neuem.

»Die Steine sind nicht von allerbester Qualität«, sagt sie nun.

»So 'n bisschen angeschlagen sind die wohl alle«, gibt Mirko freimütig zu.

»Was wollen Sie denn nun dafür haben?«, fragt sie, als hätte es die viele Rechnerei nie gegeben.

»Für alle, oder?«, will Mirko wissen.

»Na, fangen wir noch mal von vorne und ganz klein an. Was ist mit dieser Druse mit den kristallinen Einschlüssen, der Rose und dem kleinen Malachit?«

»Den Amethyst und die beiden anderen Steine können Sie für sechs Euro mitnehmen«, sagt Mirko, und ich weiß, dass Sven und er die Sammlung ungern wieder einpacken möchten. Sie soll heute raus, und wenn es für wenig Geld ist.

»Kennen Sie sich mit den Steinen aus?«, frage ich die Kundin.

»Es ist mein Hobby.«

»Was macht man mit solch einer Rose?«

»Ich würde sie einfach nur in ein Regal stellen. Wenn ich sie anschaue, denke ich an die Wüste und den heißen Wind, der dieses Exemplar formte. Ich stelle mir die Landschaft und die Hitze vor und tröste mich damit ein wenig über unser Schmuddelwetter hinweg. Zu Hause habe ich eine bizarre Sandrose, die einige Kilo wiegt. Sie bringt mich oft zum Träumen.«

»Steine können uns Geschichten erzählen«, sagt Mirko, und die Kundin nickt eifrig.

Irgendwann packt sie sämtliche Steine in Zeitungspapier ein und verstaut sie in einem Karton.

»Kennen Sie sich auch mit der Wirkung der Steine aus?«, möchte ich von ihr wissen.

»Ich befasse mich damit, aber wie gesagt, es ist nur ein Hobby. Ich lese einiges darüber. Mir helfen die Steine.«

»Wissen Sie, was man mit einer Sandrose erreichen kann?«

Sie lacht laut auf und nickt, ohne ein weiteres Wort zu sagen.

Derweil wechseln vierzig Euro den Besitzer.

Ein Weidenkorb vor unserem Stand, aus dem Tiergeschöpfe mit Glasaugen herausschauen, ist wahrlich kein schöner Anblick, zumal manches Fell eher räudig als kuschelig wirkt. Nach einer gewissen Überwindung nehme ich ein Exemplar in die Hand, das sich als Muff aus Fuchsfell herausstellt: Die spitze Schnauze ist mittig an der Rolle angesetzt, wobei der Glasaugenblick in Richtung Boden weist. Das Tier scheint sich selbst ins Fell zu beißen, was das Kleidungsstück noch bizarrer macht.

»Ich mag so etwas überhaupt nicht«, sagt Mirko, als ihm meine skeptische Untersuchung des Weidenkorbinhaltes auffällt. »Richtig übel!«, setzt er nach.

»Außerdem macht es in unseren Breitengraden auch keinen Sinn, sich ein totes Tier um den Hals zu hängen oder die Hände in einen pelzigen Muff zu stecken«, sage ich.

Wenig später kommt ein schrilles Paar an den Stand und steuert schnurstracks das fellige Sammelsurium an. Die beiden tragen dunkle Gewänder aus Leder und Loden, robustes Schuhwerk, wilde Haarmähnen, Tätowierungen und schweren Silberschmuck. In einem Einkaufskorb, den der kräftige Mann in der Hand hält, befinden sich einige Kleintierfelle. Die beiden zeigen beim Durchforsten der pelzigen Ware einen Kennerblick und fragen Mirko nach dem Preis. Aus einiger Entfernung bekomme ich mit, dass sie Fellkleidung nähen, die sie auf Mittelaltermärkten verkaufen. Ihr besonderes Interesse gilt Tiergesichtern. Ob der Fuchs es wohl weckt? Nur wenige Stücke entsprechen ihrem Geschmack und ihren Ansprüchen, aber in einem längeren Gespräch tauschen sie sich mit den Entrümplern über zukünftige Angebote aus.

»So läuft das manchmal«, sagt Sven, als das Paar mit zwei günstigen Ankäufen davongezogen ist. »Wenn wir bei einer unserer nächsten Haushaltsauflösungen auf Pelze und Felle stoßen, dann melden wir uns bei den beiden. So werden wir einen gewissen Anteil unserer Waren auch ohne den Verkauf auf Märkten los. Das geht quasi auf Vorbestellung. Uns macht das Geschäft mit Pelzen keine Freude, aber wir verkaufen lieber an solche Leute als an irgendwelche windigen Pelzhändler. Manche Flohmärkte sind eher eine Kontaktbörse als vom Verkauf her interessant.«

»Pelzmäntel sind echt ein Sonderthema, besonders für einen Tierliebhaber«, sagt Mirko. »Solange ein Pelzmantel nach Russland geht, wo es im Winter minus dreißig Grad kalt wird, gebe ich ihn gern weiter, aber sonst ist es ein unangenehmes Geschäft. Es stromern seltsame Leute über die Märkte, um Pelze aufzukaufen. Die tauchen morgens um sechs mit ihren Stirnlampen auf, leuchten jeden Stand ab und wühlen am liebsten in Kartons, die man gerade auspacken will. Erst mal erzählen sie dir dann natürlich, dass dein Pelz unecht ist, und bieten einen lächerlichen Preis. Mir ist es lieber, sie an Endverbraucher zu verkaufen. Meistens haben wir ohnehin nur Persianer. Die sind typisch für die Sechziger- und Siebzigerjahre. Jetzt sterben die Damen langsam aus, die damals solche Pelze trugen. Sie waren auch für Normalverdiener halbwegs erschwinglich. Heute bekommst du selten mehr als dreißig bis sechzig Euro für einen Mantel, selbst wenn er gut erhalten ist. Es gibt inzwischen schöne Kunsthaarpelze, die leichter, schicker und haltbarer sind als Persianer. Im Grunde genommen möchten wir nichts mit Pelzen zu tun haben, aber wir finden sie regelmäßig in den Haushalten. Was willst du machen? Die Lämmer für diese Persianer sind schon vor einem halben Jahrhundert getötet worden.«

Vor Jahren hatte ich mich mal mit Persianern beschäftigt und dabei erfahren, dass sie überhaupt nicht aus dem ehemaligen Persien kommen. Fotos aus Afghanistan hatten mich neugierig gemacht, und afghanische Freunde haben mir von den Schafen erzählt, aus deren Fellen diese Mäntel hergestellt werden. Die meisten Persianer stammten früher aus Afghanistan und Russland. Die Namensgebung lag wohl am alten Handelsweg über Persien. Ihr korrekter Name ist Karakulfell. Der Ort Karakul liegt in Tadschikistan. Mirko kennt die Geschichte und erzählt mir, dass Karakulfelle inzwischen auch aus Namibia kommen.

»Entrümpler müssen alles wissen«, sagen Sven und Mirko wie aus einem Munde, als ich über ihre Fachkenntnisse staune.

»Das Schlimmste sind Nerze«, legt Sven nach und rümpft die Nase. »Es ist absolut pervers, dass um die fünfzig Tiere für einen einzelnen Mantel dran glauben müssen. Übel, wie die Tiere in Nerzfarmen gehalten werden. Sie drehen in der Enge förmlich durch und nagen sich selbst und ihre Artgenossen an. Oft werden sie vergast, um die Felle nicht mit Blut zu beschmutzen. Die sogenannte Weiterverarbeitung ist ebenfalls enorm aufwendig.«

Plötzlich herrscht Ruhe am Stand, und für eine Weile lässt sich kein Kunde blicken.

»Ich hol mal Kaffee«, sagt Mirko und verschwindet im Getümmel der Flohmarktbesucher.

»Seid ihr so weit zufrieden mit dem heutigen Geschäft?«, möchte ich von Sven wissen.

»Na ja, könnte besser laufen. Wenn ich mir anschaue, was wir alles wieder aufladen müssten, wenn jetzt Schluss wäre, gefällt mir das überhaupt nicht. Für die Standuhr hat sich bisher noch niemand interessiert. Und den großen Tisch würden wir auch gern loswerden. Solche Sachen nehmen viel zu viel Platz weg.«

»Stammt die Uhr aus einer Haushaltsauflösung?«

»Nee, die kommt aus Schweden. Ein Freund von uns fährt da regelmäßig hin. Dort gibt es Möbelauktionen, bei denen man für wenig Geld schöne Sachen bekommen kann. Ich bin mal mitgefahren und habe einiges gekauft. Man findet vieles aus der Zeit vor dem Krieg, Dinge, die hier wegen der Bombardierungen seltener sind. In Schweden kann man richtige Schnäppchen machen, besonders bei Möbeln.«

»Und ich dachte immer, in Schweden sei alles unerschwinglich teuer.«

Sven erzählt mir von Märkten und Auktionen, die im Sommer überall in Schweden stattfinden. Sie werden *Loppis* genannt, was sich von *Loppmarknad* ableitet, das sich aus den schwedischen Wörtern für *Laufen* und *Markt* zusammensetzt. Bei den Auktionen wird alles Mögliche, von Möbeln über alte Zeitschriften bis hin zu Tellern und Gardinen, versteigert. Die Gegenstände stammen meistens aus Haushaltsauflösungen und man kann dort sogar komplette Wohnungseinrichtungen erstehen. Kleinigkeiten aus dem Haushalt versteigert man in Schweden gebündelt in Pappkartons. Man kauft diese Kartons blind, also ohne genau zu wissen, was sie enthalten, dafür kann man so einen Karton oft für zwanzig Kronen ergattern, umgerechnet rund zwei Euro fünfzig. Meistens findet man darin Besteck, Krüge, Tassen und Gläser. So bekommt man schnell eine Menge Zeug zusammen, das sich hier weiterverkaufen lässt. Die Auktionatoren sind meist ulkige Typen, erzählt Sven, und es macht Spaß, ihnen zuzuschauen. Außerdem sei es verlockend mitzubieten. Man müsse regelrecht aufpassen, nicht in einen Bieterrausch zu verfallen. Schließlich müssten die Sachen auch noch abtransportiert werden.

Mit diesen Informationen bekommen die Überlegungen zu einem Urlaub in Schweden einen neuen Impuls. Vielleicht kann man sich auf diese Art eine Reise finanzieren. Aber dann denke ich an meinen Mangel an Geschäftstüchtigkeit, was einen entscheidenden Nachteil darstellt, wenn man handeln möchte. Mein Bezug zum Geld und zur Welt der Zahlen hält sich in überschaubaren Grenzen.

»Ich würde gern in Schweden leben, meine Familie auch. Wir haben es ernsthaft überlegt, aber dann sind die Großeltern viel zu weit weg. Für Familien ist es dort optimal, viel Platz, viel Natur, man kann sich ausbreiten«, sagt Sven, und ich versuche bei diesen Worten den Punk und Rebell von einst zu erkennen. Das gelingt mir einigermaßen, da er nach wie vor eine Menge auffälligen Schmuck trägt.

»Woher kommen eigentlich deine vielen Halsketten?«

»Die Geschichte der Königskette habe ich dir ja schon erzählt. Die habe ich übrigens ganz normal in einem Geschäft gekauft. Bei den anderen Ketten kann ich dir ziemlich genau sagen, aus welchen Auflösungen sie stammen. Es ist immer wieder verwunderlich, wie viel Schmuck wir in den Wohnungen finden. Meine Ketten sind nicht wertvoll, ich trage sie, weil ich Silber mag und die Machart mir gefällt. Wenn wir in den Haushalten auf Schmuckschatullen stoßen, dann ist es mir oft ein Rätsel, warum niemand in der Familie den Schmuck der verstorbenen Angehörigen haben möchte. Manchmal sieht man anhand von Fotos, dass es sich um Hochzeitsschmuck handelte. Oder man findet heraus, wann der Mann seiner Frau einst ein kostbares Stück geschenkt hat, ein Collier zum Beispiel, das sie auf bestimmten Fotos trägt. Anhand des Haushalts kann man sich manchmal ausrechnen, dass der Schenker es sich nicht so ohne Weiteres leisten konnte, sondern dafür richtig schuften musste. Trotzdem will es niemand haben, oder sagen wir lieber so: Die Verwandten haben es womöglich nie beachtet und wissen deshalb nicht um den Wert. Ganz schlimm wird es für mich, wenn die Hinterbliebenen die Eheringe ihrer Eltern nicht haben möchten. Wenn wir Eheringe finden, rufen wir immer die Angehörigen an, soweit sie als Ansprechpartner zur Verfügung stehen. Wir haben es schon erlebt, dass uns ganz lapidar gesagt wurde, *die könnt ihr behalten*. Bei Schmuckstücken denke ich oft darüber nach, aus welchem Anlass sie gekauft wurden. Vor vierzig oder fünfzig Jahren hatte Schmuck einen anderen Stellenwert. Wenn ich solche Stücke in den Händen halte, dann bin ich immer wieder berührt und finde es nach wie vor verblüffend, dass ich als Entrümpler damit machen kann, was ich will.«

Sven strahlt und ist wieder der alterslose Junge, als der er mir bei unserer ersten Begegnung erschienen ist. Alterslos und fröhlich, mit sich im Reinen. Nur seine rasante Sprechweise bringt Unruhe in dieses Bild. Noch immer muss ich meine Ohren spitzen, um alles verstehen zu können. Ob ihm vielleicht früher niemand zuhören wollte und er sich deshalb so beeilt, überlege ich.

»Was verbirgt sich eigentlich in dem Karton unterm Tisch?«, frage ich ihn und schaue mir die Beschriftung genauer an. *DVDs & Betamax-Filme (ab 18 J.)* ist dort mit Filzstift notiert.

»Unser spezielles Angebot aus den Siebzigern und Achtzigern. Solange du danebenstehst, findet sich vermutlich kein Kunde dafür.«

»Ach so, verstehe. Pornos.«

»Zumeist harmlose Sexfilme. Betamax ist ein Magnetbandsystem, ähnlich wie bei Videokassetten, aber in einer anderen Größe. Die Filme sind für Sammler echte Raritäten. Es existieren nicht mehr viele funktionierende Abspielgeräte und auch nicht mehr so viele Filme. Das Format konnte sich gegenüber VHS nicht behaupten. Betamax hat aber Liebhaber.«

»Bestimmt gibt es sogar Fanclubs.«

»Klar, Betamax-Foren im Internet. Dort liest man dann von Fantreffen. Es sind meistens Männer, die sich dafür begeistern. Ich kann es nicht nachvollziehen, aber es finden sich sicher noch viel seltsamere Hobbys.«

Ich werfe einen Blick in die Kiste und starre auf nackte Brüste und überdimensionale Penisse. Die Herren tragen Schnauzbärte und die Damen gestufte Dauerwellen, vornehmlich in Blond. Viel mehr mag ich mir jetzt nicht anschauen. Die Aufmachung wirkt seltsam fremd und wie aus einem fernen Jahrhundert stammend.

Als Mirko wiederkommt, meint er nur: »Unsere spezielle Ware! Grottenschlechte Qualität.«

»Bei euch ist es sogar Bückware!«

»Ach, hör auf! Wer einen Porno schauen will, der macht das im Internet. Die Betamax-Dinger holen sich die Sammler. Auf den Flohmärkten lernt man schnell, dass es für *alles* Sammler gibt. Manche sammeln zum Beispiel alle Folgen vom *Schulmädchenreport* und finden das Kult.«

»Im Karton sind auch normale Videokassetten, ich meine, im VHS-Format«, sage ich.

»Ja, aber die sind auch nicht besser, alles absolute Schmuddelware. Schau mal, wie die Produktionsfirmen heißen«, sagt Mirko und hält eine Kassette in der Hand, auf der ein Aufkleber über einem nackten Hintern prangt. »*Anal Empire*, auweia, oder hier, *Bavaria Fuck Film*. Das sind billige Produktionsklitschen. Schätze mal, die Darsteller sind damals in den Achtzigern mit einem Taschengeld abgespeist worden.«

Wir schieben den Karton wieder unter den Tisch und Sven erklärt mir weitere Regeln des Flohmarktes. In Bezug auf Filme gilt, dass man nichts offen auslegen darf, was FSK 18 ist, also von der Freiwilligen Selbstkontrolle der Filmwirtschaft erst ab 18 Jahren freigegeben ist. Schon aus moralischen Gründen nicht, wie er betont. Neben Waren, die nicht so gern gesehen werden, gibt es andere, die eindeutig verboten sind. Darunter fallen selbstverständlich Waffen, aber auch Symbole aus dem Dritten Reich und Hoheitsabzeichen der Polizei, Bundeswehr oder anderer staatlicher Repräsentanten. Lebensmittel und Alkohol sind auf einigen Märkten ebenfalls verboten, auf anderen wird das eher locker gehandhabt. Auf manchen Märkten werden überwiegend Lebensmittel gehandelt, hauptsächlich eingelegtes Gemüse aus Osteuropa, Räucherware, Würste und andere Spezialitäten aus der dortigen Küche. Obsthändler sind ebenfalls oft dabei und bieten ihre Waren kistenweise an. Manchmal dreht das Ordnungsamt seine Runden, aber wirklich streng sehen die Kontrolleure das höchst selten.

»Der Gemüsehöker hier auf dem Markt ist übrigens nicht schlecht. Da hole ich mir zum Marktschluss gern mal eine Kiste Frisches«, sagt Mirko.

Die Geschäfte halten sich an diesem Tag in Grenzen, aber damit haben meine Entrümpler sich bereits abgefunden und lassen sich die Laune nicht verderben. Sie erfreuen sich an dem schönen Spätsommerwetter und kommen immer wieder mit potenziellen Kunden ins Gespräch. Etwas ärgert jedoch beide gleichermaßen: Wenn die Kundschaft die günstigen Preise bis ins Absurde herunterhandeln will. Das wurmt meine Entrümpler und sie werden dann wortkarg. Manchmal versuchen sie es mit einem *erzieherischen* oder *strafenden* Satz, aber meistens belassen sie es bei einem verständnislosen Blick.

»Wundern Sie sich nicht, wenn es bald keine Flohmärkte mehr gibt«, sagt Mirko zu einem besonders dreisten Kunden, der zwei Winterreifen für zehn Euro haben möchte.

»Für Sie macht es ab jetzt sogar hundert Euro, statt der veranschlagten vierzig«, fügt er hinzu und erntet Ratlosigkeit.

Immerhin hat er diese Sätze gesagt, so schlimm kann es also noch nicht sein, denn wenn er wirklich genervt ist, dann lacht er nur noch und schüttelt den Kopf. Das findet er besser, als sich zu grämen. Eine gewisse Wertschätzung ist ihm beim Verkauf wichtiger, als überhaupt ein Geschäft zu machen.

Als mein Handy sich mit dem Warnsignal für das nahende Ende der Akkuladung meldet, habe ich ein Problem. Heute muss ich wirklich noch erreichbar sein.

»Gibt es hier irgendwo eine Steckdose, die ich anzapfen kann?«, frage ich Sven.

»Versuch's doch mal bei Resa, da vorn neben dem weißen Lieferwagen.«

Der Mann mit Goldkette und Zopf liegt immer noch in seinem Liegestuhl. In sein Mikro hat er schon länger nicht gesprochen. Zuletzt hatte ich die Worte *billiger, billllliggaar, billliggaaar* gehört.

»Kein Problem«, sagt Resa auf meine Frage zur kurzfristigen Versorgung mit Strom. Nach wenigen Worten erkenne ich seinen Akzent und wechsle ins Persische. Er schaut mich an, als stimme etwas nicht mit mir.

»Bist du mit einem Perser verheiratet?«, fragt er mich.

»Nein, aber ich bin mehrmals durch deine Heimat gereist.«

Aus dem eben noch ungewöhnlich anmutenden Mann wird innerhalb eines kurzen Gesprächs in seiner Muttersprache jemand, dessen Herkunft ich mir ansatzweise ausmalen kann. Er war vermutlich ein Teenager, als der Schah aus dem Land gejagt wurde. Die Zeit der sogenannten Verwestlichung und relativen Freiheit hat er selbst erlebt. Je nach Perspektive war es die bessere Zeit. Ich war vor fünf Jahren zuletzt in Iran und kann ihm von vergleichsweise aktuellen Eindrücken berichten.

Die persische Sprache hält eine Vielzahl lieblicher Worte bereit, die man auch an Fremde bereitwillig weitergibt. Schon bin ich sein *Liebes,* ohne dass es für diesen Ausdruck ein passendes Wort im Deutschen gibt.

Er hat das Land, das er in seinem Herzen trägt, schon lange hinter sich gelassen und gehört zu den Menschen, die Bevormundungen nicht ertragen können. Diesen Charakterzug teilt er mit vielen seiner Landsleute, die trotz guter Ausbildung eher Taxi fahren, als sich in einem Betrieb herumkommandieren zu lassen. Resa verhält sich lieber nach seinen eigenen Regeln und kleidet sich, wie es ihm passt und nicht, wie es sich für einen Mann in seinem Alter *gehören* würde. Er kommt aus einem Land mit strenger Kleiderordnung und einer religiös geprägten Ideologie. Er strahlt etwas aus, das in mir das Gefühl auslöst, er könne hier auf diesem Flohmarkt und in dieser Stadt der Resa sein, der er sein möchte. Meine positiven Worte über seine Landsleute nimmt er mit Skepsis auf.

»Ach, das war einmal. Sie waren mal nett und vielleicht auch glücklich. Das ist längst vorbei. Die Mullahs haben alles kaputt gemacht, sogar die Seelen der Menschen.«

»Bist du schon lange Markthändler?«

»Markthändler!? Was heißt das überhaupt? Ich bin ein Mensch, und als Mensch brauche ich meine Freiheit und ein bisschen Geld zum Leben. So sieht es aus.«

Resa scheint keine Fragen zu mögen, und ich will ihm nicht auf die Nerven gehen. Selbst wenn ich von der Schönheit der persischen Landschaft erzähle, winkt er ab, aber wenigstens beim Essen sind wir uns einig: der leckerste Reis, das süßeste Obst, die besten Kebab, die aromatischsten Kräuter und der mildeste Knoblauch, zumindest nach einigen Jahren in Essigwasser. Er lacht lauthals auf und brüllt über den halben Platz.

»Diese deutsche Frau liebt unseren eingelegten Knoblauch, hahaha.«

»Ich habe neulich welchen gegessen, der war schon ganz braun, fast schwarz, er schmeckte wie geräuchert. Total lecker.«

»Hahaha, sag nicht, du hast auch Kal-e Patsch-e gegessen.«

»Du meinst Schafskopf und Füße? Doch, habe ich, aber nur aus Liebe.«

Inzwischen sitze ich am Rand seines Liegestuhls und genieße Resas süße Worte, wenngleich ich nicht alle verstehen kann. Er findet meinen Akzent zum Totlachen und diesen Flohmarkttag gelungen. Als mein Handy genügend Strom geladen hat, danke ich ihm und gehe zurück zu meinen beiden Entrümplern.

Der Stand ist noch immer reichlich bestückt, und es sieht ganz danach aus, als müssten die beiden ihren Anhänger mindestens halb gefüllt zurück ins Lager bringen. Darauf angesprochen, verziehen sie zum Spaß das Gesicht.

»Keinen Bock aufs Aufladen«, sagt Mirko.

»Ich dachte, wir werden heute mal alles los, stattdessen haben wir noch immer die fette Standuhr, die Nähmaschine und den Tisch hier stehen.«

»Manchmal haben wir so viel Zeug in unserem Lager, dass wir den Überblick verlieren. Dann ist ein Punkt erreicht, an dem wir uns aufs Verkaufen konzentrieren und sogar schon mal mit eBay-Agenten zusammenarbeiten. Die nehmen zwar eine fette Provision von mindestens fünfundzwanzig Prozent, aber es kann sich trotzdem lohnen«, sagt Mirko und Sven pflichtet ihm bei.

»Klar, denk mal an den verdammten Ohrensessel, der irre viel Platz wegnahm und den keiner haben wollte. Der Agent hat ihn professionell eingestellt. So ein eBay-Typ ist vierundzwanzig Stunden am Tag für Nachfragen erreichbar. Bei dem Ding hat es sich richtig gelohnt.«

Das monströse Möbelstück stammte aus der Haushaltsauflösung Bienert, die in vieler Hinsicht weite Kreise gezogen hat und von der meine beiden Entrümpler immer wieder gern erzählen. Und obwohl sie sich geschworen hatten, ihn nach Marktschluss nicht wieder einzuladen, brach es ihnen das Händlerherz, ihn für weniger als fünfzig Euro herzugeben. Er war definitiv mehr wert, aber es wollte sich absolut kein Käufer finden. Es half alles nichts, und so mussten sie ihn wieder mitnehmen. Auf dem Rückweg vom Flohmarkt kamen sie am Lager eines eBay-Agenten vorbei und bogen kurz entschlossen ab, um das Monstrum und andere voluminöse Haushaltsgegenstände dort in Auktion zu geben. Der Agent hatte versprochen, *sein Bestes* zu versuchen. Offensichtlich hatte er das auch getan, denn als Sven nach vierzehn Tagen bei ihm persönlich nachfragte, zeigte der Mann schon von Weitem ein breites Grinsen. Das habe er so auch noch nicht erlebt, schwärmte er, da hatten sich zwei Bieter lange vor Auktionsende hochgeschaukelt. Zuletzt war es im Sekundentakt nach oben gegangen. Am Ende kamen 680 Euro heraus. Der Agent dachte zunächst an Spaßbieter, aber nix da, das Geld floß pünktlich aufs Konto.

»Da waren wir natürlich alle begeistert«, sagt Sven.

»Aber heute läuft es anders. Lass uns bald mal Schluss machen«, meint Mirko.

»Gute Idee, meine Mädels freuen sich, wenn ich früher daheim bin.«

Ein Afrikaner kommt an den Stand und schaut sich die Nähmaschine genauer an. Er klappt die Abdeckung hoch und möchte die Maschine aus dem Schrank nehmen, aber da schwankt die Konstruktion schon bedenklich. Mirko ist ihm behilflich und erklärt die Maschine.

»Mechanisch und elektrisch, gut«, hakt der Interessent nach und ist sichtlich angetan.

»Für meine Mutter in Gambia. Ich schicke mit Freunden bald einen Container runter. Es gibt noch Platz. Meine Mutter und meine Schwestern können gut nähen. Funktioniert die Maschine?«

»Ausprobiert haben wir sie nicht, aber sie macht einen korrekten Eindruck«, sagt Mirko, und dann fummeln die beiden Männer ein wenig herum. Auch ich habe keinen Zweifel daran, dass diese Maschine in Ordnung ist.

»Der Schrank ist schlecht«, sagt der Kunde.

»Die Maschine verkaufen wir auch ohne Schrank.«

»Besser so. Was willst du haben?«, fragt der Afrikaner und zeigt ein beeindruckendes Lächeln, ganz so, als sehe er seine Mutter bereits an der Maschine sitzen. Er prüft den Keilriemen und scheint auch davon begeistert zu sein. Der Mann hat zwei Ikea-Taschen dabei, aus denen Stoffe, ein CD-Player, ein Telefon und einige Kochtöpfe schauen. Ob er das alles in den Container verfrachten möchte? Von Hamburg aus gibt es einen regelmäßigen Schiffsverkehr an die afrikanische Westküste und zahlreiche Afrikaner schicken Gebrauchsgegenstände aus zweiter Hand in ihre Heimat.

»Was willst du zahlen?«

»Sag du!«

Sven ist bereits dabei einzuladen, was Mirko anscheinend bei seiner Preisgestaltung beeinflusst, denn ich bin überrascht, als ich ihn *dreißig Euro* sagen höre. Noch überraschter bin ich, als ihm der Kunde mit strahlendem Lächeln nur die Hälfte bietet. Gespannt warte ich auf eine Reaktion.

»Das is ja wohl ein bisschen wenig«, sagt Mirko schmunzelnd. Ich kenne ihn inzwischen gut genug, um mir vorstellen zu können, dass er innerlich mit dem Verkauf eine gute Tat verbindet: Lieber eine Nähmaschine nach Afrika verfrachten als Secondhand-Kleidung, die den dortigen Kleidermarkt ruiniert. Die beiden Männer feilschen und haben sichtliches Vergnügen daran, sich schließlich auf zwanzig Euro zu einigen. Sie geben sich die Hand und lächeln um die Wette. Sven gratuliert dem Kunden und ist zufrieden, die Maschine nicht mehr einladen zu müssen. Nach diesem erfolgreichen letzten Geschäft des Tages verabschieden wir uns, und ich mache auf dem Weg zu meinem Fahrrad noch einen Schlenker zum verrückten Resa. Auch er ist mit dem Verladen seiner Waren beschäftigt, und mir fallen glücklicherweise die angemessenen persischen Worte zur Begrüßung eines Menschen bei der Arbeit ein: *Mögen Sie nicht müde werden!*

Das bringt ihn sofort wieder zum Strahlen, und dann, in formvollendeter persischer Manier, drückt er seine Freude darüber aus, dass wir uns kennengelernt haben. Auch ich suche nach passenden Worten, um ihn noch einmal mit meinem Akzent zu belustigen.

Mit einem *Gott schütze dich* verabschieden wir uns.

Als ich später schon eine Weile vor meinem Wohnwagen sitze und auf die Elbe schaue, bekomme ich eine SMS von Sven: *kaum warst du weg, wir hatten fast alles eingepackt, da kam ein kunde für betamax ;-)*

Ich rufe ihn an, um Details zu erfahren.

»Der Typ war reichlich nervös. Schien ihm irgendwie peinlich zu sein, solche Filme zu kaufen. Die Verständigung war auch nicht so einfach. Er sprach nur wenig Deutsch. Jedenfalls habe ich erst später gemerkt, dass er von fünf Filmen dreimal den gleichen gekauft hat. Er wollte so schnell wie möglich weg und hat nicht richtig hingeschaut. Mit einer Frau am Stand hätte er sich niemals getraut, in die Kiste zu gucken.«

Hinterm Steuer sitzen andere

Mirko kommt mit Sven und dessen beiden Töchtern zu mir in den Wohnwagen, und wir versuchen, es uns trotz des schlechten Wetters gemütlich zu machen. Nachdem wir ein Zelt für die Mädchen aufgebaut haben, sind sie in ihrem *Häuschen* beschäftigt. Und wir können in Ruhe plaudern.

Doch zunächst schauen die beiden sich um und erkennen sofort wieder, welche Gegenstände aus ihrem Fundus stammen. Erst kürzlich durfte ich mich in ihrem Lager *bedienen*. Die Siebzigerjahre-Campingstühle, eine Harke und einen Feuerhaken können sie verschiedenen Auflösungen zuordnen, nur bei der Schürze von Frau Willemsen mit dem urigen Sektkellereimotiv müssen sie passen.

Ich habe sie zu mir eingeladen, weil ich mehr erfahren möchte über ihre Arbeit und ihr Leben. Hier am Ufer der Elbe haben wir Zeit und werden nicht abgelenkt. Nele und Zoe spielen im Zelt oder stapfen in Gummistiefeln und Regenmänteln an den Strand. Mein spartanisches Sommerparadies ist ganz nach ihrem Geschmack und schon bald setzen auch Mirko und Sven die zufriedenen Mienen auf, die hier alle Besucher nach einer Weile zeigen. Bei sonnigem Wetter dauert dies nur wenige Augenblicke, im Dauerregen auch mal länger. Der norddeutsche Sommer meint es wirklich nicht gut mit uns.

Sie haben ihre Notizbücher und Fotoalben dabei und warten gespannt auf meine Fragen. Inzwischen haben sie sich daran gewöhnt, dass ich mich für alles interessiere und auch gern auf eigene Faust Erkundungen einhole.

Meine beiden Entrümpler, wie ich sie längst nenne, haben sich unabhängig voneinander auf ähnlichem Wege zu professionellen

Entrümplern entwickelt. Angefangen hat es bei beiden mit einer Wolldecke, auf der sie als kleine Jungs, jeder für sich, einige Schätze ausgebreitet und zum Verkauf angeboten haben.

»Und so machen es meine beiden Töchter heute auch schon. Momentan spielen sie jeden zweiten Tag Flohmarkt. Sie verhökern selbst gepflückte Blumensträuße oder malen Bilder auf die Straße. Man kann diese Motive bei ihnen bestellen, und dann übertragen sie sie auf Papier. Tolle Geschäftsidee, keine Ahnung, wo sie die herhaben. Manchmal fragen sie, ob ich ihnen was aus dem Anhänger rausgebe, damit sie mehr Waren haben. Neulich habe ich ihnen eine Kiste mit Kuscheltieren gegeben. Von der Qualität her hätten Mirko und ich sie nie im Leben verkauft bekommen. Die Mädels sind alle losgeworden. Wir wohnen in einer Sackgasse, wo nicht häufig jemand vorbeiläuft. Sie sitzen mit Engelsgeduld hinter ihren Decken und handeln mit der Nachbarschaft. Wobei sie eigentlich nicht richtig handeln, sondern einen kleinen Preis nennen, den die Leute dann auch zahlen. Das Geld interessiert sie ohnehin nicht wirklich. Ein Zwei-Euro-Stück finden sie weniger reizvoll als vier Fünfzig-Cent-Stücke. Wenn sie Feierabend machen, geben sie Nina oder mir ihre Einnahmen, damit wir sie ins Sparschwein stecken. Ihre Preise liegen zwischen zehn Cent und einem Euro. Sie sind stolz auf ihre Einkünfte, aber nach dem Spielen denken sie nicht mehr daran. Sie fragen auch nie nach, ob wir ihr Geld gut verwalten. Mit ihren vier und sechs Jahren waren sie schon im Lager und bei Haushaltsauflösungen dabei. Zoe würde gern auf einem *richtigen* Flohmarkt *richtig* verkaufen, und zwar mit eigener Decke und eigenen Sachen. Das hat sie gleich klargestellt. Werden wir demnächst mal machen. Ich habe es als Schulkind relativ ernsthaft betrieben. Zeitweise bin ich nach der Schule fast jeden Nachmittag mit meinen Sachen losgezogen, habe mich vor den Tante-Emma-Laden gesetzt und versucht, mein Zeug zu verkaufen. Meine Eltern und meine Tante waren Sperrmüllsammler. Die sind regelmäßig herumgefahren und haben nach guten Sachen Ausschau gehalten.«

»Welch ein Jammer, dass es in Hamburg keinen Sperrmüll mehr gibt«, sagt Mirko und wischt sich spaßeshalber eine nicht vorhandene Träne aus den Augen. »Mann, hat das einen Spaß gemacht. Manchmal kutschieren wir durch Schleswig-Holstein, wo der Sperrmüll noch an die Straße gestellt wird.«

»Stimmt, gleich hier oben in Wedel habe ich neulich tolle Sachen vor den Häusern stehen sehen. Mit meinem Fahrrad konnte ich nichts mitnehmen, aber ich habe mir dann ein Auto organisiert und zumindest einen Teppich abgeholt. Den lege ich bei schönem Wetter vor den Wohnwagen und spiele Orient«, sage ich.

»Meine Eltern hatten phasenweise kein Auto, da musste dann bei größeren Sperrmüllgegenständen meine Tante ran. Unser großer Vorteil war und ist die begüterte Gegend, aus der wir stammen. Wenn wir in einem anderen Stadtteil mit weniger betuchten Leuten gewohnt hätten, hätte es sich vielleicht anders ergeben«, sagt Sven.

»Sehe ich nicht so. Ich hätte mich auf alle Fälle mit alten Sachen und alten Geschichten beschäftigt«, meint Mirko.

»Hast wahrscheinlich recht«, pflichtet Sven ihm bei.

»Am Anfang stand der Spaß am Handeln und Verkaufen. Später wurde daraus ein Beruf und sogar eine Leidenschaft«, sagt Mirko in seiner bedächtigen Art. Plötzlich erscheint mir seine Berufswahl wie eine natürliche Entwicklung. Es musste einfach in diese Richtung gehen.

In manchen Berufen, aber auch für manche Sportarten oder Hobbys ist ein motorisiertes Gefährt unumgänglich. Was wäre ein Paddler ohne Auto, wenn er sein Boot an einem Gewässer einsetzen möchte, das nicht vor seiner Haustür liegt, ein Umzugsunternehmen ohne LKW und ein Busfahrer ohne Bus? Ein Wanderzirkus ohne Zirkuswagen? Bei der Frage, was ein Entrümpler neben Muskelkraft braucht, wird der Besitz eines Transporters sicher weit oben auf der Liste stehen.

Mirko betrachtet diesen Aspekt seines Berufes aus einer anderen Perspektive, denn er hat nie einen Führerschein gemacht und besitzt auch kein Fahrzeug. Das war mir im Laufe der Kellerentrümpelung bei Carsten Carstensen nach einer Weile klar geworden. Wegen einer Sehschwäche und weil er irgendwie auch keinen *Bock* auf Autofahren hat, will er die Sache mit dem Führerschein vorerst auf sich beruhen lassen. *Verstehe.* Irgendwann mal vielleicht, aber vorerst geht's auch so, habe ich seinen Worten entnehmen können. Nun spreche ich ihn erneut darauf an.

»Den Lappen brauche ich nicht. Ich bin es so gewohnt und habe Umzüge sogar schon komplett mit der S-Bahn gemacht. So etwas würden sich andere nicht zutrauen«, sagt er, während wir den Feuerplatz vorbereiten, um grillen zu können, sobald das Wetter es zulässt. Der Regen macht gerade eine längere Pause.

»Du meinst, es ist eine Frage des Selbstvertrauens?«

»Auf alle Fälle! Da würden viele bereits im Vorfeld resignieren.«

»Und was sagen die Kunden, wenn du ohne Auto erscheinst und ihnen dann mitteilst, du hast nicht mal einen Führerschein und dein Partner seit letzter Woche auch keinen Transporter mehr?«

»Manche denken, man will sie auf den Arm nehmen. Das geht doch nicht, sagen sie. Tja, dann kann ich nur antworten: Lasst das mal meine Sorge sein!«

Mirko versucht in solchen Situationen Vertrauen herzustellen, wie er mir erklärt. Nicht ganz einfach, wenn die Skepsis angesichts seines unmotorisierten Auftretens gerade groß ist.

»Wie wird das Zeug denn nun abtransportiert, wollen die Kunden meistens sofort wissen, und unsere Antwort lautet: *Da haben wir verschiedene Möglichkeiten. Das wird den Notwendigkeiten angepasst. Zur rechten Zeit wird ein passendes Fahrzeug vorfahren, kein 7,5-Tonner, wenn es nicht notwendig ist. Wir wollen den Preis ja auch nicht unnötig in die Höhe treiben.* Und spätestens nach dem letzten Satz ist Ruhe im Karton«, grinst Sven, der sich um die Getränkeversorgung kümmert. Seine Mädchen bekommen heißen Tee mit Honig, während wir uns ein Bier genehmigen. Mit einem Blick auf die schweren Wolken, die von Westen heranziehen, entscheiden wir uns, das geplante abendliche Grillen auf den halbwegs trockenen Nachmittag vorzuziehen. Ich entzünde rasch ein Feuer und fächle den Flammen Luft zu. Mirko bewundert meinen Badbesan, meinen persischen *Windschläger*, der für optimale Luftzufuhr sorgt. Schon stehen die dicken Buchenholzscheite in Flammen und wir fachsimpeln über die unterschiedlichsten Feuertechniken. Genau wie Mirko und ich uns einig sind, dass ein Leben ohne Auto gut möglich ist, verständigen wir uns schnell darauf, dass ein Dasein am Strand ohne Feuer schier unmöglich ist. Während wir auf eine schöne Glut fürs Grillen warten, erzählt er mir von seinen Erfahrungen als führerscheinloser Entrümpler.

»Es ist so, wie es ist. Man stellt sich darauf ein. Klar, wenn ich einen Führerschein hätte, würde uns das nach vorne bringen, aber wir kommen auch so zurecht. Ist zwar irgendwie blöd, weil ich hauptberuflich Entrümpler bin und Sven nur nebenbei und ich mehr Zeit in den Haushalten verbringe. Mit einem Transporter könnte ich natürlich mehr Arbeit wegschaffen.«

Meine beiden Entrümpler nennen ihren Umgang mit Mirkos führerscheinlosem Dasein *kreativ* und *logistisch gewieft*. Sie betonen, es sei letztlich egal. Man müsse bloß mit folgender Fragestellung an das Problem herangehen: Ich habe selber kein Auto, wie kriege ich den Transport trotzdem hin? Am Ende ist die Arbeit jedenfalls tipptopp erledigt.

Manchmal ist *autofrei* sogar der entscheidende Pluspunkt, um einen Auftrag zu ergattern: Wenn der Entrümpler mit dem Fahrrad zum Vorgespräch kommt und der Auftraggeber ein ausgeprägtes Umweltbewusstsein hat, dann wird man sich schnell einig. Meist ist man sich gleich sympathisch, da macht das Entrümpeln und Auflösen doppelt Spaß. Mit ähnlich tickenden Menschen arbeitet man gern zusammen.

Aber *autofrei* kann natürlich auch nach hinten losgehen, wie Mirko bereitwillig bekundet.

»Ich hatte mal einen richtig miesen Typen als Kunden«, sagt er und zieht die Stirn kraus. Selbst die Erinnerung daran scheint ihn noch zu wurmen. Der sanftmütige Mirko kehrt für einen kurzen Moment in sich, und man spürt, wie sehr er Ungerechtigkeiten verabscheut. Eigentlich sollte es niemandem schwerfallen, mit ihm auszukommen. Doch auch der größte Menschenfreund trifft hin und wieder auf Personen, mit denen er nicht klarkommt.

Als Mirko auf den *anstrengenden* Kunden traf, ahnte er ziemlich schnell, dass es Schwierigkeiten geben würde. Da Sven mit einer Horde Kindern auf Ferienfreizeit war, machte er sich allein an die Entrümpelung eines Dachbodens, diverser Kellerräume und der Wohnung. Der Auftraggeber arbeitete ausgerechnet bei einem Auto-Motor-Sport-Magazin. Vorab hatten sie die Entrümpelung ohne Fahrzeug vertraglich vereinbart, was den Auftrag selbstverständlich günstiger machte. Mirko stellte sich als bezahlte Arbeitskraft zur Verfügung, nicht jedoch als Fahrer und Transporteur. Trotzdem fiel der Mann aus allen Wolken, als Mirko mit öffentlichen Verkehrsmitteln anreiste.

»Er hat es einfach nicht wahrhaben wollen, weil er sich ein Leben ohne Auto nicht vorstellen kann«, sagt Mirko mit Entschiedenheit, und ich frage mich, ob er nicht sogar ein wenig Mitleid mit Menschen empfindet, die ihre eigene Lebenswelt als die einzig richtige betrachten und nicht über den Tellerrand hinausschauen können oder wollen.

»Der Kerl kannte die Welt nur aus dem eigenen Auto heraus und konnte sich nicht vorstellen, dass andere Leute andere Wege finden, um sich selbst und Dinge fortzubewegen. Ich hatte das Gefühl, er traute mir den Auftrag nicht zu. Er hat sich aufgeführt wie ein Schlaumeier, Alleskönner und Big Boss. Richtig nervig, solche Typen kann ich echt nicht gut vertragen. Die machen sich und anderen doch nur das Leben schwer.«

Mirko hatte sich dann bei der Entrümpelung mächtig ins Zeug gelegt und alles *picobello* hinterlassen, wie er es nennt. Eine Großaktion in Sachen Ausmisten und Frühjahrsputz. Diese übereifrige

Art war zwar nicht nach seinem Geschmack, doch Mirko wollte nicht den geringsten Anlass für Beschwerden liefern, denn seine Eltern waren entfernt mit dem Auto-Motor-Sport-Fan bekannt.

Doch als Dank für diesen Einsatz gab es auch noch Stunk bei der Abrechnung. Mirko hat sich geschworen, mit solchen Typen nie wieder Geschäfte zu machen. Er wird in Zukunft immer auf seinen ersten Eindruck vertrauen und lieber auf einen Auftrag verzichten, als sich schikanieren zu lassen. Arbeit ist Leben, Leben ist Arbeit, und das soll nun mal Freude machen.

Später zog der Autoliebhaber in seinem Bekanntenkreis lautstark über die mangelnde Professionalität des Entrümplers her und machte sich lustig über den radelnden Möbelpacker. Die erstklassige Arbeit würdigte er mit keinem Wort. Die immense Bedeutung des Autos in unserer Gesellschaft scheint Mirko heftig ins Grübeln zu bringen. Er wirkt beinah ein wenig aufgebracht, was ich bisher höchst selten bei ihm erlebt habe. Plötzlich spricht er sogar ein wenig schneller.

»Mit manchen Frauen ist es nicht viel anders als bei diesem Motor-Sport-Typen. Als Mann musst du ein Auto haben! Und Geld! Wirklich weit sind wir in der Entwicklung der Geschlechterverhältnisse noch nicht gekommen«, sagt er mit einem leicht gereizten Unterton. Dieses Thema ist für ihn längst nicht abgeschlossen. Wenngleich ich bei meiner ersten Entrümpelung mit Mirko in Carsten Carstensens Keller ebenfalls verwundert war, so ist es inzwischen selbstverständlich für mich geworden, dass er seine Mobilität im Griff hat. Genau wie ich fährt er meistens Fahrrad, was eigentlich nichts Besonderes mehr ist in einer Großstadt. Allerdings muss auch ich häufiger die Frage beantworten, warum ich eigentlich einen Wohnwagen habe, wo ich doch kein Auto besitze.

»Gibt es solche Frauen wirklich noch? Frauen, die Männer ohne Auto nicht für voll nehmen?«, will ich wissen und lasse Mirko bewusst nicht in Ruhe. Hier scheint bei ihm ein empfindlicher Punkt zu liegen.

»Und ob! Sie tun immer alle so emanzipiert und selbstständig, aber dann drängen sie den Mann doch wieder in die Rolle des Alleskönners. Das ist echt keine Seltenheit«, sagt er, und ich frage mich, welche weibliche Laus ihm wohl kürzlich über die Leber gelaufen ist.

»Die wünschen sich in bestimmten Bereichen die klassische Rollenaufteilung: starker Mann mit Geld und Auto. Klingt vielleicht antiquiert, aber ich hab's erlebt. Nicht nur einmal. Das kann ich echt nicht verstehen«, erregt sich Mirko.

Um ihn nun doch auf andere Gedanken zu bringen, stelle ich den vorbereiteten Fisch und die Lammfrikadellen auf ein Tischchen neben die Feuerstelle. Das Hantieren am offenen Feuer wirkt meistens Wunder, es ist kreativ und hat etwas Berührendes. Mich jedenfalls kann es glücklich machen. Und weil ich weiß, dass er von Dora eine südafrikanische Jaffle geschenkt bekommen hat und damit bestens umgehen kann, lege ich ihm meine vor die Nase, damit er sie mit dem Fisch füllt.

Der Plan geht auf, Mirko widmet sich lächelnd dem Waffeleisen und fettet es ein. Und ganz nebenbei erfahre ich mehr über die unterschiedlichen Fahrzeuge in der gemeinsamen zehnjährigen Karriere meiner Entrümpler.

Anfangs gab es sogar ein altes Postfahrrad, mit dem man hervorragend einen Bananenkarton transportieren konnte. Es folgten einige motorisierte Vehikel, wobei sich Sven und Mirko zunächst über die genaue Reihenfolge einigen müssen: Ein Polo mit Dachgepäckträger wurde von einem Wohnmobil abgelöst, dann folgte ein VW-Transporter, ein Fahrzeug, das sich im Vergleich zu einem Möbeltransporter wie ein Matchbox-Auto ausnimmt, womit sie aber Aufträge aller Art erledigten. Doch der treue Bulli litt zunehmend unter Altersschwäche und hat sich jüngst von dieser Welt verabschiedet. Eine Weile überbrückten die beiden eine gänzlich autofreie Zeit, indem sie sich von Freunden Fahrzeuge ausliehen. So etwas funktioniere zumeist als Tauschgeschäft. Auto gegen Möbel (oder anderes). Erst seit Kurzem probieren sie eine

Transportvariante, die beide zu überzeugen scheint. Sven hat sich ein starkes Zugfahrzeug in Form eines Mercedes Kombi gekauft und gemeinsam gehört ihnen ein geräumiger Anhänger. Das sei optimal, das Nonplusultra.

Jetzt kann Sven am Freitagnachmittag nach getaner Arbeit im Kinderhort den beladenen Hänger beim Flohmarkt abstellen, und Mirko früh am nächsten Morgen mit dem Aufbau beginnen.

»Der Anhänger ist die beste Investition seit Langem«, erklären sie einstimmig. »Und der nächste Auftrag steht schon an, obwohl wir mit unserem Kostenvoranschlag nicht die Günstigsten waren. Der Kunde ist ein regelrechter Autohasser, wie wir erfahren haben.«

Wenig später genießen wir unsere Spezialitäten und aus dem Grillfeuer wird ein Lagerfeuer.

Irgendwann landen wir trotz der friedlichen Umgebung beim Thema Krieg, denn Erinnerungsstücke aus der Zeit des Zweiten Weltkriegs tauchen regelmäßig beim Entrümpeln auf. Mirko und ich erzählen Sven von der Grabkarte, die Frank in einem Feldpostbrief gefunden hat.

»Ich würde sie gern Meike Bienert zeigen, eurer ehemaligen Kollegin«, sage ich.

»Vielleicht hat sie Lust, uns morgen hier zu besuchen und sich dieses Fundstück aus dem Nachlass ihrer Familie anzusehen. Sie hat Ferien, genau wie wir. Ich versuche mal, sie zu erreichen«, sagt Sven.

»Und ich rufe Frank an, damit er die Karte einscannt und mir per Mail zukommen lässt«, sage ich.

Es ist schon seltsam: Noch vor Kurzem hatte ich zum Thema Feldpost keinerlei Zugang und nie einen derartigen Brief in der Hand gehabt. Und nun beschäftige ich mich mit einer Skizze zum Grab eines gefallenen Soldaten und treffe mich sogar mit einer Angehörigen. Die Fundstücke meiner Entrümpler führen mich in die ungewöhnlichsten Richtungen.

Frank sendet mir noch am selben Abend eine Kopie der Karte, und Meike ist neugierig darauf, zu sehen, was aus dem Inhalt einer Kiste geworden ist, die jahrzehntelang auf dem Dachboden ihres Elternhauses stand.

Meike kommt am folgenden Tag bei schönstem Sommerwetter frühmorgens zu uns an den Strand, wo mein Wohnwagen nur wenige Schritte vom Ufer entfernt steht. Ein idyllischeres Plätzchen können sich viele meiner Besucher kaum vorstellen. Wenn ich daran denke, dass wir uns hier verabredet haben, weil ein Kriegsereignis und die noch vorhandenen Erinnerungsstücke uns beide interessieren, dann bin ich sogar ein wenig nervös. Meine beiden Entrümpler hatten mir Meike als resolut und temperamentvoll angekündigt. Und genauso wirkt sie auch, nachdem wir einige Sätze miteinander gesprochen haben.

Ich starte mein Laptop und zeige ihr die Abbildung der Grabkarte. Sie schaut ganz genau hin und entziffert die Schreibschrift: *Skizze über die Grabanlage von Leutn. Bienert.*

»Der Soldat war Onkel Gerd, der jüngste Bruder meiner Mutter. Ich bin 1958 geboren und habe ihn logischerweise nie kennengelernt. Über Gerd habe ich in meiner Kindheit unzählige Geschichten gehört. In der Nähe von Minsk hat er einen Kopfschuss bekommen.«

Auf meinen irritierten Blick hin erzählt sie die Geschichte eines Fotos, auf dem sein Stahlhelm mit der Einschussstelle abgebildet ist, neben dem Ohr war er getroffen worden.

»Das Foto habe ich weggeworfen. Ich konnte es nicht mehr sehen«, sagt Meike, und ich muss sofort an Frank denken, der in seiner Sammlung sicher nichts lieber hätte als dieses Foto. Seltsam, wie sich auch bei mir ein gewisses Verständnis für diese Form der Sammelleidenschaft entwickelt.

»Er war der Liebling der Familie. So wurde es mir immer wieder erzählt. Er ist früh gefallen, schon 1941. Ich habe gestern Abend noch in alten Unterlagen nachgeschaut. Seine Brüder, also meine Onkel, sind im Krieg teilweise schwer verwundet worden, haben aber überlebt, wenn auch nicht mit allen Gliedmaßen. Einer hat sogar ein Auge verloren. Auf dem Dachboden standen immer zwei Feldkisten herum, eine davon hat entsetzlich gestunken, nach Muff, Elend, nach Krieg, habe ich mir zumindest immer eingebildet. Es war kaum auszuhalten. Das verdammte Ding habe ich nach dem Tod meiner Mutter entsorgt. Darin lagen mottenzerfressene Uniformen und Wolldecken. In die andere Kiste habe ich nur einmal hineingeschaut, die Feldpostbriefe haben mich irgendwie nicht interessiert. Als das Haus aufgelöst wurde, habe ich mich auf Mirko und Sven verlassen. Ohne dein Interesse an der Arbeit der beiden hätte ich vermutlich nie wieder etwas von meinem Onkel Gerd gehört.«

»Wir haben alle privaten Fotos und Unterlagen von dir und anderen Angehörigen, die noch leben, aussortiert und nicht an den Heimatkundler verkauft«, sagt Sven.

»Mir war gar nicht klar, wie akribisch ihr die Hinterlassenschaften durchforstet. Unser Dachboden war übervoll. Wir hätten es nie allein geschafft, das alles aufzulösen. Für meine Angehörigen und mich war es die beste Lösung, es in professionelle Hände zu geben. Erstaunlich, wie schnell ihr Ordnung in das Chaos gebracht und alles abgefahren habt«, sagt Meike zu den beiden, und sie grinsen um die Wette.

Sven ist mit seinen Mädchen beschäftigt, und Mirko nimmt sich morgens gern Zeit, um auf Touren zu kommen. Ich schlage Meike einen Strandspaziergang vor. Während wir barfuß durch den Sand laufen, erzählt sie mir von ihrem Elternhaus. Über die Jahre hinweg hat die Familie immer wieder Teile des Hauses vermietet, weil es ausreichend Platz gab und sie sich den Unterhalt nicht mehr hätten leisten können. Meikes Mutter ist dort geboren worden und mit ihren vier Brüdern aufgewachsen. Ursprünglich gehörte das Haus ihrer Großmutter, die zehn Geschwister hatte, und für jeden von ihnen baute der Urgroßvater ein ähnliches Haus.

Das war um 1910 herum. Die Bienerts waren eine einflussreiche großbürgerliche Familie, der Urgroßvater ein *hohes Tier*. Jeder Bruder hatte seinen eigenen großen Kiefernschrank für die persönlichen Sachen. Diese Schränke standen bis zuletzt im Haus. Meike hat Gerds Schrank in ihre eigene Wohnung mitgenommen, wo er heute noch steht. Trotzdem denkt sie nur selten an ihren unbekannten Onkel, wie sie sagt.

»Aufgehoben habe ich auch ein privates Fotoalbum von Gerd. Darin gibt es Glückwunschkarten zu besonderen Anlässen wie Konfirmation, Weihnachten und Geburtstagen und einige Feldpostbriefe an seine Eltern. Meine Oma hat sie ins Album geheftet. Dieser verdammte Krieg hat meine Familie stark geprägt, wie vermutlich jede andere Familie in dieser Zeit. Bei uns zu Hause wurde viel darüber gesprochen, vor allem an Feiertagen und Geburtstagen wurden Geschichten über den gefallenen Bruder erzählt.«

»Vor Kurzem bin ich auf einen Zeitungsartikel gestoßen, den ich ohne die Beschäftigung mit dem Thema *Feldpost* und *offizielle Todeserklärung* vielleicht übersehen hätte. Darin ging es um verschollene Teilnehmer am Zweiten Weltkrieg. Ich musste sofort an die Grabkarte deines Onkels denken. In gewisser Weise war deine Familie trotz des großen Unglücks noch gut dran, denn sie hat wenigstens erfahren, wo dein Onkel begraben ist. Das Deutsche Rote Kreuz spricht von 1,3 Millionen Schicksalen, die bis heute ungeklärt sind. Noch immer gibt es jährlich rund zwanzigtausend Suchanfragen, manchmal wegen Erbschaftsstreitigkeiten«, sage ich.

»Das war bei uns zum Glück nie ein Thema. Trotzdem lag der Schatten des Krieges über vielen Geschichten, die ich als Kind gehört habe.«

»Dort hinten, siehst du die Inselspitze?«, frage ich Meike, als wir zurück in Richtung Wedel gehen. »Sie gehört zur Elbinsel Lühesand. Mir hat neulich ein älterer Mann erzählt, wie er die Hamburger Bombennächte im Sommer 1943 mit seinen Eltern auf der Insel verbracht hat. Sie sind mit ihrem Faltboot auf die

Insel gepaddelt, um dort einige Tage zu zelten. Ein Sommerausflug mitten im Krieg. Die massiven Bombenangriffe kamen überraschend und der Ausflug hat ihnen möglicherweise das Leben gerettet. Von ihrem Zeltplatz aus haben sie den Schein des Feuers gesehen, das Hamburg zu großen Teilen zerstört hat. Die Stadt ist nur dreißig Kilometer entfernt. Der Mann war damals fünf Jahre alt und hat die Bilder noch genau vor Augen. Wenn ich jetzt auf die Insel paddle, dann denke ich an seine Erzählung. Heute kann man von dort aus sehen, wenn es im Hamburger Hafen ein Feuerwerk gibt. Wir leben wirklich im Frieden«, sage ich und denke wieder an die vielen Suchanfragen, von denen in der Zeitung berichtet wurde. Die langen Spuren des Kriegs. Inzwischen sind es Enkel von Verschollenen, die die Gesuchten nicht persönlich kannten, aber etwas über die Geschehnisse und das Schicksal ihrer Vorfahren erfahren wollen. Dafür stöbern sie in Feldpostbriefen, die sie auf Dachböden und in Kellern entdeckt haben. Ihre Spurensuche konfrontiert manche Nachfahren zum ersten Mal auf einer persönlicheren Ebene mit den Grausamkeiten des Zweiten Weltkriegs. Ihnen sind Angehörige genommen worden, von denen einige ohne den Krieg noch heute leben könnten.

»Die Bombennächte ereigneten sich fast genau vor siebzig Jahren. Kaum vorstellbar, wenn man jetzt hier am Strand spazieren geht«, sagt Meike.

»Je mehr ich mich mit den Fundstücken meiner Entrümpler beschäftige, desto näher rückt die Vergangenheit. Mirko geht es schon lange so. Seitdem er aktiv im Verein für Verfolgte des Nationalsozialismus ist, hat er Geschichte nah bei sich, wie er immer sagt. Das Entrümpeln, also das Stöbern in der Vergangenheit, ist sein Leben, viel mehr als ein Beruf.«

Porzellanverliebt

Die Welt ist voller Dinge. Es gibt weit mehr als genug, hat Mirko wie nebenbei einmal erwähnt. Er muss es wissen, besteht sein Leben doch zu einem Großteil aus dem Betrachten, Aussortieren, Erhalten und Verkaufen von Dingen.

Sie liebt schöne Dinge und hat Geschmack, hat er über Frau Jakobs gesagt.

Spätestens beim Betreten des eher unscheinbaren Klinkerhauses aus den Sechzigerjahren habe ich diesen Satz von ihm im Ohr. Noch während Frau Jakobs mich begrüßt und wir uns miteinander bekannt machen, schaue ich auf eine beleuchtete Vitrine mit Kristallgläsern, die in eine Nische neben der Tür eingepasst ist. Im Schliff der grünlichen Gläser bricht sich das Licht. Eine hölzerne Garderobe, ein Beistelltisch mit einer hübschen Decke, auf der eine Kleiderbürste liegt, und eine beleuchtete Treppe ins Untergeschoss, wo ein Gemälde die Wand schmückt, strahlen Behaglichkeit aus. Ich werfe nur flüchtige Blicke auf das Ambiente und ziehe meine Stiefel aus. »Nein, nein, das brauchen Sie nicht«, sagt Frau Jakobs, aber ich komme aus der herbstlichen Nässe und in diesem Teil der Vorstadt sind die Bürgersteige nicht gepflastert.

Wenig später sitze ich im Esszimmer und kann mich nicht entscheiden, worauf ich mich konzentrieren soll. Farbenfrohes Geschirr und andere Gegenstände zieren Wände, stehen in Vitrinen, auf einem Tisch, einem Vertiko oder hängen an Metallstangen und Haken. Der Raum ist in einem gedeckten Grün gehalten und wird als Ess- und Durchgangszimmer genutzt. Durch die Terrassentür fällt Licht auf einen hellen Perserteppich, auf dem ein müder Weimaraner liegt und seinen Kopf nur so weit hebt, dass er an meinem Bein schnuppern kann. Frau Jakobs bietet mir das Sofa an und so lande ich in behaglichen Kissen hinter dem schweren Esstisch.

»Tee?«

»Danke, sehr gern.«

Ein Blumenarrangement aus frischen Rosenblüten, die in einer Schale schwimmen, erinnert an ein Stillleben. Schnell wechseln wir zum Du. »Es ist hübsch bei dir. Ich weiß nicht, wie ich es sagen soll, aber es kommt mir vor, als wäre ich in einer anderen Welt«, sage ich zu meiner Gastgeberin.

Ich möchte nicht allzu neugierig erscheinen und behalte lieber mein Gegenüber im Auge, als dieses Museum nach Schmuckstücken abzusuchen.

»Mirko und Sven haben mir von deiner Liebe und deinen Fachkenntnissen über Porzellan, alte Stoffe und Betttücher erzählt«, sage ich und hoffe auf Einblicke in dieses Metier.

»Nein, von Fachfrau kann keine Rede sein. Es ist eher ein Hobby von mir. Ich lese einiges darüber und habe Erfahrungen gesammelt.«

Nach dem ersten Tee führt sie mich ins Badezimmer, wo sie mir Bettwäsche aus der Wohnung der Rosenbergs zeigen möchte, die sie den beiden Entrümplern abgekauft hat.

»Entschuldige, aber ich habe nicht aufgeräumt«, sagt sie, während ich in ein ausgesprochen gemütliches Bad eintrete. Es gleicht eher einem *Wohlfühlraum* als einem Sanitärbereich. Waschbecken und sonstige Anschlüsse fallen unter den farbigen Wänden, einem Gemälde, den Vorhängen und zahllosen Gegenständen kaum auf. Gold, Orange und Braun nehmen die Besucher mit Wärme auf. Wie gern würde ich mich auf der Stelle in die großzügige Wanne legen und von dort in den herbstlichen Garten schauen.

»Die Vorhänge habe ich aus den Überschlaglaken aus dem Rosenberg-Haushalt gefertigt. Ich finde sie schön, und außerdem waren sie ohne viel Näherei auf die richtige Länge zu kürzen«, sagt Frau Jakobs, und ich überlege, wann ich jemals in Berührung mit

Überschlaglaken kam. In meinem Haushalt muss simple Bettwäsche reichen, aber beim Anblick des in Falten gelegten Leinentuchs denke ich sogleich an eine Bettstatt aus einer weit zurückliegenden Zeit: dicke Federbetten, in denen man versinkt und vom Geruch gemangelter Wäsche umhüllt wird. An der Längsseite des Vorhangs entdecke ich Knopflöcher und stelle mir vor, dass diese Wäsche einst zur Aussteuer von Frau Rosenberg gehörte. Vielleicht hat sie die Spitze sogar selbst geklöppelt. Hier findet das Tuch eine vermutlich letzte Verwendung und Bewunderung. Beinah liebevoll streicht Frau Jakobs eine Falte glatt.

»Die Knopflöcher stören mich überhaupt nicht«, sagt sie.

»Nein«, sage ich rasch und sortiere die Bilderflut in meinen Kopf. Ich sehe die junge Frau Rosenberg in den Zwanzigerjahren vor mir und Frau Jakobs, neunzig Jahre später, eine kultivierte Dame in den Sechzigern mit einem Hang zu den schönen Dingen des Lebens.

Auch wenn das Schlafzimmer noch nicht aufgeräumt ist, wie sie nochmals betont, darf ich ihr folgen.

»Diese Kissen stammen auch von der Familie aus Eppendorf, wobei das Monogramm andere Initialen zeigt. Die Häkeleinsätze habe ich nachträglich eingenäht, weil die Originale inzwischen verschlissen waren. Das lässt sich leicht machen«, sagt Frau Jakobs.

In diesem Raum könnte man eine Fotostrecke für eines der Lifestyle- und Schöne-Welt-Magazine aufnehmen, die in den Bahnhofsbuchhandlungen ganze Regalreihen füllen und ein Leben in Behaglichkeit versprechen. Flieder- und Bordeauxtöne dominieren und schimmern im Morgenlicht. Warum komme ich mir vor wie in einem alten Landhaus in der englischen Provinz statt in der Hamburger Vorstadt? Doch als wolle mich jemand zurückholen in die reale Welt, sehe ich im nächsten Moment vor dem Fenster, außen umrahmt von der Schmucklosigkeit sandfarbener Isolierklinker, einen DHL-Transporter in Postgelb auf der nassen Straße vorbeirauschen und Regenwolken am Horizont.

Frau Jakobs schaut mich an und scheint auf meine Fragen zu warten. Ich übe mich in Zurückhaltung, weil ich im Schlafzimmer einer fast fremden Dame stehe und sie nicht überrumpeln möchte. Dabei würde ich am liebsten alles in mich aufsaugen, in ihrem Jugendstilschrank stöbern und tief eintauchen in dieses andere Leben, diese andere Welt. Dazu verführt die Schönheit im Innern dieses Siedlungshauses, das rein äußerlich keinerlei Versprechen abgibt.

»Wir haben immer wieder umgebaut und angebaut. Es ist mein Elternhaus, anfangs war es nur halb so groß. Das Schlafzimmer hat mein Mann ganz nach seinen Vorstellungen gestaltet.«

An der Zimmerdecke ist ein Querbehang mit Jugendstildekor angebracht. Diese Verzierung ist einen halben Meter von den Wänden entfernt und ein effektvolles und eigenwilliges Detail, das eine besondere Atmosphäre schafft.

»Nicht schlecht, wenn man einen Mann hat, der handwerklich geschickt ist«, sage ich.

»Oder wenn er die nötigen finanziellen Mittel hat«, fügt sie hinzu und lächelt.

»Noch besser!«, sage ich.

Aus einem Persianermantel hat sie eine Decke gefertigt. Das schwarze Fell liegt über einem Sessel. An eine ähnliche Verwendung hatte ich selbst schon mal gedacht, weil auf meinem Dachboden so ein Erbstück vermuffelt, anstatt genutzt zu werden. Als Sofadecke könnte das Karakulschaf zumindest im übertragenen Sinne weiterleben. Mein Persianer stammt von einer verstorbenen Nachbarin und tragen würde ich ihn nicht, aber er erinnert mich an die alte Dame und hätte als Decke einen Nutzen. Das *Tier* werde ich mir vorknöpfen, sobald ich wieder zu Hause bin!

»Aus allem lässt sich etwas machen«, sagt Frau Jakobs, als könnte sie meine Gedanken lesen, und fügt hinzu, dass sie leider nicht gut nähen kann. »Aber zumindest habe ich Ideen. Manches lasse ich dann von einer Schneiderin umsetzen. Das kostet aber oft ein Mehrfaches vom Einkaufspreis auf irgendwelchen Flohmärkten, wo ich die Dinge aufstöbere.«

Als wir wieder im Esszimmer sitzen, betrachte ich die Dinge genauer. Frau Jakobs scheint mein Interesse zu schätzen und so landen wir schon bald bei den Familienfotos auf dem Vertiko. Ein Sohn lebt in Afrika und hat dort eine Familie gegründet, ein anderer wohnte bis vor Kurzem in einem Zirkuswagen mitsamt Frau und Kleinkind.

»Ich kann mir auch vorstellen, mich auf ein einziges Zimmer zu beschränken«, sagt sie zu meiner großen Überraschung. »Ich brauche nicht viel«, fügt sie mit strahlenden Augen hinzu.

Auf ihre Umgebung passt das Wort *viel* am ehesten, und ich frage mich, ob sie wirklich mit *wenig* auskommen könnte. Aber noch kenne ich mein Gegenüber erst seit einer Stunde. Wie kann ich da zu irgendwelchen Schlüssen kommen? Und was ist überhaupt *viel* und was *wenig*? Sich mit alten Dingen zu umgeben, anstatt jeder Mode zu folgen und sich in regelmäßigen Abständen neu einzurichten, erscheint mir plötzlich weniger verschwenderisch, ja regelrecht sparsam. Mirko würde sicher sagen: Die Welt ist voller schöner Dinge, warum noch weitere hinzufügen, anstatt die vorhandenen zu würdigen und zu erhalten.

»Ich weiß sehr genau, was ich brauche und was eigentlich überflüssig ist. Genau genommen müsste ich mir nie wieder etwas zum Anziehen oder Einrichten kaufen und hätte doch mehr als genug. Trotzdem kann ich oft nicht widerstehen, wenn etwas von besonderer Schönheit und emotionalem Wert ist«, sagt sie und streicht sich dabei kurz durchs glatte Haar. Ihre kinnlange Frisur hält sie mit einem Reifen zurück. Sie wirkt unkompliziert, wobei ein sportlicher Pulli, eine Hose und bequeme Hausschuhe diesen Eindruck bekräftigen. Ihre Lippen sind dezent geschminkt, ihr Blick ist offen und ausgesprochen wach. Aber ich kann sie mir ohne Weiteres auch in einem Abendkleid vorstellen. An der Wand hängen vier perlenbesetzte Abendtaschen. Sie weiß sicher genau, was hineingehört und wie man sie am elegantesten trägt.

»Der Porzellanmarkt ist sehr schwierig«, sagt Frau Jakobs, als ich sie bitte, mir etwas darüber zu erzählen, und stapelt einige

Bücher zur Erkennung von Porzellanstempeln auf den schweren Esstisch. Sie zeigt mir die Markenzeichen verschiedener Hersteller und deutet auf die Jahreszeichen. Zur Veranschaulichung führt sie mir einen Meißner Porzellanteller von 1950 vor, den man aufgrund der gekreuzten Schwerter und des quadratischen Symbols für das Jahr 1950 einfach zuordnen kann. Durch diese Fachbücher habe sich Mirko erst kürzlich gewälzt, um Serviettenringe mit einem filigranen Rosendekor zu bestimmen. Bei manchen Stücken werde man jedoch nie fündig und glaube unverdrossen an einen Schatz aus einer besonderen Manufaktur. Doch solche Träume erfüllten sich höchst selten, erklärt mir Frau Jakobs. Nun schaue ich mir das gute Dutzend Milchkännchen aus Porzellan genauer an, das an einer Messingstange über der Essecke hängt. Die Gefäße weisen eine Gemeinsamkeit auf – rosafarbene Rosen als Dekor – und haben ansonsten unterschiedliche Größen und Formen. Darüber lehnen auf einem Paneel mit einer verdeckten Haltevorrichtung Porzellanplatten mit blauem Dekor auf weißem Grund. Eine andere Sammelleidenschaft.

»Ich bin keine Händlerin«, betont Frau Jakobs, als ich mir ihre vielen Stücke genauer anschaue. »Ich kaufe nur noch sehr selten etwas für meinen persönlichen Gebrauch. Allerdings muss ich zugeben, dass ich mir in den letzten Jahren häufiger den Hintern auf irgendwelchen Flohmärkten abgefroren habe. Ich versuche immer wieder, Stücke loszuwerden, um Platz zu schaffen und um mir ein wenig Taschengeld zu verdienen. Das ist eine Art Umschichten. Dafür buche ich regelmäßig einen Stand und biete meine Waren an. Im Stillen verbiete ich mir, etwas zu kaufen. Schließlich habe ich mehr als genug. Wenn ich aber mal ein Schnäppchen entdecke, ein ganz besonderes Stück, zum Beispiel bei einer Auktion, dann schlage ich zu. Die Stände auf dem Flohmarkt sind kein großes Geschäft. Da geht es meist um den Spaß an der Sache. In meinem Bestand sind dann zur Hälfte Dinge, die ich für Freundinnen und Nachbarinnen verkaufe. Sie bringen mir oft etwas vorbei, von dem sie meinen, es sei zu schade zum Wegwerfen. Niemals würde ich etwas ankaufen, um es gewinnbringend zu verhökern. Diese Flohmarktartikel bekomme ich meistens geschenkt. Nur selten ist der Verkauf ein Gewinn, weil ich Geld und jede Menge Zeit in die Reparatur mancher Waren stecke. Auch wenn meine Bekannten mir etwas schenken, kann daraus ein Minusgeschäft werden.«

Ich muss Frau Jakobs offenbar überrascht anschauen, denn sie holt weit aus, um mir ihre Lage als Hobbysammlerin mit den begrenzten Mitteln einer Pensionärin zu erläutern. Sie versuche das Beste daraus zu machen, erläutert sie. Ein Blick in ihr kleines Museum unterstreicht diese Aussage.

»Meine Sammelleidenschaft wird indirekt dadurch befördert, dass ich gern handle und verkaufe. Ich zeige dir mal, was eine Nachbarin mir kürzlich vorbeigebracht hat. Sie dachte, ich könne damit sicher etwas anfangen.«

Aus dem Nebenzimmer holt sie einen Karton, in dem drei defekte Puppen liegen. Bei einer hängen sämtliche Gliedmaßen aus den Bein- und Armöffnungen heraus, weil die Haltevorrichtung im Innern des Torsos offenbar defekt ist. Einer anderen fehlen mehrere Finger und ein Bein und es gibt eine Delle im Arm. Der nächsten hat jemand die Haare geschoren. Sie braucht eine passende Perücke und hübsche neue Augen. Frau Jakobs wird sie zum Puppendoktor bringen, um sie heil weiterzuverkaufen. Ob es sich lohnt, wird sich zeigen. Sie registriert meinen erstaunten Blick angesichts der schweren *Verletzungen*.

»Das ist eine Schildkröt-Puppe aus Celluloid. Dafür erzielt man immer einen guten Preis«, sagt sie über die Fingerlose mit dem glänzenden und lädierten Gesicht.

»Ich bin mit vier älteren Brüdern aufgewachsen, da haben Puppen eine untergeordnete Rolle gespielt«, sage ich und kapituliere angesichts meiner Unkenntnis auf dem Gebiet der Puppen- und Puppendoktor-Welten.

»Ich war schon häufig beim Puppendoktor. Die Ersatzteile sind unglaublich teuer. Kürzlich habe ich 45 Euro für ein Bein bezahlt. Das Aufziehen kostet 26 Euro«, sagt sie und nimmt die Puppe mit den hängenden Gliedmaßen in die Hand. Die Zelluloid-Puppe sei eine »Inge« von Schildkröt, die nur bis 1940 hergestellt wurden, und sie gehe davon aus, dass der Puppendoktor sie in Zahlung nimmt. Die Reparatur wird sich zumindest für Frau Jakobs nicht lohnen, denn dafür wird er mindestens 150 Euro verlangen, weil der Kopf ausgetauscht werden muss. Mehr als 30 Euro wird er ihr sicher nicht anrechnen, eigentlich ungerecht, wenn er das gesunde Bein für 45 Euro weiterverkaufen kann. Aber über so etwas dürfe man nicht lange nachdenken, das verderbe einem nur die gute Laune. Der Haarlosen werden zur neuen Perücke blaue Augen eingesetzt, und schon hat Frau Jakobs das perfekte Weihnachtsgeschenk für ihre Enkeltochter.

Meinen Entrümplern gebe sie ihre Erfahrungen gerne weiter. Sie freue sich, wenn Mirko und Sven begeistert sind von den Fundstücken bei Wohnungsauflösungen und sie ihnen weiterhelfen könne. Manchmal kämen sie dabei auch ins Geschäft.

Leider müsse sie die beiden gelegentlich enttäuschen, denn so toll seien viele Dinge bei näherer Betrachtung nicht, oder sie hätten trotz aller Schönheit und Kunstfertigkeit keinen Preis. Zumeist sei die Ware weit entfernt von der Spitzenklasse, die einen Verkauf zu einem großartigen Geschäft mache. Bei Porzellan komme es darauf an, zu wissen, was Seltenheitswert hat. Momentan ließen sich manche finnischen Serien gut verkaufen, schlichtes, bei Sammlern begehrtes Designergeschirr. Aber in welchem Haushalt finde man das schon? Ihr persönlich gefalle die Serie Arabia Pekka aus den Dreißigerjahren, aber komplette Service seien selten. Sie selbst habe nur wenige, durchaus fehlerhafte Stücke, aber das störe sie nicht. Was bedeute schon ein Sprung in der Schüssel?

»Der Markt ist weitgehend übersättigt. Nach der Wende und der Öffnung der Märkte in Osteuropa sind enorme Mengen Porzellan angeboten worden. In Thüringen waren manche Keller voll von Stücken aus den dortigen Manufakturen. Und andererseits wird der Anteil der Porzellaninteressierten immer kleiner. Junge Leute haben heute kaum noch ein Kaffeeservice. Sie trinken aus Bechern oder kaufen sich günstige Massenware. Früher hatte doch fast jeder ein *gutes* und ein *einfaches* Service. Die Besitzer der guten Service sterben aus. Ihre Waren landen in Haushaltsauflösungen und auf Flohmärkten und treffen selten den Geschmack der Jüngeren. Für einen Entrümpler lohnt es sich kaum, die Dinge sorgfältig zu verpacken und einen Weiterverkauf zu versuchen. Das ist ein schwieriges Geschäft. Aber vielleicht wird es ja wieder besser.«

Ich stelle mir eine Großfamilie an einem Feiertag vor, das gute Geschirr für zwölf oder gar vierundzwanzig Personen steht auf dem Tisch. Teller, Schüsseln, Terrinen, Platten, Serviettenringe, Silberbesteck. So etwas gibt es heute wirklich nur noch selten.

»Desinteresse, Schnelllebigkeit und die Tatsache, dass die Menschen sich keine Arbeit mehr machen möchten, wirken sich auf mein Geschäft aus«, sagt Frau Jakobs, und ich versetze sie in Gedanken an den Stand eines Trödel- oder Antikmarktes, wo sie ihre Tische hübsch dekoriert und die Waren ins rechte Licht setzt.

Sie bedauert es, wenn Kunden keinen Blick mehr für das Schöne haben, sondern eine Gartenparty mit Papptellern und Plastikschüsseln ausrichten. Um wie viel schöner sei da ein Service, auch wenn es nicht spülmaschinentauglich sei und von Hand abgewaschen und bruchsicher verstaut werden müsse. Das *Wegwerfen*, wie es mit einem halb geleerten Pappteller passiert, ist ihr ein Graus. Esskultur und Ernährung seien Themen, die direkt mit schönem Geschirr in Verbindung stünden, meint Frau Jakobs und macht mich immer neugieriger. Die Menschen hätten angeblich alle keine Zeit mehr, immer gebe es Wichtigeres zu erledigen, als sich gemeinsam an einen Tisch zu setzen. Es werde konsumiert, aber nicht mehr genossen, eine Wertschätzung finde kaum noch statt. Das lasse sich beinah auf sämtliche Bereiche des Lebens übertragen, vor allem auch auf das Flohmarktgeschäft. »Viele Leute rauschen nur noch vorbei und wollen ein Schnäppchen machen. Die Geschichte eines Gegenstandes, die Handarbeit, die womöglich in ihm steckt, die Pflege der Wäsche oder des Silberbestecks bleiben unbeachtet.«

Man spüre eine To-go-Mentalität: rasch etwas mitnehmen, wenig dafür zahlen, rasch konsumieren. Leider gebe es sogar immer häufiger Fälle von Diebstahl. Neulich sei ihr auf dem Flohmarkt eine teure Perücke gestohlen worden, mitsamt des Perückenkopfes. Das schmerze, nicht nur wegen des finanziellen Verlustes. Solche Vorfälle minderten den Spaß am Flohmarkt, betont Frau Jakobs. Und Spaß solle das Ganze schon machen, sagt sie, und es kommt mir vor, als hörte ich Mirko und Sven sprechen. Die beiden behaupten sogar, es mache ihnen besonderen Spaß, wenn sie jemanden mit einem Flohmarktgeschäft erfreuen könnten. Beiderseitiges Vergnügen sozusagen, auch wenn der Preis oftmals zuungunsten der Anbieter ausfällt.

»Auf Flohmärkten bin ich in gewisser Weise eine Konkurrentin von Mirko und Sven«, sagt Frau Jakobs und lacht. »Immer wieder versuche ich, Platz zu schaffen.«

Ich frage mich, ob dieser Raum in der Vergangenheit noch mehr schöne Dinge beherbergte, was mir kaum möglich erscheint. In dieser Vielfalt wirkt das schlichte Gemälde eines geräucherten Aals wie ein Ruhepol auf mich. Das schlangenartige Geschöpf ist zum Großteil in ein helles Tuch eingeschlagen und liegt auf einer hellen Unterlage. Die schwarze, geradezu glänzende Haut bildet einen schönen Kontrast. Der schmale Kopf mit dem spitzen Maul und dem überstehenden Unterkiefer wirft einen Schatten aufs Tuch. Dort, wo der Aal zum Räuchern am Haken hing, zeigt sich ein kleines Loch in der Haut. Zwei mundgerechte Stücke eines Artgenossen sind etwas abseits abgelegt und erinnern mich an die Vergänglichkeit.

»Das Bild hat meine Nichte gemalt«, sagt Frau Jakobs.

»Es gefällt mir, es ist schön und traurig zugleich. Die Bestimmung des Aals, neben dem Modellliegen, ist sehr anschaulich dargestellt.«

Frau Jakobs lächelt, und ich stelle mir den Geschmack geräucherten Aals vor, den ich lange nicht mehr auf der Zunge hatte. Unter dem Gemälde gibt es unzählige Kupferpfannen und Töpfe, die farblich zum Bilderrahmen passen.

»Ich will vermeiden, dass meine Kinder eines Tages vor Tausenden von Gegenständen stehen und nicht wissen, was sie damit anfangen sollen. Mirko und Sven waren mehrmals hier, um mir beim Aufräumen des Dachbodens zu helfen. Mein Kaffeekannen- und Terrinensortiment will ich auch auflösen. Ich denke oft über künftige Zeiten nach, wenn ich vielleicht nicht mehr so gesund und beweglich bin wie heute. Spätestens in drei Jahren ist Schluss mit Flohmärkten, dann bin ich siebzig. Außerdem ärgere ich mich immer, wenn mir bei den Transporten oder am Stand selbst etwas zerbricht. Das passiert leider ab und an. Neulich war es eine hundertjährige Teekanne. Ich werde versuchen, sie zu kleben, aber es ist nicht mehr dasselbe wie eine unbeschädigte. «

»Was liegt dir besonders am Herzen?«

»Noch bin ich agil, aber ich mache mir Gedanken darüber, wie es sein wird, wenn ich eines Tages alt und gebrechlich bin. Momentan bin ich in einer Phase, in der ich herausfinden möchte, was das Wesentliche für mich persönlich ist. In jedem Fall möchte ich innerhalb der nächsten Jahre einige Dinge abstoßen. Ich weiß nicht, ob meine Kinder die gleiche Freude an meinen Sammlungen haben wie ich. Vermutlich eher nicht. Wenn ich mir zum Beispiel vorstelle, sie würden diese schönen Jugendstilübertöpfe später für fünf Euro das Stück weitergeben, dann schmerzt es schon. Sie sind über zweihundert Euro wert, aber das ist nur der finanzielle Aspekt. Mir bedeuten sie persönlich viel mehr, ich hänge an ihnen, vom Dekor bis zur Form und Größe finde ich sie perfekt. In ihnen sind viele Blumen herangewachsen. Das verbindet in gewisser Weise. Meine Kinder setzen selbstverständlich ganz andere Prioritäten, und das ist auch gut so. Ich bin mir über die Endlichkeit des Lebens im Klaren, und aus diesem Grunde stelle ich mir immer häufiger die Frage, was ich eigentlich noch erreichen möchte.«

Frau Jakobs hat eine einnehmende Stimme, und es ist ein Vergnügen ihr zuzuhören. Bereitwillig lässt sie mich teilhaben an ihren Gedanken, Plänen und Hoffnungen. Zwischendurch zeigt sie mir einige hübsche Gegenstände und weist auf deren Herkunft hin. Das alles geschieht selbstverständlich, ohne jegliches Gehabe. Ich bin hierhergekommen, um etwas über Porzellan zu erfahren, zumindest hatte ich meinen Besuch mit dieser Begründung angekündigt. Aber Porzellan ist ein weites Feld, wie Mirko so schön sagte.

»Wenn ich darüber nachdenke, was ich noch machen möchte, dann merke ich schnell, dass es sich von den Vorstellungen meines Umfelds unterscheidet, denn Fernreisen gehören sicher nicht dazu, wie bei vielen meiner Bekannten und Freunde. Etwas ganz anderes treibt mich um: Ich möchte das Jahr in seinen natürlichen Abläufen erleben, ganz bewusst, ohne große Ablenkung, am liebsten in einem Haus fernab der Stadt. Und ich möchte mich stärker auf mich konzentrieren und die Kraft sammeln, um eine Art Familienchronik zu schreiben. Davon träume ich, damit unsere Nachkommen alles erfahren können, was mich und meine Familie bewegte. Eines meiner Enkelkinder wächst in Afrika auf. Auch dieser Junge soll daran teilhaben können. Das alles braucht Zeit und deshalb möchte ich mich weniger auf Sammlungen als auf mich selber konzentrieren. Wir alle müssen uns irgendwann vom Leben verabschieden, und ich möchte es in gewisser Weise geordnet tun. In meiner direkten Umgebung habe ich erlebt, was passieren kann, wenn ein altes Ehepaar kurz hintereinander stirbt. Beide hatten ein gesegnetes Alter erreicht, über neunzig Jahre. Trotzdem war es erschütternd, wie wenig Interesse in der Familie an ihren Hinterlassenschaften bestand. Das war ein regelrechter Schock für mich. Die beiden wussten, wie sehr ich schöne Dinge liebe und haben mir über die Jahre hinweg immer wieder etwas aus ihrem Haushalt geschenkt, meistens zu Weihnachten oder zu meinem Geburtstag. Einmal hat meine Nachbarin mir ein Gedeck ihrer eigenen Großmutter vermacht. Es steht bei mir in der Vitrine und hat einen besonderen emotionalen Wert für mich. Oder schau mal, diese Tasse hier auf dem Tisch. Sie ist auch von ihr. Zwar fehlt die Untertasse und sie ist auch nicht gemarkt, aber für mich ist sie besonders wertvoll. Ich liebe die ländliche

Szene, die darauf dargestellt wird, die Bäuerin beim Melken, in einem langen Kleid, möchte man meinen, und mit dieser seltsamen Schirmmütze. Lustig sind auch die zwei Schafe im Hintergrund. Ganz besonders hübsch finde ich den Blumenkranz im Inneren der Tasse. Ein Lieblingsstück von mir. Außerdem gefällt mir der violettfarbene Ton des Dekors. Das ist eine frühe Porzellanfarbe, ganz besonders schön. Bei der Porzellanmanufaktur Ilmenau findet man sie häufiger. Als meine Nachbarin verstarb, hat ihre Tochter mir wäschekorbweise Haushaltswaren rübergebracht. Das war sehr großzügig, und gleichzeitig war sie froh, sie bei mir in guten Händen zu wissen. Sie dachte sich, es sei besser, ich würde die Dinge auf Flohmärkten veräußern, als sie wegzuwerfen. Dass die Kinder und Kindeskinder der Verstorbenen nichts davon haben wollten, hat mich innerlich getroffen«, sagt Frau Jakobs und macht eine Pause. Sie schaut aus dem Fenster, vielleicht ist es die Richtung, in der die Nachbarin einst wohnte. Der Haushalt existiert nicht mehr, kein Betttuch, keine Kaffeekanne von einst, kein violettfarbenes Geschirr mehr.

»Wenn Klara das gewusst hätte! Sie hatte es sich ganz anders vorgestellt und dachte, ihre Enkeltochter übernimmt den Sekretär, der Urenkel ihre Mineraliensammlung, aber es ist alles anders gekommen. Diese Auflösung hat mir wirklich zugesetzt. Was ich dort gesehen habe, beeinflusst mein Handeln und ich mache mir jetzt Gedanken darüber, wem ich was vererben möchte. Gleichzeitig versuche ich mir klarzumachen, dass es unter Umständen dann doch anders abläuft, als man es sich gewünscht hat. Ich verschenke lieber jetzt schon etwas an Freundinnen, weil ich weiß, sie schätzen die Sachen und sind glücklich damit. Die Frauen in meiner Familie tragen leider kaum Schmuck, damit kann ich ihnen also keine Freude machen, aber eine Enkeltochter von mir hat ein Faible dafür. Manchmal frage ich sie, ob ihr etwas besonders gut gefällt, zum Beispiel mein Korallenarmband, aber da sagte sie neulich ganz klar, dass sie das goldglänzende viel lieber mag. Mich hat es gefreut, weil ich gesehen habe, wie stark ihr Geschmack bereits ausgeprägt ist. Die Kleine kommt demnächst in die Schule. Wenn ich Glück habe, dann trägt sie vielleicht später meinen Schmuck, ich meine die Stücke, die mir selber emotional wertvoll sind. Das wäre wirklich schön.«

In diesem Raum gibt es sicher keinen einzigen Gegenstand, zu dem Frau Jakobs keine Geschichte erzählen könnte. Neben Stücken von erlesener Schönheit und sicher auch von materiellem Wert findet sich angeschlagenes Porzellan, wie die Tasse mit der melkenden Bäuerin, und ein deckelloser Wasserkrug auf der Fensterbank. Wenn ich es genau überlege, dann geht es mir nicht anders, nur handelt es sich bei mir weniger um kostspielige Stücke, sondern einzig und allein um Erinnerungen von emotionalem Wert, wie Frau Jakobs es ausdrücken würde. Zumeist sind es Mitbringsel aus fernen Ländern, ein Bilderrahmen aus Iran, Treibgut von einem Strand in Afrika, eine Fischschuppe vom Amazonas, ein Schneidebrett aus dem Mekongdelta.

»Das sind die alten Patiencekarten meiner Schwiegermutter. Ich interessiere mich nicht für Patiencen, aber die Karten und die Schachtel finde ich süß. Wenn ich sie anschaue, habe ich vor Augen, wie ich ihr manchmal beim Kartenlegen zugesehen habe.«

Vogelmotive zieren die erstaunlich kleinen Karten. Mit dem Daumen wischt Frau Jakobs ein wenig Staub von der roten Schachtel. Es sieht liebevoll aus, wie ein flüchtiges Streicheln über den Handrücken ihrer längst verstorbenen Schwiegermutter.

»Vielleicht lerne ich es ja noch«, sagt sie und reicht mir die Schachtel.

Gleich darauf nimmt sie eine ihrer geliebten Biedermeiertaschen von der Wand. Sie gehörte einst der Großmutter ihres ersten Mannes. Frau Jakobs ist begeistert vom Alter und der Schönheit der Tasche. Wenn sie eines Tages die Geschichte ihrer Familie aufschreibt, dann wird vielleicht auch diese Tasche eine Rolle spielen, damit ihre Söhne und Enkelkinder von der Herkunft wissen, und vielleicht wird sich daraus auch für sie ein emotionaler Wert ableiten.

Sie führt mich in ein Nebenzimmer, wo die Fülle mich beinah erschlägt. Eine sogenannte Klavierpuppe aus Porzellan bedeutet ihr viel, aber trotzdem würde sie das Stück verkaufen, um zu *lichten* und ein wenig Geld zu verdienen, denn demnächst braucht ihr Auto wohl einen neuen Motor. Ihr Leben sei nicht immer geradlinig verlaufen, sagt Frau Jakobs, selbst als ehemalige Lehrerin habe man nicht zwangsläufig ein finanzielles Ruhepolster.

Dieser Raum scheint einerseits ein Arbeitszimmer zu sein, denn im Zentrum steht ein alter Sekretär, aber gleichzeitig ist es wohl auch das Suppenterrinenzimmer. Die Regale sind voll davon.

»Mir fehlt jegliche Sammelleidenschaft«, rutscht es mir heraus, ohne über mögliche Irritationen nachzudenken. »So schön ich die vielen Dinge hier auch finde, ich könnte nicht mal einen Bruchteil davon um mich haben.«

»Das kann ich verstehen. Weißt du, man kann auch Enttäuschungen erleben, wenn man sammelt. Die Leute denken, man kann alles gebrauchen. Bei mir wird alles abgeladen: vom alten Lederkoffer, der aufwendig bearbeitet werden muss, bis zu Ballkleidern, von denen ich selber mehr als genug habe. Manche Freunde und Bekannte sagen: *Ich habe da noch was ganz Altes für dich.* Für manche ist eine Tasche aus den Siebzigern schon alt. In meiner Vorstellung ist etwas wirklich alt, wenn es zweihundert Jahre zählt. Manche dieser wohlgemeinten Geschenke kann ich aufhübschen und auf dem Flohmarkt verkaufen, aber für meine persönlichen Sammlungen ist nur selten etwas dabei. Es kommt einem Wunder gleich, wenn mal eine Biedermeiertasche bei mir landet, dabei liebe ich sie so sehr«, sagt Frau Jakobs und schaut auf die kleine Sammlung perlenbestickter Täschchen an der Wand.

»Sammeln verfolgt einen und kann schlaflose Nächte bescheren«, sagt sie und lächelt. »Es ist schön, wenn man es einschränken kann, wie bei den Milchkännchen. Die Reihe ist voll, mehr kommen mir nicht ins Haus, äh … vermutlich nicht.«

»Mich würde diese Fülle belasten.«

»Ich weiß, was du meinst, es kann erdrückend wirken, und genau deshalb habe ich mich von zahlreichen Dingen getrennt.«

Wir machen einen Rundgang durch die Küche, wo in einer ehemaligen Verbindungstür ein Regal und ein Backofen einbaut sind. Alles hat die perfekte Höhe und wirkt, als gebe es keinen besseren Platz dafür. Eine Granitplatte über Spüle, Kochplatte und Unterschränken bietet einen perfekten Arbeitsplatz. Regalböden sind mit Leinenspitzen verziert und Geschirrhandtücher hängen hinter einem Handtuchvorhang. Altes Geschirr, Krüge und Porzellandosen wecken erneut den Eindruck, in einem Museum zu sein. Doch die Abzugshaube aus Edelstahl und ein Geschirrspüler führen in die Neuzeit.

»Es muss schön sein, wenn man sich an den Dingen erfreut, die hier wie *ausgestellt* platziert sind, aber gleichzeitig braucht das alles eine Menge Pflege und Zuwendung, nehme ich an.«

»Diese Gedanken beschäftigen mich auch, und ich freue mich immer, wenn ich mir sagen kann: Es ist genauso, wie ich es haben möchte! Ich benutze all diese Dinge. Die Porzellanplatten auf dem Regal kommen zum Einsatz, egal wie alt und wertvoll sie vielleicht sind. In meiner Familie wird unterschiedlich mit diesem Thema umgegangen. Manche sagen sogar, ich würde um ein gemeinsames Sonntagsessen einen *Umstand* machen. Für mich ist es jedoch überhaupt kein Umstand, wenn ich sorgsam koche und den Tisch festlich decke. Es macht mir Freude.«

Deutsche Meisterin 1946

Ich stehe vom Frühstückstisch auf und schaue aus dem Küchenfester in den Innenhof, wo die Müllcontainer stehen. Seit geraumer Zeit hallt von dort in regelmäßigen Abständen das Geräusch auf- und zuklappender Deckel herauf. Im nächsten Moment sehe ich einen Mann mit Müllsäcken und Haushaltsgegenständen aus dem Nachbargebäude kommen und seine Ladung mit Schwung in den Container werfen. Nach seinem nächsten Gang setzt er einen Karton auf dem Boden ab und sortiert Gläser. Vorsichtig stellt er einige von ihnen auf dem Rasen ab, platziert sie – offensichtlich zum Mitnehmen – auf einem Kartondeckel. Und dann klirrt es gewaltig, als er einen weiteren Karton in den metallenen Behälter fallen lässt.

Als ich später in den Innenhof gehe, schaue ich mir die Gläser genauer an. Die geschliffenen Likörgläschen und Bleikristallschwenker sind ohne jeden Makel. Im Nachbarhaus entdecke ich in der oberen Etage zwei Fenster einer anscheinend verlassenen Wohnung. Von dort oben wird der Mann gekommen sein.

Angeregt durch meine Entrümpler, schiebe ich den Containerdeckel hoch und werfe einen Blick hinein. Dort liegen angeschlagenes Geschirr, Papiere, Ansichtskarten und Fotoalben. Da der Container erst gestern geleert wurde, befinden sich manche Dinge ziemlich weit unten im schlecht riechenden Ungetüm. Möglichst ohne die Tonne zu berühren, beuge ich mich über den Rand und fische eines der Alben heraus.

Schwarz-Weiß-Aufnahmen, jede einzelne sorgfältig beschriftet. *Eintritt in den ETSV 1932* ist auf der ersten Seite zu lesen. Auf der entsprechenden Abbildung sind mindestens dreißig Sportlerinnen und Sportler zu sehen, viel zu klein, um einzelne Personen zu erkennen. Mit rotem Stift ist ein X über einem Jungen eingezeichnet, *Bruder Hugo* ist zu entziffern. Es folgen Fotos eines Kostümfests in einem Vereinsheim und einiger Sportfeste in den Dreißigerjahren. Junge Frauen in erstaunlich knappen Sporthosen und Trikots neben einer Laufbahn. Eine andere Aufnahme zeigt dieselben Damen hübsch frisiert bei der Fahrt zur Deutschen Meisterschaft in Berlin in den Vierzigerjahren. Beim raschen Durchblättern scheint mir hier die Sportlerkarriere einer Hamburger Leichtathletin zu verfolgen zu sein. Neben den Fotos gibt es Bemerkungen zu Bestzeiten, Vorlaufplatzierungen und Endlaufergebnissen über hundert Meter und achtzig Meter Hürden sowie Staffelläufe. Es waren Spitzenzeiten, mit denen man auch heute noch bei großen Deutschen Meisterschaften antreten kann. Ich bin wie elektrisiert. Das Album endet mit einer Ehrung für fünfzigjährige Mitgliedschaft im Hamburger Sportverein im Jahre 1989.

Wer ist diese Frau? Warum landet die Chronik im Müll? Auf den ersten Blick wirkt sie lückenlos. Einschließlich der Jahre während des Zweiten Weltkrieges sind alle Fotos von Sportfesten fein säuberlich archiviert. Mir kommen die Tränen, als ich den vorletzten Eintrag sehe: *Alsterstaffel 1954. Mein letzter Lauf. Achillessehne gerissen. Auf der Trage ins Rathaus zur letzten Siegerehrung.*

Ich schlucke, aber der Kloß in meinem Hals bleibt fest. Schließlich gehe ich mit dem Album, einigen Ansichtskarten und Likörgläschen hinauf in meine Wohnung.

Im Album steht nicht, wem es gehört, und dem Foto der Ehrung von 1989 kann ich beim besten Willen keine der Athletinnen in ihren Zwanzigern oder Dreißigern zuordnen. Ich vergleiche die Namen unter den Fotos. Meistens handelt es sich um Aufnahmen von Zieleinläufen bei wichtigen Sprintwettkämpfen, um Wechselszenen beim Staffellauf oder um Gruppenfotos bei Siegerehrungen. Es dauert eine Weile, bis ich mir sicher bin, die Dokumentation der Sportkarriere von Ilse Schmuck vor mir zu haben, die später Ilse Findeisen hieß. Die Fotos sind aus ihrer Perspektive beschriftet, ihren eigenen Namen setzte sie nur selten unter ein Foto.

1944 schien sie auf dem Höhepunkt ihrer Karriere gewesen zu sein. Zu der Zeit lag Hamburg bereits seit einem Jahr zu einem erheblichen Teil in Schutt und Asche.

Offenbar fanden trotz des Krieges und der Zerstörungen Leichtathletik-Meisterschaften statt. Auf einem Foto sieht man die HSV-Frauenstaffel, der auch Ilse angehörte, im Jahre 1943 in dunkler Freizeitkleidung vor dem Berliner Olympiastadion. Ein anderes Bild zeigt vereinzelte Zuschauer, die Ränge im Stadion sind weitgehend menschenleer. Der Anteil der Männer auf den Fotos ist während der Kriegsjahre nur gering. Bei den sogenannten Gau-Meisterschaften im Juli 1944 läuft Ilse 12,6 Sekunden auf hundert Meter, und ich nehme an, es war ihre Bestzeit. Das war enorm schnell, mich würde sie jedenfalls ganz weit hinter sich lassen und vermutlich fast alle Freizeitsportlerinnen aus meinem Umfeld, von denen nicht wenige gut trainiert sind. Ilse war eine große Frau mit langen muskulösen Beinen. Sie überragte ihre Kameradinnen. Ihr schulterlanges Haar trug sie meistens am Ansatz toupiert und am Hinterkopf zurückgesteckt. Es gibt ein beeindruckendes Foto aus dem Jahre 1944: Vier Frauen ihrer Staffel, zwei weitere Athletinnen und drei Männer liegen nebeneinander im Gras und strahlen in die Kamera. Das Miteinander wirkt zwanglos, manche sind braun gebrannt, die Frauen lachen ausgelassener als die Männer, aber was hat eine Momentaufnahme aus dem letzten Kriegsjahr schon zu bedeuten? Was kann man von ihr ablesen? Ich finde Ilse auf einem anderen Foto der Gau-Meisterschaften im Juli 1944 wieder. Sie durchtrennt das Zielband als Erste, *Vorlaufsieg* ist dort vermerkt, vor Ruth Schwanck. Im Endlauf wird sie Zweite mit 12,7 Sekunden, ihre Rivalin Ruth siegte.

Ich blättere das Buch mehrfach durch und vergleiche die Gesichter mit den Bildunterschriften. Auf einem einzigen Foto scheint auch Ilses (späterer) Ehemann abgebildet zu sein, ebenfalls ein Sprinter.

Zu den Meisterschaften der britischen Besatzungszone im August 1946 in Köln reisten die Hamburger Athleten per Zug. Aus dem Fenster ihres Abteils ließen sie eine HSV-Fahne wehen. Vier Männer gehörten der kleinen Gruppe an, und ich stelle mir vor, dass sie unversehrt aus dem Krieg zurückgekehrt waren. Aber vielleicht hatten sie die Stadt auch nie verlassen müssen. Aus dem Album geht dies alles nicht hervor. In Köln wurde Ilse mit ihren drei Mitstreiterinnen Zonen-Meister im Viermal-Hundert-Meter-Lauf. Sie hatte vermerkt, dass ihre Staffel eine Jahresbestzeit von 49,8 Sekunden erreichte. Als Einzelstarterin kam sie auf den sechsten Platz. Einige Wochen später wurde sie mit ihrer Staffel in Frankfurt sogar Deutsche Meisterin und die Herrenstaffel des HSV Deutscher Meister. Ein Foto zeigt alle acht Aktiven Arm in Arm in ihren Trikots und Sporthosen.

Als es dunkel wird, blättere ich noch immer im Album. In den Sechzigerjahren hat Ilse Postkarten aus New York und Havanna bekommen, aber den Namen des Freundes, der offenbar eine aufregende Seereise erlebte, kann ich im Album nicht finden.

Sosehr ich mich über den Fund freue, macht der Anblick mich gleichzeitig traurig und wütend. Ob der Mann im Hinterhof, der die Gläser mit Bedacht neben dem Container abstellte, ein Angehöriger war, womöglich gar ihr Sohn oder ein Enkel? Wie konnte er die Erinnerungen an diese Sportlerinnenkarriere einfach wegwerfen? Ich kann es nicht fassen. Was soll ich mit dem Album machen? Wen könnte es sonst noch interessieren? Woran ist Ilse gestorben? Wie alt ist sie geworden? Auf der letzten Seite ist ein selbst gedichteter Vers eingetragen, aus dem sich Rückschlüsse auf ihr Alter ziehen lassen. Sie muss ein begeisterter Fußballfan gewesen sein und die folgenden Zeilen stammen vermutlich von ihr: *1922, man glaubt es kaum, sah ich zum ersten Mal ein Fußballspiel am Rothenbaum.* Ich rechne hin und her, vergleiche Fotos und vermute, dass sie um 1915 geboren wurde. Und fast hundert Jahre später findet sich das Album ihrer sportlichen Leidenschaft in einem Müllcontainer wieder.

Auch ich bin aktive Leichtathletin, wenngleich auf einem Freizeitniveau, das mit Ilses Leistungen nicht vergleichbar ist. Aber ich kenne die Aufregung vor jedem Wettkampf, die Freude beim Startschuss und die Erleichterung beim Zieleinlauf. Mit einer Staffel einen Podestplatz zu erringen ist das Größte. Jede Läuferin gibt dafür ihr Letztes und wächst über sich hinaus. Die Freude am eigenen durchtrainierten Körper, das Mobilisieren aller Reserven, die pure Energie, sich selber zu besiegen, besser zu sein als beim letzten Mal.

Auf den Fotos sind oft auch die Gegnerinnen zu sehen, lachend vereint mit den HSV-Athleten nach dem Wettkampf. Genauso habe ich es häufig erlebt, das zwanglose Miteinander und die Freude am Sport. Wie stolz muss sie auf dieses Album gewesen sein.

Am nächsten Tag stecke ich es in meine Tasche und fahre zu Mirko. Er wird mein Aufgewühltsein verstehen. Während er konzentriert im Album blättert, die Seiten vor- und zurückschlägt, Namen und Gesichter vergleicht, wirkt er wie ein Forscher. Es sind geübte Blicke, die mehr sehen als viele andere.

»Ach nee, das ist doch der legendäre Herbert Zimmermann, der Radioreporter«, sagt Mirko.

»Du erkennst jemanden?«

»Klar, hier ist er zwar noch ein junger Spund, aber seine Stimme hast auch du schon zigmal gehört: *Sechs Minuten noch in Bern, der Regen prasselt, die Zuschauer harren aus. Niemand verlässt die Ränge, die Spannung wächst, das Endspiel der Fußballweltmeisterschaft fesselt sie. Die Partie ist ausgeglichen und packend. Deutschland hat am linken Flügel den Ball. Schäfer. Schäfers Zuspiel wird von den Ungarn abgewehrt, Bozsik, immer wieder Bozsik, der rechte Läufer der Ungarn. Jetzt verliert er den Ball gegen Schäfer. Schäfer flankt, Kopfball, abgewehrt. Aus dem Hintergrund müsste Rahn schießen. Rahn schießt! Tooor! Tooooor! Tooor! Tooooor!* «, sagt Mirko mit verstellter Stimme und ich biege mich vor Lachen.

»Du kannst es auswendig? Wahnsinn! *Aus, aus, aus, aus! Das Spiel ist aus. Deutschland ist Weltmeister!*«, versuche ich mich mit herzzerreißender Betonung. Dann greife ich zum Album und schaue mir Herbert Zimmermann genauer an. Er trug sein gewelltes dunkles Haar lässig zurückgekämmt. Der stufenlose Schnitt würde heute wieder modern wirken. Das gewaltige Mikrophon in seinen Händen zeichnete ihn schon von Weitem als Radioreporter aus. Wenige Jahre später kennen nicht nur Fußballfans seine markante Stimme, sondern jedes Kind. Seine Berichterstattung der Fußballweltmeisterschaft ist legendär.

Erst jetzt erfahre ich von Mirkos eigener sportlicher Karriere. Er konnte sich als Jugendlicher nicht entscheiden zwischen Leichtathletik und Fußball. Anwerbeversuche größerer Vereine hat er schon als kleiner Junge abgelehnt, weil er es seinen Mitspielern gegenüber ungerecht fand, den Verein zu wechseln. Dabei hatte man ihm hundert Mark und sogar neue Fußballschuhe geboten. Da war er neun Jahre alt. Und bei der Leichtathletik kamen dem Jugendlichen nach einigen Hamburger Meistertiteln die Mädchen, Zigaretten und Alkohol in die Quere. Wir beide bedauern eine Weile unsere verpassten Chancen, denn es gibt da einige Parallelen, wie wir feststellen, und blättern dabei noch eine Weile im Album von Ilse Schmuck, die mir immer vertrauter wird. Ich kann sie Mirko auf jedem Gruppenfoto sofort zeigen. Als ich auf das Foto ihres letzten Laufs deute, wird mir noch immer ein wenig mulmig.

»Du könntest es dem HSV-Museum zur Verfügung stellen«, schlägt Mirko vor. Aber gerade jetzt kann ich mich noch nicht davon trennen.

Einige Tage später entdecke ich in der Zeitung einen Artikel über die Ehrung einer neunzigjährigen Leichtathletin. Der Name Traudel Dieckhoff kommt mir bekannt vor. Und tatsächlich finde ich ihn neben einem Foto wieder, auf dem sie als Staffelmitläuferin von Ilse Schmuck abgebildet ist. Traudel, bis heute aktive Athletin, scheint mir die richtige Adressatin für mein Fundstück zu sein. Dort wird es in guten Händen sein, und so versuche ich Kontakt zu der alten Dame aufzunehmen.

Wochen später habe ich sie endlich am Telefon. Selbstverständlich erinnere sie sich an Ilse, sagt sie mir. Leider seien sie nur ein einziges Mal gemeinsam an den Start gegangen. Das Album nehme sie gern an sich.

Ein Porsche und die Kunst des Packens

Zur Abwechslung treffe ich meine beiden Entrümpler in einem Café in ihrem *Heimatort* Poppenbüttel. Den Hamburger Stadtteil im Norden kenne ich vor allem aus der Wasserperspektive, in einem Kanu sitzend und die Alster hinaufpaddelnd, und neuerdings auch vom Entrümpeln. In einem Café habe ich hier noch nie gesessen.

Mirko erwartet mich bereits, Sven wird sich verspäten, wie ich sogleich erfahre. An den meisten Tischen sitzen um diese Vormittagszeit junge Mütter, deren Kinderwagen einen Großteil der Gänge einnehmen, nicht anders als im hippen Schanzenviertel.

»Das sind übrigens die Stiefel von Frau Willemsen«, sage ich nach der Begrüßung und zeige mit einem gewissen Stolz auf die langen Schwarzen. Heute ist es kühl genug, um sie zu tragen. Meine enge Jeans passt perfekt hinein, der gefütterte Schaft wärmt hervorragend und die Absätze sind trotz ihrer Höhe bequem.

»Ach so, die Dinger. Hast du sie nicht abnähen lassen?«

»Ja, eigentlich irre, hat neunzig Euro gekostet.«

»Ich finde es toll, dass du es gemacht hast. Ist doch eine schöne Erinnerung an deine erste Haushaltsauflösung.«

»Finde ich auch, aber nicht nur das. Wenn ich sie trage, denke ich manchmal an die alte Frau Willemsen, obwohl ich sie nie gesehen habe. Aus ihrem Haushalt habe ich noch einen metallenen Durchschlag mitgenommen. Was ist eigentlich aus dem Schmuckstück in der Tiefgarage geworden?«

Mirko lacht, und ich ahne schon, dass es wieder nichts geworden ist mit dem großen Schatz.

»Nachdem die Wohnung komplett aufgelöst war, haben Sven

und ich alle Papiere durchgeschaut, um Hinweise auf den Porsche zu finden. Das war ganz schön aufregend, kann ich dir sagen. Ist schließlich ein wahres Schmuckstück. Aus den Unterlagen ging klar hervor, dass es Frau Willemsens Parkplatz ist. Da schlug unser Herz erst mal höher. Allerdings fanden wir dann heraus, dass sie ihren eigenen Wagen, übrigens ein flotter Toyota Celica, vor vier Jahren verkauft hat. Den Parkplatz hat sie an den Porschebesitzer vermietet. Der wiederum hat regelmäßig Geld überwiesen, das war aus den Kontoauszügen ersichtlich. Wir haben dann rausgefunden, dass der Besitzer nicht mehr in Hamburg wohnt. Du hast ja selber gesehen, wie verstaubt der Wagen war. Er hat es entweder nicht nötig, sich um den Wagen zu kümmern, oder er ist nicht in der Lage dazu. Ohne Fahrzeugbrief ist leider nichts zu machen. Der Porsche steht noch immer in der Parkgarage.«

»Ich denke, die Wohnung sollte verkauft werden. Die Auflösung ist doch Monate her. Wieso ist der Platz noch nicht geräumt?«

»Das läuft alles über einen Makler, wirkt irgendwie undurchsichtig. Ich habe mich dort neulich noch mal umgesehen, weil ich bemerkt habe, dass nach wie vor dieselben Gardinen vor den Fenstern hängen. Ich komme regelmäßig an dem Haus vorbei. Da ist offenbar noch nichts passiert. Über den Eingang des benachbarten Supermarktes kommt man in die Tiefgarage, da bin mal kurz rein und habe nach unserem kleinen Freund von Nummer 20 geschaut. Die Lage ist unverändert.«

So ganz scheint er die Hoffnung auf einen großen Schatz noch nicht aufgegeben zu haben, denn er grummelt etwas von *abwarten und den Ball flach halten.* Der Wagen ist aus den frühen Siebzigern, sepiabraun, wunderschön und im Originalzustand.

»Der ist richtig was wert, könnte dein Jahrgang sein«, schätze ich.

»Kennst du dich mit Autos aus?«

»Bei vier großen Brüdern ist einiges hängen geblieben, besonders aus der Zeit der frühen Siebziger. Da haben wir ständig Autoquartett gespielt. Jetzt interessiere ich mich nicht mehr dafür. Die

Autos sind doch total langweilig geworden, sehen alle gleich aus, aber ein alter Porsche macht was her, allein der Sound. Die neuen finde ich eher peinlich.«

»Man müsste rausfinden, was mit dem Besitzer passiert ist. Wir haben keine Handhabe, den Wagen zu bewegen, obwohl uns bei der Wohnungsauflösung alles zugesprochen wurde. Ist ein verzwickter Fall. Wir können uns das Ding nicht einfach unter den Nagel reißen, keine Chance. Vielleicht lebt der Besitzer nicht mehr oder ist auch dement, wie Frau Willemsen, und die Angehörigen wissen nichts von der Kiste.«

»Sepiabraun, so muss ein Porsche aussehen«, sage ich.

»Oder knallrot.«

»Geht auch.«

Und schon träumen wir von einer Spritztour, einem anschließenden Verkauf und einer Menge Scheine im Portemonnaie, um eine Weile zu faulenzen. So stelle ich mir das Leben erfolgreicher Schatzsucher vor.

Als Sven zu uns stößt, schauen wir uns gemeinsam Fotos von früheren Haushaltsauflösungen an. Die hatte er mir kürzlich versprochen, und ich bin froh, dass er daran gedacht hat.

»Wie sieht für euch eine richtig gute Haushaltsauflösung aus?«

Da gibt es anscheinend nicht viel zu überlegen, denn meine beiden Entrümpler zeigen wie auf Knopfdruck ihr charmantestes Lächeln und Sven legt los.

»Eine richtig schöne Auflösung kann nur eine Komplettauflösung sein. So etwas lieben wir. Alles ist voll, ein ganzes Haus, als sei es von den Bewohnern für eine Urlaubsreise verlassen worden. Der Unterschied ist nur, dass sie nie mehr zurückkommen. Von der Küche übers Schlafzimmer, Dachboden, Gartengeräte, Schuppen, Keller, einfach alles ist voll. So einen Auftrag bekommt man nur, wenn die Eigentümer gestorben sind. Dagegen sind Umzüge oder Teilentrümpelungen, bei denen Leute nur den Müll loswerden wollen, meistens langweilig. Komplettauflösungen befriedigen die Neugier, man lernt etwas dazu, man findet Wertsachen, von denen keiner was ahnte, das sind die schönsten Jobs. Leider sind sie eher selten.«

»Die schönsten Auflösungen stehen also in direktem Zusammenhang mit Todesfällen.«

»So kann man es natürlich auch ausdrücken«, sagt Mirko.

»Wenn niemand mehr vor Ort ist, wird es spannend, weil derjenige, der weiß, wo etwas versteckt ist und wo sich die Wertsachen und besonderen Andenken befinden, nicht mehr lebt. Komplettauflösungen, bei denen es den Nachkommen – aus welchen Gründen auch immer – schnuppe ist, was mit den Sachen passiert, sind unsere liebsten Jobs.«

»Es gibt aber auch schöne kleinere Auflösungen. Haben wir alles schon erlebt. Wenn zum Beispiel eine alleinstehende Frau gestorben ist, die in einer Zwei- oder Dreizimmerwohnung mit Dachboden und Kellerraum gewohnt hat und die Verwandtschaft denkt, da ist sowieso nichts Wertvolles zu holen. Die Angehörigen leben vielleicht alle in dicken Einfamilienhäusern, jedes Familienmitglied hat ein eigenes Auto, der Garten ist groß, die Garage sowieso. Solche Leute glauben, dass in Etagenwohnungen nur arme Schlucker wohnen. Die wollen den Stress von der Backe haben und fragen nur, wie viel Geld sie dir geben müssen, damit du dich darum kümmerst. Na ja, auf den ersten Blick stellt sich die Wohnung der verstorbenen Singlefrau vielleicht auch so dar. Auch für uns, beim ersten Termin. Wir reisen dann beim nächsten Mal mit unseren Kartons an und arbeiten uns langsam vor. Du kennst das Procedere ja. Man denkt, da wird es keine Überraschungen geben und plötzlich peng. Da finden sich besondere Münzen, Krügerrand und andere wertvolle Sammlerstücke, auch mal ein Gemälde, teure Porzellanfiguren oder sogar Bares. Anfangs gab es solche Überraschungen häufiger. Leider hatten wir schon länger kein Glück mehr. Unser Blick ist inzwischen wesentlich geschulter und wir haben mehr Erfahrung, um aus dem Umfeld Schlüsse zu ziehen. Wir sind erfahrene Schatzsucher, die das Träumen nicht verlernt haben.«

»Ich habe mir übrigens eine Entrümplersendung im Fernsehen angeschaut und mich gefragt, wie die Entrümpler es wohl schaffen, aus relativ kleinen Wohnungen einen ziemlich großen Container Müll herauszuholen«, sage ich, und die beiden fangen sofort an zu lachen. Sven zeigt auf Mirko, was wohl heißen soll, dass er sich besser damit auskennt.

»Ich schaue mir die tatsächlich manchmal an. Oft ärgere ich mich aber auch, weil alles fürs Fernsehen zurechtgemacht ist und man zu wenig von den wirklichen Abläufen mitbekommt. Es geht dort oft nur ums *Raushauen*, man sieht vermüllte Wohnungen, aus denen die Entrümpler alles wahllos rausschleppen und in einen Container schmeißen. Solch ein Vorgehen ist doch nur eine Seite unseres Jobs, wie du selber weißt. Aber es gibt wirklich Kollegen, die auf Teufel komm raus wegwerfen, auch die guten Sachen, alles in einen Container, und nach Kubikmetern und Zeit abrechnen. Besenrein, fertig. Und gleich kommt der nächste Auftrag. Das wäre nichts für uns. Klar, wir mieten manchmal auch einen Container an und müssen entsprechend kalkulieren. Meistens flucht unser Containervermieter, weil wir das Volumen voll ausnutzen. Das gibt dann derbe Sprüche, von wegen *Da habt ihr viel mehr Gewicht als Volumen reingehauen!* Wir sind nämlich kleine Packkünstler mit einem genauen Plan im Kopf, wenn es ums Entsorgen geht. Das ist Tetris für Fortgeschrittene, also Dinge so ineinanderstapeln, dass es optimal passt, wie bei dem berühmten Computerspiel. Man kann die Containermiete natürlich auch für Luft bezahlen, wenn man den Raum nicht optimal ausnutzt. Platzverschwenden gibt's bei uns nicht, da wird entsprechend gestaut. Das war früher übrigens ein richtiger Beruf: Stauer! Das will gelernt sein. Es ist etwas vollkommen anderes, als das Zeug einfach nur hineinzuschmeißen. Wir schichten den Müll durchaus mehrmals um, wenn es sich entsprechend rechnet. Es variiert aber auch nach Auftraggeber. Manchmal steht ein Container bereits vor der Tür und wir haben mit der Abrechnung nichts zu tun. Dann prüfen wir nur, ob der Platz ausreicht, um auch weniger sorgfältig zu stauen. Wenn wir aber ein ganzes Haus quasi entkernen, dann gibt es klare Berechnungen: Containermiete, Arbeitszeit – muss es schnell gehen oder haben wir Zeit, macht der Auftrag uns Spaß oder wollen wir ihn so schnell wie möglich von der Backe haben. Das alles ist ein kompliziertes System, von dem Amateure wenig verstehen. Unser Containervermieter kann auch nicht jeden Fahrer schicken, um das Ding abzuholen. Da hat doch keiner Bock drauf, solch vollgeknallte Container zu entwirren«, sagt Mirko und wirkt dabei wie ein Logistiker.

»Wieso nicht? Was passiert denn mit dem vollen Container, nachdem der Abholer übers Gewicht gemeckert hat?«, will ich wissen.

»Der geht auf einen Containerhof, wo der Inhalt sortiert wird. Müll ist ein Geschäft, für das es diverse Abnehmer gibt. Auf dem Hof wird getrennt, Holz, Metall, Papier, Hausmüll und so weiter. Danach geht es an die jeweiligen Verwertungsunternehmen. Wir zahlen meist pro Kubikmeter, der Containerhof verkauft unseren Müll jedoch nach Gewicht. Besonders wertvoll sind alle Arten von Metall, Kupfer ist inzwischen eine Art Edelware geworden. Das vermarkten wir natürlich selber, wenn es sich um nennenswerte Mengen handelt.«

Zur Unterstreichung ihrer Worte zeigen sie mir Fotos mit prall gefüllten Containern.

»Angeregt durch eure Geschichten habe ich neulich mit dem Entrümpeln bei mir zu Hause angefangen und entschieden, mich von alten Büchern zu trennen. Euer Spezi, dessen Telefonnummer ihr mir gegeben habt, hat sie abgeholt. Er hat für knapp zweihundert Taschenbücher eine erschreckend geringe Summe gezahlt. Aus *Freundschaft* hat er immerhin noch die *garantiert unverkäuflichen* Bücher mitgenommen.«

»Tja, ist auch 'ne harte Branche. Wir entrümpeln übrigens auch regelmäßig bei uns. Das ist bei Sven nicht anders als bei mir. Freunde, die länger nicht da waren, erkennen meine Wohnung manchmal nicht wieder: andere Möbel, die beiden Zimmer wirken leerer oder auch mal voller als zuvor. Wenn ich hartnäckig entrümple, liegt das meistens an der Ebbe auf meinem Konto. Dann sortiere ich gnadenlos aus und trenne mich auch von liebgewonnenen Stücken.«

»Das kenne ich nur zu gut«, pflichtet Sven bei, »bei mir sind es gelegentlich sogar umfangreiche Sammlungen, die richtig Geld bringen, etwa Steifftiere oder bestimmte Modellautos. Wenn Geld gebraucht wird, ist das eine gute Lösung.«

»Ich entrümple gern, weil ich dadurch auch im Einrichtungsstil variieren kann. Wenn man die Auswahl hat, so wie wir mit unserem Lager, dann lässt sich schnell mal von Fünfzigerjahre auf Siebziger umstellen, oder von schlicht auf plüschig. Mir macht das Spaß. Leider habe ich im Gegensatz zu Sven nur wenig Platz und muss darauf achten, die Zimmer nicht zu überfrachten. Von der Vitrine aus der Wohnung Rosenberg werde ich mich aber niemals trennen.«

»Mir gefiel neulich mal eine Vase besonders gut, sie war schlicht, weiß, formschön. Ich nahm sie mit nach Hause und sortierte dort zwei andere Vasen aus und bot diese auf dem Flohmarkt an. So ähnlich mache ich es häufig, wenn ich etwas Schönes von einer Haushaltsauflösung in die eigenen vier Wände mitnehme. Mit Küchenutensilien ist es extrem, davon haben wir quasi alles, was man braucht, oft sogar in unterschiedlichen Ausführungen. Ähnlich sieht es mit Bastelzubehör aus. Im Keller habe ich eine Kiste mit Pinseln, super Ware, es gibt kaum was Besseres. Dazu stapelweise Zeichenpapier. Ich werde so etwas nie kaufen müssen, nicht für mich und auch nicht für meine beiden Mädels. Mir tut es immer leid, wenn ich mir vorstelle, dass manche Familien sich das nicht leisten können. Ich habe all diese Dinge bei Haushaltsauflösungen gefunden. Andere Entrümpler hätten das vielleicht in den Müllcontainer geworfen. Aber ich wette genauso darauf, dass einige aus unserer Zunft Raritäten besitzen, die man heute eigentlich nicht mehr bekommt oder für die man ganz tief in die Tasche greifen muss. Ich habe zum Beispiel ein altes Postfahrrad. Überm

Vorderrad gibt es eine Gepäckhalterung, in die passgenau ein Umzugskarton hineinpasst. Damit ist es das perfekte Entrümplerfahrrad. Ich habe damit sogar mal alles für einen Flohmarktstand transportiert. Ist aber schon lange her. In unseren Anfängen hatten wir kein richtiges Lager. Einiges war in einem Igluzelt in Mirkos damaligem Garten verstaut, hauptsächlich Bananenkartons voller Flohmarktsachen. Bananenkartons und Postfahrräder sind meine speziellen Freunde«, sagt Sven und erklärt mir weitere Vorzüge dieser *Freunde*. Bei fast allen Haushaltsauflösungen stößt man auf unzählige Bücher. Leider sind nur selten wertvolle Exemplare dabei. Das meiste ist schlichtweg schwere Masse und muss irgendwie abtransportiert werden, wenn man nicht gleich einen Buchhändler an der Hand hat, der die Sachen vor Ort abholt. Bücher verpacken die Entrümpler grundsätzlich in Bananenkisten, denn sie sind stabil und handlich. Gut gefüllt kann eine Kiste zwischen zwanzig und fünfundzwanzig Kilo wiegen. Bücher sind kein großes, sondern eher ein schweres Geschäft, betonen sie.

»Bei mir zu Hause hält sich die Anzahl der Bücher im Rahmen, aber in den meisten Haushalten füllen sie Wände und sind oft ziemlich verstaubt, wenn man sie aus den Regalen zieht«, sagt er.

»Außerdem habe ich da noch ein Gary-Fisher-Fahrrad. Es stammt aus der Anfangszeit, Gary Fisher wird ja als Urvater des Mountainbikes bezeichnet. Sagt mein Fahrradschrauber, der mir das Rad unbedingt abkaufen will. Ständig liegt er mir damit in den Ohren, wenn ich es mal bei ihm zum Einstellen vorbeibringe. Sollte ich das Rad eines Tages tatsächlich mal loswerden wollen, dann zahlt er mir jeden Preis, meint er. Gary Fisher ist echt ein cooler Typ, ich habe mich informiert. Er träumt von einer Welt, in der alle Menschen Fahrrad fahren.«

Wieder einmal gehen mir Gedanken an *Lieblingsdinge* durch den Kopf, die ich schon vor Jahren aus den Augen verloren habe und die bei meinen diversen Wohnortwechseln und langen Reisen abhandengekommen sind. Ich rätsle noch über den Verbleib eines altertümlichen roten Damenfahrrads und frage mich, ob es mir gestohlen wurde oder ich es irgendwo vergessen habe, als Sven meine Überlegungen unterbricht.

»Was es im Gegensatz zu normalen Haushalten bei uns ganz bestimmt nicht gibt, sind die vielen schönen, aber leider oft unbeachteten Dinge, die in Kellerräumen und auf Dachböden über viele Jahre herumstehen. Auch für uns ist es nicht immer einfach, den Wert solcher Schätze auf den ersten Blick richtig zu taxieren und bei Auflösungen entsprechende Angebote zu machen. Und da wir nicht stur nach Kubikmetern abrechnen, ist es manchmal ein aufregendes Glücksspiel. Bei manchen Kollegen aus unserer Branche folgt nach einem Blick in eine vermeintlich *minderwertige* Wohnung der reine Abtransport per Müllcontainer. Ein Jammer ist das«, sagt Sven.

»Haben wir dir eigentlich schon erzählt, wie sehr es uns ärgert, wenn Freunde sich etwas Neues kaufen, anstatt uns vorher zu fragen?«, will Mirko wissen, und ich schüttle den Kopf.

»Ja, es regt einen regelrecht auf, wenn die sich irgendeinen Schwachsinn kaufen, den wir zigmal im Lager haben. Da gehen sie zu Ikea und holen sich dieses schnelllebige Zeug. Selbst in der Verwandtschaft muss man immer wieder darauf hinweisen, dass wir ein großes Warenlager haben. Das braucht manchmal harte *Erziehungsarbeit*, aber es fruchtet langsam. Manche hören inzwischen auf uns. Bei vielen Gebrauchsgegenständen lohnt es sich kaum, sie zum Flohmarkt mitzunehmen: Bügelbretter, Korkenzieher, Vasen, Tischdecken und Handtücher zum Beispiel. Dafür kann man kaum etwas verlangen, aber im Geschäft kostet so etwas dann doch einiges. Wenn ich in der Küche eines Freundes einen Plastikdurchschlag sehe, dann geht mir der Hut hoch. Schließlich gibt es schöne Haushaltsgegenstände aus Blech und Alu, die auch noch haltbarer sind. Keine Ahnung, warum Leute sich diesen Plastikmist kaufen. Da muss man doch nur einmal über den Flohmarkt gehen. Außerdem tut man der Umwelt einen Gefallen.«

»Es gibt aber auch Freunde und Bekannte, die uns genau auf

dem Schirm haben. Die haben meist nicht viel Geld und könnten sich bestimmte Dinge niemals leisten. Für solche Fälle haben wir eine Art Bestellliste. Da sucht einer zum Beispiel ein Seekajak und der nächste ein schickes Ledersofa, möglichst in einem schlichten Stil, am besten Designerware. Wir denken dann natürlich sofort an unsere Leute, wenn sich etwas Entsprechendes findet. Da geht manchmal Hand gegen Ware. Meistens geben wir die Sachen an Freunde viel zu billig weiter, aber was willste machen? Wir haben nun mal ein weiches Herz«, sagt Mirko und lässt ein Lachen aus den Tiefen seines Brustraums erklingen.

»Hat der Freund sein Designersofa bekommen?«, will ich wissen und denke an meinen eigenen Traum von einem plüschigen Sofa im Orientlook, rot mit Troddeln und dicken Kissen.

»Und ob! Er war überwältigt. Ein Dreier und ein Zweier, der Oberklassiker, schick, aus einer Villa im Norden Hamburgs, die wir aufgelöst haben. Für die beiden Traumsofas hatte unser Freund zu dem Zeitpunkt zwar noch keinen Platz, aber dafür gibt es ja unser Lager. Jetzt lebt er mit seiner Frau und zwei Kindern in einer größeren Wohnung und ist glücklich. Die Sofas haben wir für eine Schutzgebühr abgegeben. Im Nachhinein kann man sagen, dass unsere Herzen mal wieder ein Stückchen zu groß waren.«

»Bei euch scheint immer alles irgendwie zu klappen und sich zu fügen«, stelle ich aus einer Laune heraus fest.

»Ach was, das täuscht. Wir haben schon einige Pannen erlebt und dadurch auch Verluste hinnehmen müssen«, sagt Sven.

»Allerdings! Wenn ich da nur an die vielen fehlenden Schrankschlüssel denke, die wir hundertprozentig und ganz bestimmt an einem *sicheren* Ort aufbewahren wollten! Die waren immer weg oder zumindest viel zu häufig. Genauso verhält es sich mit den winzigen Halterungen für Glasplatten und mit Schrauben. Simsalabim, weg ist das Zeug. Das ist bei einem Verkauf höchst unangenehm, da werden manche Kunden richtig ungehalten oder machen gleich die Biege. Das ist dann wirklich kein Spaß. Im

Verlieren von Zubehör sind wir jedenfalls geübt. Dafür haben wir schon einiges an Lehrgeld bezahlt.«

»Und wie läuft es bei euch sonst so?«, frage ich nach einer Weile. Das ist derzeit kein einfaches Thema, wie Mirko schon häufiger angedeutet hat.

»Mies, keine Ahnung, was grad los ist. Andere Firmen schnappen uns die Aufträge weg und auf den Flohmärkten grasen Profis die Stände ab und wollen den dicken Reibach machen.«

»Oder ist es der Novemberblues?«

»Weiß nicht, manchmal läuft es eben nicht so gut. Samstag sind wir wieder auf dem Flohmarkt, aber es soll kalt werden. Mich friert's jetzt schon, wenn ich daran denke, sechs Stunden da draußen zu sein und mit ein paar Kröten in der Tasche nach Hause zu gehen. Da verliere ich manchmal die Lust. Ich habe mich in letzter Zeit sogar häufig mit Kleinanzeigen beschäftigt. Da gibt es Tauschangebote oder Leute verschenken etwas. Ich schaue dann, ob es Sachen sind, die ich auf dem Flohmarkt oder anderswo weiterverkaufen kann. Dafür muss ich natürlich erst mal das Abholen organisieren. Das alles ist verdammt anstrengend und bringt kaum was ein.«

So habe ich Mirko noch nicht erlebt. Seit Wochen ist er erkältet, sieht müde aus und muss sich außerdem um den kranken Hund seiner Eltern kümmern. *Sterbehilfe* nennt er das. Ohne Aufträge schrumpfen seine Ersparnisse dahin. Ich kenne das Problem als freischaffende Autorin. Wenn nicht jeden Monat ein Geldbetrag reinkommt, dann ist es ganz schnell vorbei mit dem *Finanzpolster* und man muss über Alternativen nachdenken. Vor einigen Jahren war ich kurz davor, mich auf einen Job in Afghanistan zu bewerben. Festes Gehalt, sinnvolle Aufgabe und meinen Fähigkeiten entsprechend, nur leider verdammt weit weg und verdammt gefährlich. Kurz vor meinem finanziellen Bankrott kam dann wieder ein schöner Auftrag herein und ich konnte einen friedlichen Sommer an der Elbe verbringen, anstatt in Kabul in Angst vor Bombenattentaten zu leben. Es hätte aber auch anders laufen können. Freischaffende wie Mirko und ich sind in gewisser Weise wirklich *frei Schaffende,* aber leider stehen wir häufig unter einem enormen Druck, das notwendige Kleingeld aufzubringen.

»Hast du dir schon mal Gedanken über berufliche Alternativen gemacht? Ich meine, falls es noch länger so schlecht läuft oder du aus anderen Gründen nicht mehr willst.«

»Ja, hab ich tatsächlich. Ich will mit Stefan, unserem Bestatter, darüber sprechen. Ich könnte mir gut vorstellen, in dem Bereich zu arbeiten.«

»Als Totengräber?«, sage ich spontan und ein wenig scherzhaft. Im Grunde genommen weiß ich nicht einmal, ob es diesen Beruf überhaupt noch gibt und an welche Tätigkeit Mirko denkt.

»Klar, bei einem Bestatter gibt es interessante Aufgaben. Warum also nicht? Als Wohnungsauflöser hat man ohnehin häufig mit Tod und Trauer zu tun. Um ganz offen zu sein: Es liegt in meiner Natur, oder sollte ich lieber sagen, ich habe ein Talent dafür, mit diesen Themen umzugehen. Jahrelang habe ich in der Altenpflege gearbeitet und Menschen beim Sterben begleitet. Ich habe einen Draht zu den Sterbenden, anders kann ich es nicht ausdrücken. Nicht jeder kann solche Extremsituationen ertragen. Den meisten Menschen macht der Tod Angst. In unserer Gesellschaft ist das Sterben noch immer mit gewissen Tabus besetzt. Es gibt viele, die noch nie einen Toten gesehen haben. Das ist in anderen Kulturen unvorstellbar. Da gehört der Tod zum Leben. Macht doch auch viel mehr Sinn.«

»Stimmt. In fernen Ländern habe ich schon mehr Tote gesehen als hier. Ich erinnere mich an eine uralte Hebamme am Amazonas, die aufgebahrt am Flussufer lag. Von überall her kamen die Menschen, um sich von ihr zu verabschieden. Die meisten der Trauergäste hatte sie auf die Welt geholt. Und in Vietnam sahen wir die Großmutter meines Freundes sterben, in Gesellschaft von einem Dutzend Verwandten. Es hat zwei Tage gedauert. Hier ist das Sterben zumeist eine furchtbar anonyme Angelegenheit.«

»Ich wäre bei einem Bestattungsunternehmen nicht schlecht

aufgehoben. Konkrete Pläne habe ich allerdings bisher keine. Es wäre jedenfalls eine sinnvollere Aufgabe für mich, als eine Putzstelle anzunehmen. Auch das habe ich schon gemacht. Mit Putzen habe ich kein Problem, aber ein Job beim Bestatter würde mich ganz anders ausfüllen. In gewisser Weise ist unser Job nah dran an der Aufgabe eines Bestatters. Oft versuchen Hinterbliebene nach dem Tod eines geliebten Menschen den Nachlass zu ordnen. Dabei sind sie in ihrer Trauer noch gelähmt und außerstande auszusortieren. Manche mögen sich nicht trennen und kontaktieren Profis wie mich und Sven, wenn sie einsehen, dass sie der Aufgabe des Entrümpelns nicht gewachsen sind. Wir erledigen dann das, was sie nicht anrühren mögen. In meinen Augen ist es nur sinnvoll, dass ein Fremder diese Aufgabe erledigt. Das wird bei Totengräbern natürlich viel deutlicher. Sie übernehmen eine Aufgabe, die andere nicht leisten können. Es muss sie geben, wie es auch Entrümpler geben muss, denn das Leben geht weiter. «

»Hoffentlich bleibst du noch lange Entrümpler.«

»Das hoffe ich auch, aber wenn die Geschäfte schlecht laufen, so wie momentan, dann muss ich über Alternativen nachdenken. Neulich habe ich mich sogar der Geldwäsche gewidmet.«

»Wie funktioniert das denn?«

»Ganz einfach: Du kennst doch bestimmt den berühmten Glückspfennig auf Glückwunschkarten. Zumeist mit Uhu auf die Karten geklebt. Das gilt nicht nur für Pfennige, sondern glücklicherweise auch für Fünf-Mark-Stücke und andere Münzen. Diese Karten finden wir zuhauf bei unseren Entrümpelungen und heben sie natürlich auf. Doch leider sind die Landesbanken nicht erpicht auf Münzen mit Kleberesten, und außerdem lassen sie sich nicht zu Geldrollen wickeln. Da muss man erst mal Geldwäsche betreiben. Das ist keine schöne Arbeit, aber in Notzeiten führt kein Weg daran vorbei. Das mache ich mit Allzweckreiniger. Darin lass ich die Münzen über Nacht stehen und entferne die Reste am nächsten Tag.«

»Auweia, klingt nicht so schön, aber ich kenne solche Durststrecken. Wir Lebenskünstler haben es manchmal nicht leicht. Dafür sind wir frei und haben unseren Spaß.«

»Ganz genau. Als mir auf dem konventionellen Arbeitsmarkt immer deutlicher wurde, dass die meisten Arbeitsverhältnisse nicht zu mir passen, habe ich das Entrümpeln als Nische entdeckt. Dieser Beruf ist enorm vielseitig, und genau das liebe ich daran. Ich könnte mich niemals tagein, tagaus mit derselben Tätigkeit beschäftigen. Diesen Job werde ich auf Dauer aushalten, weil ich hier die nötige Abwechslung finde. Eintönigkeit geht bei mir gar nicht. Du hast es selber gesehen, es gibt kaufmännische, soziale, handwerkliche und viele andere Aspekte.«

»Und die finanzielle Unsicherheit stört dich nicht? Was machst du sonst noch, wenn es finanziell mal eng wird?«

»Ich denke von Monat zu Monat. Wenn wir mal keine Aufträge zu Haushaltsauflösungen haben, dann mache ich mindestens zwei Flohmärkte im Monat, um meine laufenden Kosten einigermaßen abzudecken. Außerdem habe ich normalerweise ein paar Schätze in der Hinterhand, wenn es mal ganz eng wird. Aber mit Schätzen ist es wie mit Bargeld, irgendwann ist nichts mehr davon übrig. Ich brauche zwar nicht viel Geld, aber die Miete und die Nebenkosten müssen schon reinkommen. Über Kleinanzeigen versuche ich zusätzlich, Lagerbestände zu verkaufen. Wenn es mal gut läuft, lege ich etwas zur Seite, weil man ja nie weiß, was morgen ist. Und auf Kaufrausch stehe ich ohnehin nicht. Im Supermarkt kaufe ich heruntergesetzte Ware, die kurz vor dem Ablaufen ist. Ich koche gern, was auch günstiger ist als Fertiggerichte oder Fastfood. Und wie du weißt, tausche ich gern.«

»Hast du eigentlich ein Bankkonto?«

»Ja, habe ich, wenn auch eher widerwillig und nur, weil ich es haben muss. In gewisser Weise ist man doch dazu verpflichtet. Manches geht nur über ein Bankkonto, ob man es nun will oder nicht.«

»Und wie sieht es mit einer Krankenversicherung aus?«

»Als ich noch in der Kita gearbeitet habe, war ich über das

Angestelltenverhältnis versichert. Aber dann lief es plötzlich mit den Aufträgen für Haushaltsauflösungen so gut, dass es mehr als ein Hobby wurde. Von da an habe ich nicht mehr in der Kita gearbeitet. Bis vor Kurzem lief meine Gesundheitsversorgung auf Tauschbasis. Zahnbehandlung gegen Bauernschrank. Wenn man kein Geld und keine Mittel hat – was jedem mal passieren kann – und auf keinen Fall Schulden machen oder einen Kredit aufnehmen möchte, dann muss man sich eben anders behelfen.«

Als ich darüber nachgrüble, ob sich in meinem Haushalt noch irgendwelche Glückwunschkarten aus fernen Jahrzehnten befinden, um meinen angespannten Kontostand zu entlasten, klingelt Mirkos Handy.

»Ja, Frau Müller, ich verstehe. Es tut mir wirklich leid, dass Sie Ihren Weihnachtsbaumschmuck nicht finden. Das ist für uns jetzt auch nicht ganz einfach, danach zu suchen, wie ich Ihnen gestern schon sagte. Wir haben erst kürzlich eine Menge Dinge verkaufen können. Manches davon kistenweise ab Lager. Da wissen wir oft selber nicht, was sich exakt in den jeweiligen Kartons befindet. «

Mit Engelsgeduld versucht Mirko, einer Frau Müller zu erklären, dass sie sich mit dem Gedanken vertraut machen muss, ihren Weihnachtsbaumschmuck vermutlich nie wieder zu sehen. Ich staune, wie ruhig er dabei bleibt, zumal er mir erst kürzlich erklärt hat, wie viele *Tonnen* Weihnachtsbaumschmuck sie in ihrem Entrümplerleben schon entsorgt haben. Es ist die große Ausnahme, wenn mal etwas Wertvolles dabei ist, das sich zum Weiterverkauf eignet. In fast jedem Haushalt gibt es ein bis zwei Kartons mit Kugeln und anderen Dekorationsgegenständen für den Baum, die quasi unverkäuflich sind. Bis auf eine sehr kurze Phase im Dezember wird man sie auf keinem Flohmarkt los.

»Frau Müller, wir sind Ihre Sachen während der Haushaltsauflösung doch gemeinsam durchgegangen. Sie haben uns damals gesagt, was zum Umzug nach Osnabrück beiseitegestellt werden soll und was wir in unseren Bestand übernehmen sollen. Wir haben alles entsprechend beschriftet«, höre ich ihn sagen. Offenbar kann er seine Gesprächspartnerin nicht überzeugen, denn als er auflegt hat, sagt er nur: *Nachsorge.*

»Das war ihr vierter Anruf.«

»Wegen der Christbaumkugeln?«

»Nein, das ist nur die neueste Geschichte. Vorher vermisste sie anderes. Mit diesem Anruf habe ich fast gerechnet, denn Ende November ist für viele Menschen eine kritische Zeit. Im letzten Jahr haben wir ihren alten Haushalt aufgelöst und ihren Umzug organisiert. Einige Monate zuvor war ihr Mann gestorben, und sie ist nach Osnabrück gezogen, wo ihre Tochter arbeitet. Dort kennt Frau Müller kaum jemanden. Sie ist eine alte und vermutlich einsame Frau. Und nun erzählt sie mir etwas über die Weihnachtssachen ihrer Großmutter. Angeblich befanden sich im gesuchten Karton Erinnerungsstücke aus ihrer Kindheit, türkisfarbene Christbaumkugeln und eine Tannenbaumspitze mit einem Engel. Zum Glück mache ich mir bei allen Auflösungen Notizen und gehe alles detailliert mit den Auftraggebern durch. Man muss wirklich genauestens abklären, was sie behalten wollen und was wegkann. Bei Frau Müller kann ich mich daran erinnern, dass sie den Weihnachtsschmuck entsorgt haben wollte. So kann ich es ihr natürlich nicht sagen. Am Telefon war sie sehr emotional und fing an zu weinen, und wenn ich dann sage, *Nee, wieso, haben wir doch weggeschmissen,* dann dreht sie durch. Die Vorweihnachtszeit ist wirklich hart. Da verliert sie erst ihren Mann, dann ihre Heimatstadt und auch die Gegenstände aus der Vergangenheit, die ihr nun in Erinnerung kommen«, meint Mirko.

»Aber was sagst du ihr? Und wie kommt sie überhaupt darauf, dass du ihren Weihnachtsschmuck ein Jahr lang aufbewahrst?«

»Tja, da haben Sven und ich wohl selber schuld. Hast ja eben gehört, dass ich ihr ein Fünkchen Hoffnung gelassen habe. Ich kann irgendwie nicht anders. Vor Monaten hat sie sich zum ersten Mal gemeldet. Es ist keine Seltenheit, dass wir Aufträge erledigt haben und ein halbes Jahr später rufen Leute an und wollen wissen, wo bestimmte Dinge geblieben sind. Da würden wir nie sagen, *Is' uns doch egal, wir haben unsere Arbeit erledigt.* Man will ja schließlich niemanden verletzen.«

»Klingt nach schwierigem Fall.«

»Auflösungen sind oft schwierig, und bei Frau Müller war es extrem, weil sie aus dem gemeinsamen Haus in eine kleine Wohnung in eine fremde Stadt zog. Da fehlt dann der Halt, das ehemals Vertraute existiert nicht mehr, selbst die Heimat ist weg. Stelle ich mir wirklich traurig vor.«

Mirko klingt inzwischen beinah theatralisch. Irgendetwas muss ihn gewurmt haben, dazu kenne ich ihn inzwischen gut genug. Vielleicht hat diese Frau Müller ihm unterstellt, er habe sich ihre Weihnachtsbaumkugeln unter den Nagel gerissen. Wenn er etwas nicht leiden kann, dann sind es Ungerechtigkeiten.

»Fühlst du dich ungerecht behandelt?«

»Nicht direkt, aber stell dir mal vor: Nach ihrem ersten Anruf im Frühjahr, bei dem es um vermisste Erinnerungsstücke ging, haben wir die Sachen tatsächlich in unserem Lager ausfindig gemacht und beiseite gestellt, bis ein Freund von uns nach Osnabrück fuhr und alles mitnahm. Genau genommen haben wir einen privaten Kurierdienst organisiert, wegen so banalen Gegenständen wie Tischwäsche, einem selbst gebastelten Osterhasen und folkloristischen Andenken von ihrer anderen Tochter aus Chile. Und nun hofft sie auf ihre Christbaumkugeln. Dumm gelaufen. Wenn sie vorhin nicht so depressiv geklungen hätte, dann hätte ich ihr reinen Wein eingeschenkt und vom *Entsorgen* gesprochen. Schließlich war es damals so abgesprochen. Ich rechne mit weiteren Anrufen von ihr.«

»Es ist bestimmt verlockend für sie, euren Kurierdienst noch einmal in Anspruch zu nehmen. Wer macht so etwas schon?«

»Ich konnte nicht anders, auch wenn es eine Menge Arbeit gemacht hat. Ob das nun richtig war, weiß ich auch nicht, aber wenn ich mir vorstelle, allein in Osnabrück zu hocken, niemanden zu kennen, die Tochter arbeitet vermutlich meistens, dann macht es mir Freude, ihr eine Freude zu machen. Wie gesagt, sie ist da nicht die Einzige, die uns anruft. Entrümpelungen und Umzüge sind hoch emotionale Ereignisse. Da müssen die Betroffenen loslassen können und sich damit abfinden, dass Erinnerungsstücke weg sind, verschwunden aus dieser Welt, unwiederbringlich. Inzwischen wundere ich mich nicht mehr, wenn jemand eine einzelne Socke wiederhaben will, weil die Urgroßmutter sie gestrickt hat. Irgendwie muss man damit umgehen. Mir fällt es zwar nicht leicht, aber ich habe durch meinen Job als Altenpfleger viel Erfahrung mit solchen Themen sammeln können. Da haben die Leute auch im Pflegeheim gehockt und sich nach ihrer Nähmaschine oder Schubkarre gesehnt. «

»Du bist schon ein seltsamer Entrümpler.«

»Es gibt Aufs und Abs. Natürlich wurmt es mich ungemein, wenn jemand denkt, ich hätte mir einen Vorteil verschafft, indem ich Dinge unterschlage. Das macht mich fertig. Die Story mit Frau Müller hat noch eine weitere Komponente. Nach ihren ersten beiden Anrufen habe ich mich daran erinnert, dass ihre Tochter uns beim Umzug erzählte, ihre Mutter nehme Medikamente, weil es ihr manchmal nicht so *gut* gehe. Ich habe mir den Namen des Präparates gemerkt und interessehalber im Internet nach den Nebenwirkungen geforscht. Tatsächlich, es kann das Erinnerungsvermögen beeinflussen. Das erschwert die Lage natürlich noch mehr.«

Kapitän Lehmann

»Mirko und Sven sind ganz Feine«, sagt Kapitän Lehmann mit einer sanften Stimme, und ich versuche mir vorzustellen, ob er eine ähnliche Aussage auch vor zwanzig oder dreißig Jahren gemacht hätte. Der alte Seebär trägt den obligatorischen Elbsegler und hat einen erstaunlich scharfen Blick für einen Mann, der die achtzig lange hinter sich gelassen hat und bei schlechter Gesundheit ist. Ob er altersmilde geworden ist wie manch ehemaliger Seemann, der in seiner aktiven Zeit nur ungern Gefühlsregungen zeigte? Kapitäne auf Großer Fahrt und seiner Generation haben alles gesehen, alles erlebt und alles überstanden. Sie sind Autoritätspersonen, deren Nähe einschüchternd wirken kann, aber bei Kapitän a. D. Lehmann fühle ich mich auf Anhieb wohl. Solche Männer tragen die ganze Welt in sich, zumindest jedoch die Meere und Küsten. Nichts Überhebliches haftet ihm an. Vielleicht liegt das auch an seiner geringen Körpergröße. Er ist ein Stückchen kleiner als ich, keine einssiebzig groß und dann noch leicht gebeugt.

»Es war schwer, das Haus aufzugeben und ins Altersheim zu ziehen. Entschuldigen Sie bitte, ich sage Altersheim, obwohl sich das jetzt Seniorenresidenz nennt. Kommt aber aufs Gleiche raus. Meine Frau hatte Arthrose und ich in der Küche zwei linke Hände«, sagt er und lässt ein kauziges Lachen erklingen, gefolgt von einem Husten. »An Bord musste ich doch nicht kochen und an Land schon gar nicht. Das kam nicht infrage. Ich bin einer von den Kerlen, die zwar einen Kaffee brühen können, aber bei Spiegeleiern hört es schon auf.«

»Und wie steht es mit Bügeln?«, frage ich ihn. Die Zeiten chinesischer Wäscher an Bord sind lange vorbei.

»Kennen Sie sich aus, Mädel?«, fragt er.

»Büschen«, sage ich und er grinst.

»Bügeln habe ich gelernt, auch zusammenlegen. Solche Arbeiten haben mir zwar nicht gepasst, aber manchmal musste man dann doch in Uniform erscheinen. In manchen Häfen legen sie Wert auf solchen Firlefanz und Lametta, mit Goldstreifen, Uniformmütze und so.«

»Und bei wem sind Sie gefahren?«

»Hamburg Süd, Rickmers und Laiesz, kann nicht klagen, gute Reedereien.«

»Mit Hamburg Süd waren Sie sicher oft in Südamerika.«

»Ich war überall und nirgends.«

Und dann erzählt er mir von seinem Umzug ins Altersheim und von der Hilfe der Entrümpler. Sie hatten mich neugierig auf den Kapitän gemacht, und ich möchte mehr erfahren über die Arbeit und das Wirken meiner Entrümpler. Ich hatte von den Schätzen aus aller Welt gehört, die der Kapitän gesammelt hat, manche sind noch im Lager oder in Mirkos Wohnung, obwohl die Auflösung schon drei Jahre zurückliegt. Von den meisten Erinnerungsstücken musste sich der Kapitän beim Umzug verabschieden.

»Unser Haus war ein kleines Museum. Aus jedem Hafen habe ich was mitgebracht. Manchmal war ich nicht mehr ganz klar im Kopf, Sie verstehen, Rum und so, und wenn ich dann in irgendwelchen Spelunken was gekauft habe, wusste ich später nicht immer, was das eigentlich ist. Ein Instrument, ein kultischer Gegenstand oder doch nur Humbug? Früher wurde gern getrunken. Ich war ja auch mal ein Matrose und nicht immer Kapitän, falls Sie wissen, was ich meine. Damals kamen häufig Einheimische an Bord und haben ihre Waren angeboten. Heutzutage gibt's das nicht mehr, wegen der Sicherheitsbestimmungen. Da darf kein Fremder aufs Schiff, weil die Angst vor Terroristen haben. Ist doch vollkommen übertrieben. Diese strengen Regeln kann man überhaupt nicht mit den laschen Bestimmungen von damals vergleichen. Traurig ist das, was heute läuft, ganz traurig. Ist doch keine Seefahrt mehr. Na ja, meine Zeit ist lange vorbei. Heute würde ich wohl kein Seemann mehr werden. Wenn ich die Brücken schon sehe, nur noch Computers da oben. Die gucken kaum noch nach draußen aus dem Fenster, sondern nur auf ihre Geräte. Da können Sie lange warten, bis mal jemand ein Fernglas in die Hand nimmt und über den Bug linst. Ich habe das noch ganz anders gelernt, erst auf Sicht fahren, dann den Geräten vertrauen. Nichts gegen ein ordentliches Radar, wo mancher Fleck, den man erst für einen Fliegenschiss hält, plötzlich eine Yacht in Seenot ist. Habe ich alles erlebt, aber die Herren heute möchte ich mal sehen, wenn ihre Computers schlappmachen, Blackout. Das Einzige, was gleich geblieben ist, ist die See.«

»Ich war neulich zum x-ten Mal auf der Cap San Diego. Ein Kapitän a. D. hat mich herumgeführt. Ich konnte nicht genug bekommen von seinen Erzählungen. Er ist selbst noch mit einem der Schwesternschiffe unterwegs gewesen.«

»Ja, das war noch ein Schiff. Die weiße Flotte, schöne Pötte. Gut, dass sie wenigstens die CSD als Museumsschiff gerettet haben.«

Als ich ihn erneut auf seinen Umzug ins Altersheim anspreche, ist der alte Kapitän genauso mitteilsam wie beim Thema Seefahrt.

»Meine Frau und ich haben es nicht mehr geschafft mit dem Haus und den vielen Stufen, dem Garten und dem Sauberhalten. Wir sind alt geworden. Meine Frau ist vor zwei Jahren gestorben, nicht lange nach dem Umzug. Jetzt hocke ich allein in diesem Zimmer.«

An der Wand hängt ein Ledersombrero aus Argentinien, daneben gerahmte Fotos alter Frachter. Aufnahmen des Kapitäns im Kreis seiner Crew, alle in kurzen Hosen und mit Bierflaschen in den Händen. Es muss in südlichen Gefilden gewesen sein, die Herren sind braun gebrannt und tragen Kaki.

Sven und Mirko hatten mir ausführlich über die Haushaltsauflösung beim Kapitän erzählt. Das Haus wurde noch während des Ausräumens zum Verkauf angeboten. Der Kapitän hatte im Laufe der Jahre Zwischenwände gezogen und einige *Kajüten* zusätzlich eingebaut. Es war eine eigenwillige Gestaltung, die den Preis minderte und den Verkauf erschwerte. Um das Haus besser anbieten zu können, mussten diverse Wände herausgerissen werden. Auch diese Aufgabe übernahmen die Entrümpler.

Sie mieteten einen großen Müllcontainer an und ließen ihrem handwerklichen Geschick freien Lauf. Inzwischen wohnt ein Rechtsanwalt in dem Haus, der ebenfalls die Dienste der Entrümpler sofort in Anspruch genommen hat, als er sie dort beim Arbeiten erlebte. Die Aufträge gingen nahtlos ineinander über. Bis heute besteht Kontakt zum Anwalt, weil sich aus der Arbeitsbeziehung eine Art Tauschgeschäft entwickelt hat. Rechtsbeistand gegen kräftige und geschickte Hände.

»Tauschgeschäfte sind unsere liebsten Geschäfte«, hat Mirko schon häufig betont. Seinetwegen könnte das Leben auch gänzlich ohne Geld ablaufen.

Der Anwalt hat nur einen einzigen Gegenstand von Kapitän Lehmann im Haus behalten: das gusseiserne Wandrelief eines Windjammers, der Priwall, eines stattlichen Viermasters der Reederei Laeisz. Das Relief hat der Rechtsanwalt dem Kapitän sogar separat abgekauft. Der »Alte«, wie Kapitäne von ihrer Mannschaft genannt werden, hatte es selber gegossen. Sein Vater war ein Kap Hoornier gewesen, einer von den legendären Seeleuten, die unter Segeln das gefürchtete »Kap der Stürme« am Ende der Welt bezwungen haben. Doch die weltweite Organisation der Kap Hoorniers ist längst aufgelöst. Die Priwall gehörte zu den Flying-P-Linern der Reederei Laiesz, die berühmt waren für ihre Robustheit und Geschwindigkeit.

»Die Kap Hoorniers sind inzwischen doch fast alle tot«, sagt der Kapitän, der mit dem Frachtensegeln nichts mehr zu tun hatte. Aber auch er gehört einer Generation von Seeleuten an, die immer weniger werden. Jene, die vor dem Aufkommen der Containerschiffe auf den Weltmeeren unterwegs waren. Das Be- und Entladen ihrer Schiffe konnte oft Wochen dauern. Zeit, in der die

Seemänner an Land waren und Abenteuer erlebten. Oder Zeit, in der Einheimische an Bord kamen.

»Zuletzt bin ich auf Tankern gefahren. In der Themse hatten wir mal dicke Suppe. Das hätte schiefgehen können. Wäre eine Katastrophe gewesen, vor London. Wir hatten Chemikalien an Bord und keinen Meter Sicht. Als alles vorüber war, fingen meine Hände an zu zittern. Noch auf der Brücke ließ ich Whiskey für alle ausschenken. Ich konnte mein Glas kaum halten. Dem englischen Lotsen ging's nicht viel besser.«

»Sind Sie auch mal abgesoffen?«

»Nicht direkt. Als ich noch Matrose war, ist der Alte vor Finnland auf einen Patschen gebrummt. Der Pott war hin, hielt sich aber auf dem Felsen. Wir wurden von Bord geholt. Sonst ist immer alles gut gegangen. Weitgehend.«

Immer wieder schaue ich auf die Fotos an den Wänden. Das Hochzeitsfoto, der Kapitän und seine Liebste nicht mehr ganz jung, mindestens vierzig. Nirgends gibt es Aufnahmen von Kindern, er hat wohl keine Nachkommen. Kapitän Lehmann sieht müde aus. Trotzdem steht er auf und setzt in seiner kleinen Teeküche Wasser auf. Ich nutze die Gelegenheit und schaue mir die Fotos genauer an. Ein Dutzend Aufnahmen von Frachtern in Schwarz-Weiß und in Farbe füllen einen Teil der Wand aus. Daneben Souvenirs aus aller Welt. Ich bin froh, dass der Kapitän a. D. meinem Besuch zugestimmt hat.

»Sie waren viel in Japan, wie ich sehe«, sage ich, als er mit bedächtigen Schritten zurück ins Wohnzimmer kommt.

»Ein paar Jahre, aber es ist lange her. Das war noch vor meiner Zeit auf deutschen Schiffen. Da bin ich für einen Norweger gefahren. Es war eine bemerkenswerte Route: Westküste Kanada, wo wir Papier aus den Holzmühlen auf den Inseln und aus winzigen Ortschaften an den Fjorden geladen haben. Wochenlang tuckerten wir die Küste rauf, eine wunderschöne Landschaft. Traumhaft. Mit dem Papier ging es nach Japan. Und von dort aus nach Fidschi, Zucker holen. Mann, war das eine schöne Zeit. Die haben den Zucker mit kleinen Booten und in Säcken an Bord gebracht, wo sie ihn von Hand ausschütteten. Stellen Sie sich das mal vor! Es dauerte Wochen, bis die Luken endlich voll waren. Wochenlang auf Fidschi, da hat keiner geklagt. Der Zucker war für Kanada. Dann ging es wieder von vorne los. Meine Erinnerungen an Fidschi hängen nicht da an der Wand«, sagt der Kapitän und ich verstehe. Seine Augen glänzen. Er hat es sich dort sicher gut gehen lassen. Seine Basis war Japan, wo er später sogar eine kleine Wohnung hatte und vermutlich eine Freundin, wie ich aus einem der Fotos schließe. Das muss in den Sechzigern oder frühen Siebzigern gewesen sein. Offenbar war er während des Kriegs in Vietnam.

»Bin auf einem Amerikaner gefahren, Mekongdelta. Als Zivilist, war keine schöne Sache, würde ich nicht wieder machen. Ich war jung, das Geld hat mich gelockt. Wir haben amerikanische Basen mit Nachschub versorgt, alles, was sie brauchten. Der Vietkong lauerte überall. War schlimm.«

Der Kapitän gießt uns Kaffee ein und erleidet wenig später einen fürchterlichen Hustenanfall. Ich klopfe ihm sacht auf den Rücken. Doch sobald er sich beruhigt hat, ist er wieder ganz bei mir. Sein aufmerksamer Blick fasziniert mich. Was dieser Mann nicht alles gesehen haben muss.

»Fragen Sie ruhig«, sagt er. Seeleute wollen erzählen. Ich bin mit ihren Geschichten aufgewachsen. Sie saßen bei meiner Mutter am Küchentisch und berichteten von fernen Städten und Ländern. Leider waren sie dabei oft so betrunken, dass ihre Erzählungen für ein kleines Mädchen durchaus unheimlich wurden.

Mirko und Sven waren begeistert gewesen von den Fundstücken beim alten Lehmann.

»Beim Kapitän war Fingerspitzengefühl gefragt. Ich kann mich an keine Auflösung erinnern, bei der wir so vorsichtig waren. Der Kapitän kauerte in seinem Ohrensessel und zeigte eine Trauermiene. Man mochte ihn kaum ansprechen. Gleichzeitig wollte er alles im Griff behalten. Uns gegenüber war er skeptisch, das merkte man sofort. Sobald Sven und ich etwas in die Hand nahmen, gab er einen Kommentar dazu ab. Es dauerte eine Weile, bis das Eis gebrochen war. Danach ging es besser voran. Nach und nach erzählte er uns Anekdoten aus der Seefahrt und schien sich dabei wohlzufühlen. Allerdings kostete ihn das sehr viel Kraft, und es machte ihm wohl auch bewusst, dass diese Zeit endgültig vorbei war. Er war echt fertig, das Haus verlassen zu müssen. In manchen Momenten wirkte er regelrecht depressiv. Seine Frau war eine einfachere Ansprechpartnerin, aber sie kannte sich mit all dem Werkzeug und den Maschinen im Haus und in der Werkstatt nicht aus. Es war eine ziemlich große Auflösung. Manche Dinge wollte der Alte unbedingt behalten und ins Altersheim mitnehmen, obwohl sie beim Anfassen fast auseinanderfielen. An anderen, wo man es hätte meinen können, hing sein Herz nicht im Geringsten. Es gab Erinnerungen aus Japan, Afrika und Südamerika, die aussahen, als wären sie aus einem Völkerkundemuseum entliehen. Für uns war es wichtig, direkt ab Haus zu verkaufen, also möglichst wenig von dem schweren Zeug zwischenzulagern. Anfangs saß der Kapitän ununterbrochen dabei und es fiel ihm sichtlich schwer zu sehen, wie wieder etwas abtransportiert wurde. Wenn seine Frau und er am Abend in ihr neues Zuhause aufbrechen wollten, dann kam er mindestens noch dreimal zurück und schaute in irgendwelche Nischen, um uns etwas zu zeigen und Anweisungen zu geben. Er konnte sich nur schwer trennen. Wenn er am nächsten Tag wieder in seinem Ohrensessel saß und beobachtete, wie ein Möbelstück nach dem anderen das Haus verließ, dann kam es mir so vor, als sei er ein Kapitän auf einem sinkenden Schiff«, hatte Mirko mir erzählt.

»Die beiden Entrümpler haben meiner Frau und mir sehr geholfen. Sie fanden alles schön, was bei uns herumstand und an den Wänden hing. Ich sollte ihnen zu jedem Teil eine Geschichte erzählen. Sie machten uns die schlimme Zeit ein wenig leichter.

Bei den beiden Jungs hatte ich das Gefühl, meine Erinnerungsstücke in gute Hände zu geben. Die würden nichts verramschen oder mich übers Ohr hauen. Verstehen Sie? Solche sind das nicht. Das Werkzeug hat ihnen besonders gut gefallen. Sie haben sofort Interessenten dafür gehabt, die es abholten. Feine Jungs beide. Die können zupacken. Wären gute Seeleute geworden.«

Jeder Winkel in Haus und Garten war maritim geprägt. Im Freien standen mehrere Leuchttürme mit intakten Leuchtfeuern. Ein alter Mast von einem Segelschiff diente als Fahnenstange. Die Flaggensammlung umfasste das vollständige Flaggenalphabet, wie es auf der Brücke eines Frachters üblich ist. Es musste alles entfernt werden, ein kompletter Rückbau sozusagen, bis jede individuelle Note beseitigt war. Die Herausforderung war enorm. Am Ende blieb nicht viel mehr zurück als ein kahler Bau.

Die Werkstatt war ein spezieller Fall. Hier hortete der Kapitän sein hervorragendes Handwerkszeug. Alles war bestens in Schuss, und das meiste hatte gigantische Ausmaße, wie bei Schiffswerkzeugen üblich. Der Kapitän besaß einen Engländer, einen Schraubenschlüssel, den man kaum allein tragen konnte. Eines seiner Brecheisen war mehrere Meter lang. Eine anspruchsvolle und spannende Haushaltsauflösung.

»Mir gefällt es, vielseitig beansprucht zu werden. Beim Kapitän gab es jede Menge zu entdecken und später auch viel zu verkaufen. Da haben wir nicht auf die Uhr geguckt. Auch wenn es ein paar Tage mehr Arbeit war als geplant, war es schon okay«, hatte Mirko mir erzählt.

»Die beiden waren fast zwei Wochen Tag und Nacht mit unserem Haus beschäftigt. Anfangs war ich noch dabei, aber es hat mich zu sehr mitgenommen. Als sie meine alten Bücher in Kartons packten, brach es mir fast das Herz. Die beiden haben sich um meine Frau und mich gekümmert und mir auch geraten, lieber im Altenheim zu bleiben, als beim Entrümpeln zuzuschauen. Damit hatten sie wohl recht, sie meinten es ja gut, aber anfangs wollte ich schon sehen, wie sie vorgingen. Es kamen dann Leute ins Haus und in die Werkstatt, die alles abholten. Nachher mochte ich das nicht mehr ansehen, es schmerzte doch zu sehr. Als der große Container gebracht wurde, bekam ich weiche Knie. Die beiden haben mich dann zu unserem neuen Zuhause gefahren, also hierher. *Zuhause* kann ich das eigentlich nicht nennen, aber was soll's. Ganz früher hatte ich auch kein richtiges Zuhause, weil ich doch immer unterwegs war. Am Haus habe ich hauptsächlich nach meiner Pensionierung gearbeitet. Später haben die beiden meiner Frau und mir dann immer mal wieder Sachen vorbeigebracht. Das fanden wir besonders nett. Bevor sie persönliche Dinge vernichteten, haben sie bei uns nachgefragt. Das hat mich beeindruckt. Sie haben im Keller altes Zeug gefunden, das ich längst vergessen hatte. Sogar ein Seefahrtsbuch. Aber was soll ich jetzt noch damit?«, fragt Kapitän Lehmann in den Raum hinein und ich nippe an meinem Kaffee.

Alles, was Mirko und Sven mir erzählt haben, sehe ich nun deutlich vor Augen. Der alte Lehmann ist nicht der Typ, von dem sie mehr Geld für zusätzliche Arbeit gefordert hätten. Für ihn haben sie gern gearbeitet. Da haben beide auch Wochen später noch mal nachgefragt, ob irgendeine Hilfe nötig sei. Sie hatten Bedenken, er würde im Altenheim zusammenbrechen. Mit dem Verkauf des Hauses ging auch sein Leben in gewisser Weise zu Ende. Beim Herausreißen der Kajütenwände muss er den *Untergang* deutlich vor Augen gehabt haben.

»Da bin ich fast abgesoffen. So fühlte es sich jedenfalls an. Ich weiß nicht, wie das Haus jetzt aussieht, aber ungefähr am vierten Tag Entrümpeln konnte ich es nicht mehr ertragen«, sagt der Kapitän in aller Offenheit.

»Es ist schwer, das eigene Haus oder das Elternhaus zu verlieren. Ich kenne das Gefühl. Nie werde ich den Moment vergessen, als der Transporter beladen war und ich das letzte Mal durch die Hintertür trat. Aber das Leben geht weiter«, sage ich zu ihm und komme mir bei diesen Worten keineswegs naseweis vor.

»Sie sind noch jung.«

»Aber die Gefühle bei einem ungewollten Abschied sind vielleicht ähnlich, egal, wie alt man ist. Ich war damals sechzehn.«

»Vielleicht haben Sie recht. Früher habe ich mir keine Gedanken über solche Dinge gemacht. Ich musste erst achtzig werden, um so etwas zu begreifen.«

»Ich habe übrigens ein Stück aus Ihrer Sammlung übernommen, den *Krängungswilli*.«

»Das olle Ding ist bei Ihnen gelandet?«, sagt er und lacht.

»Ich wusste zuerst nicht, dass es ein Krängungsmesser ist, aber mein Kapitänsfreund hat es mir erzählt. Der Holzkasten mit der Glasscheibe ist schön. Er hängt jetzt bei mir an der Wand.«

»Den Kasten habe ich selber gebaut.«

»Der gefällt mir sehr gut.«

»Was es nicht alles gibt.«

»Nun weiß ich, an wen ich denken muss, wenn ich den Krängungswilli an der Wand hängen sehe.«

»Aber im Haus krängt doch nichts.«

»Wer weiß, vielleicht kommt er noch mal auf ein Schiff.«

»Wäre ja ganz schön.«

Als ich Mirko das nächste Mal besuche, möchte ich unbedingt noch einige Gegenstände aus dem Kapitänshaushalt sehen.

»Diese Schatulle und das Glas sind das Letzte, was ich noch von ihm habe. Nach und nach habe ich mich von allem getrennt und es auf Flohmärkten verkauft«, sagt Mirko und zeigt zunächst auf ein Pint-Glas aus England.

»In der Schatulle befinden sich ein Zeichenstift und ein Zirkel für Berechnungen und Einträge in Seekarten. Die hat Kapitän Lehmann selbst von einem alten Kapitän geschenkt bekommen. Soweit ich mich erinnern kann, war das aus Anlass seiner bestandenen Prüfung zum Kapitänspatent.«

»Und das hat er zurückgelassen?«, will ich wissen.

»Ja, schau doch mal, es ist schon ein wenig ramponiert. Außerdem musste er sich von vielen Erinnerungsstücken trennen.

Dieses war nur eines davon. Mir gefällt es, und deshalb habe ich es behalten. Von solchen alten Bleistiften hatte ich mal drei Stück. Sie stammen aus dem Zeitraum zwischen 1850 und dem Anfang des zwanzigsten Jahrhunderts. Die Stifte liegen zum Schutz in passenden Blechetuis, wie es sich für wichtige Werkzeuge gehört. Einen davon habe ich neulich verkauft. Ich habe ihn lange in Ehren gehalten, aber du weißt ja, ist grad eine Durststrecke für mich, da müssen auch mal besondere Stücke auf den Markt. So leid es mir tut, aber von irgendetwas muss ich meine Miete zahlen.«

Mirko hatte mir erst vor Kurzem gesagt, worin für ihn der entscheidende Unterschied zwischen einem Umzug und einer Haushaltsauflösung besteht. Beim Gedanken an Kapitän Lehmann macht seine Definition mich traurig.

Ein Umzug ist nur ein Wendepunkt, hat Mirko gesagt, *aber eine Haushaltsauflösung ist ein Endpunkt.*

Zu Hause beim Entrümpler

Sven, Nina und die beiden Mädchen sind vor Kurzem in Ninas Elternhaus außerhalb von Hamburg gezogen. Hier haben Nele und Zoe viel Platz zum Spielen, die Schule ist gleich um die Ecke und die Arbeitsplätze der Eltern nicht weit entfernt.

Ich bin gespannt auf die eigenen vier Wände eines Entrümplers und ob man der Einrichtung das vermutete Sammelsurium aus zahllosen Haushalten ansehen kann. Es ist schon dunkel, als ich in der spärlich beleuchteten Straße die richtige Hausnummer finde. Sven ist allein, seine Mädels sind noch auf dem Adventsbasar. Die Wohnsiedlung macht einen ländlichen Eindruck mit Gärten und Hecken vor den Häusern. Sven kommt mir entgegen, weil er die Lichter meines Wagens gesehen hat.

»Komm rein, hier ist es schön warm.«

Vom Flur aus kann man ins Wohnzimmer schauen, wo ein Holzfeuer in einem Kaminofen brennt. Alle Zimmertüren stehen offen. Ich ziehe die Schuhe aus und hänge meinen Mantel an die Garderobe. Gegenüber der Eingangstür zeigt eine Fotokollektion Sven und Nina in verschiedenen Lebensstadien. Kindheit und Jugend, als Frischverliebte und die weiteren Jahre bis in die jüngste Vergangenheit hinein. Als Jugendlicher trug Sven einen beeindruckenden Irokesenschnitt, zumindest auf einem der Porträts. Die seitlichen Kopfpartien waren kahl rasiert und sein ausgewachsener Iro war makellos aufgestellt.

»So schön sah meine Frisur nicht immer aus. Ich habe mir nur selten Mühe mit den Haaren gegeben. Normalerweise habe ich Kernseife raufgehauen und mit den Fingern toupiert. Bierspritzer, die man unwillkürlich immer irgendwo abbekam, haben für den nötigen Halt gesorgt. Da war ich fünfzehn«, kommentiert er die Aufnahme. Aktuellere Fotos zeigen den ehemaligen Punk zwanzig Jahre später im Kreis seiner drei Mädels. Auf dem Bild strahlen sie um die Wette und sehen glücklich aus.

»Komisch, dass du keine Ohrlöcher hast, wo du Schmuck doch so gern magst und noch immer reichlich Ketten trägst.«

»Ach, weißt du, ich war ein Depeche Mode hörender Punk. Schmusemucke und abgerissene Klamotten, obwohl das eigentlich gar nicht zusammenging. Mich konnte man noch nie in eine Schublade einordnen.«

Im Wohnzimmer weiß ich kaum, wohin ich zuerst schauen soll. Schließlich bleibt mein Blick an einem Polizeihelm hängen.

»Wir haben schon mehrmals Wohnungen von Polizisten aufgelöst. Den Helm trug der Besitzer bei den wilden Hafenstraßendemos vor 25 Jahren. In der Hochzeit der Auseinandersetzungen war ich noch zu jung und deshalb nicht dabei, aber natürlich kennt man die Bilder und das ganze Drumherum. Wenn ich zehn Jahre älter wäre, dann hätte ich mich da garantiert auch rumgetrieben. Auf dem Helm gibt es noch Farbkleckse von den Beuteln, die die Hausbesetzer geschmissen haben«, kommentiert er das Exponat und ich staune, wie groß und schwer ein Helm mit Visier ist. Wenn dann noch Farbbeutel dagegenklatschen!

»Das hier kommt aus einer anderen Polizistenwohnung«, sagt Sven und zeigt mir zwei gewaltige Schlagstöcke, die in Lederhalftern stecken. Der eine ist aus Holz und erinnert fatal an einen Baseballschläger, nur deutlich schlanker. Sie gehörten einem Mitglied der berittenen Polizei, wie ich erfahre. Passend dazu gibt es ein ledernes Munitionstäschchen an einem breiten Gurt, alles bestens verarbeitet. Man könnte denken, die Sachen sind hundert Jahre alt und gehörten einst britischen Kolonialherren in Indien, dabei kamen sie bis zur Auflösung der Staffel in den Siebzigerjahren in Hamburg zum Einsatz. Echte Prügel waren das.

Aus einer Vitrine schauen Schlümpfe heraus. Die Comicfiguren sind nebeneinander aufgereiht und sollen in dieser Form und

Farbe von großem Sammlerwert sein. Gleich daneben steht eine Elefantensammlung in Miniaturgröße, die aus verschiedenen Materialien besteht.

»Schau mal, die beiden hier, aus Elfenbein, ist das nicht pervers? Miniaturelefanten aus Elefantenelfenbein.«

»Was du nicht alles sammelst«, sage ich.

»Früher war es viel extremer, ich habe ordentlich ausgedünnt. Meine umfangreiche Steifftier- und Taschenmessersammlung habe ich längst verkauft.«

Meine Augen wandern über Stapel von Fußball-Sammelbildern und Fußball-Sammelmünzen sowie Biergläser mit Aufdrucken zu Fußball-Weltmeisterschaften. Eines davon stammt aus der DDR und ist mit den Spielergebnissen der Gruppe I der WM von 1974 bedruckt. DDR-Australien 2:0, Chile-DDR 1:1 und die legendäre Begegnung der beiden deutschen Nationalmannschaften DDR-BR Deutschland 1:0, ein Relikt für jeden Fußballfan. Neben Fanartikeln sammelt Sven auch Schallplatten, die den Großteil einer geräumigen Vitrine ausfüllen. Schallplatten aus Haushaltsauflösungen stellen für ihn eine *Geldanlage* dar, auf die er in Notzeiten zurückgreifen kann. Überhaupt bestand sein Angebot auf manchen Flohmärkten ausschließlich aus Gegenständen, die er in seiner Wohnung aussortierte, weil er Geld brauchte. Damals hat er spontan und ruck, zuck gepackt, ist zum Flohmarkt gefahren und hatte wenig später das benötigte Kleingeld in der Tasche. »Hier ist die Bobby–McFerrin-Scheibe. Du erinnerst dich vielleicht. In der Plattenhülle habe ich das Geld aus unserer ersten Haushaltsauflösung aufbewahrt, die Hunderteuroscheine, die zwischen der Unterwäsche steckten. Wenn man einmal so etwas gefunden hat, schaut man genauer hin. Und auch Schallplattenhüllen nehme ich bei Auflösungen stets genau unter die Lupe.«

Eine Weingläserkollektion von Rosenthal aus den Sechzigerjahren und zwei komplette Essservice runden die *gute Haushaltswarensammlung* im Wohnzimmer ab.

»Das ist mein Lieblingsgeschirr, Dreißigerjahre, von meiner

allerersten Auflösung, damals noch in Bielefeld ohne Mirko, wo Nina eine Ausbildung machte und wir deshalb hingezogen sind.«

»Schöne Form und schönes Dekor, gefällt mir.«

Das Service ist zurückhaltend bemalt mit kleinen Blüten auf weißem Grund und von schlichter Form, was ausgesprochen edel wirkt, insbesondere weil es in direkter Nachbarschaft zu den Fußballbiergläsern steht.

An der Wand entdecke ich eine Perlmuttmuschel, die Sven auf keinen Fall verkaufen will, wie er sofort betont, egal was ihm dafür geboten wird. Aus der großen Muschel ist kunstvoll ein Relief gefertigt und stellt einen Fischer mit seinem Sohn dar. Das filigrane Netz war sicher die Arbeit eines Könners.

In einem Globus versteckt sich eine Bar, wovon Nina nicht gerade begeistert ist, wie Sven mir anvertraut. Dabei sei die Globusbar ein Klassiker und in dieser Form auch schon bei James Bond zu sehen. Nina findet das *Monstrum* störend und überflüssig, was ich gut verstehen kann.

In der Küche steht das Kaffeeröstfass aus der Haushaltsauflösung von Frau Rosenberg. Ich hatte es mir wesentlich größer vorgestellt, eher wie ein Fünfzig-Liter-Ölfass aus Blech, dabei ist dieses handliche Gerät kaum größer als ein Fleischwolf. Kein Wunder, dass meine Entrümpler die Funktion nicht erkannten. Es sieht wirklich mysteriös aus.

»Fast alles hier stammt aus Haushaltsauflösungen«, sagt Sven und lächelt. »Ich zeige dir mal meinen Armani-Mantel aus der Ruckzuckauflösung, von der wir dir erzählt haben. Ein halber Tag Arbeit und richtig gut verdient. Als Bonbon dann noch der Mantel und zwei Anzüge. So etwas sollte öfter passieren.«

Der Stoff fühlt sich edel an. Ein Mantel fürs Leben. Auch die Anzüge sind so gut erhalten, dass sie sich ohne Weiteres gewinnbringend verkaufen ließen. Edle Markenkleidung wird hoch gehandelt.

»Mirko hat kein Wort gesagt, als ich die teuren Sachen mitgenommen habe. Unser Geschäftsverhältnis ist wirklich genial.

Mit wem kann man schon über viele Jahre eine gemeinsame Geschäftskasse führen, ohne dabei in kleinkarierte Berechnungen zu verfallen? Toi, toi, toi, wir hatten nie Probleme.«

»Ist es nicht manchmal belastend für deine Familie, wenn du ganze Wochenenden auf Flohmärkten verbringst?«

»Wir haben uns gut arrangiert. Bei meiner 33-Stunden-Stelle bleibt ausreichend Zeit für die Mädels. Das Entrümpeln und die Flohmärkte gehören zu meinem Leben. Es macht mir Spaß. Die Einnahmen aus diesem Job sind mein Quietschgeld, oder besser gesagt unser Quietschgeld, zum Urlaubmachen, Verprassen, Essengehen, mal ein Taxi nehmen, für den kleinen Luxus zwischendurch. Ich könnte darauf verzichten, will es aber nicht. Haushaltsauflösungen waren zeitweise nur ein Hobby, aber dann wurde es mehr. Ich habe ein Gewerbe angemeldet, schreibe Rechnungen und zahle Steuern. In den Augen von anderen wirkt es vermutlich professioneller, als es von mir ursprünglich geplant war. Das Ganze hat eine Eigendynamik angenommen. Außerdem bin ich im Grunde meines Herzens ein Schatzsucher«, sagt Sven, und ich kann mir mittlerweile vorstellen, was er damit meint.

»Eine Zeit lang bin ich zu Haushaltsauflösungen gegangen, die in der Zeitung annonciert waren, um an interessante Flohmarktwaren heranzukommen. Ich erinnere mich an einen Bierkrug aus dem Ersten Weltkrieg. Er stammte von einer Reiterkavallerie und die Namen der Regimentsangehörigen waren eingraviert. Ein nobles Ding, original, das konnte man am Krugboden erkennen. Als ich nach dem Preis fragte, glaubte ich mich verhört zu haben. *Fünf Euro,* okay, denkst du dann, geht ja schon mal gut los. Den konnte ich später für 150 Euro verkaufen. Ich habe die Leute dann noch gefragt, was sie mit den Restbeständen aus der Haushaltsauflösung machen. *Wissen wir noch nicht,* meinten sie. Da habe ich meine Karte zurückgelassen, und sie haben sich später tatsächlich gemeldet. Dabei ist ein kleiner Auftrag rausgesprungen.«

»Ist deine Frau genauso begeistert von diesem Sammelsurium?«, frage ich mit einem Blick auf die prall gefüllte Vitrine.

»Wenn ich ehrlich bin, nicht so ganz. Manchmal sagt sie: *Können wir nicht einfach mal in ein ganz normales Geschäft gehen und etwas kaufen?* Sie würde bestimmt gern bei Ikea zuschlagen und Dekoartikel und anderen Kleinkram kaufen.«

Als seine drei Mädels nach Hause kommen, essen wir gemeinsam zu Abend. Danach zeigen Nele und Zoe mir ihre Zimmer, in denen alles zu finden ist, was gemütliche Mädchenräume ausmacht: bunte Bettwäsche, Stofftiere, Playmobil-Figuren, selbst gemalte Bilder, Zeichenutensilien, Haarschmuck, hochhackige Damenschuhe und zahlreiche Spiele. In Zoes Zimmer fällt mir sofort ein Hühner-Gemälde auf. Es ist in dunklen Farben gehalten, wobei das Braun eines Misthaufens vor einem Bauernhof dominiert. Auf ihm picken ein Hahn und mehrere Hühner im Dung. Das Gefieder des Hahns leuchtet in Rot und blauschwarzen Tönen. Ein schwerer Holzrahmen lässt es wertvoll erscheinen. Ich lobe das schöne Bild.

»Habe ich mir selbst ausgesucht, und Papa hat es mir geschenkt.«

Die Schwestern zeigen mir weitere Schätze und Nele schenkt mir eine Haarspange aus ihrer großen Sammlung.

»Unsere Mädels haben eigentlich zu viel Zeug, aber mir geht es ja nicht anders. Ich bin reich an Dingen, aber weit davon entfernt, wohlhabend zu sein«, sagt Sven.

Zuletzt führt er mich in den Keller, der einem gut sortierten Lager gleicht. Regale an den Wänden und mittig im Raum sind voller Kisten und Kartons, alles säuberlich beschriftet. Er ist offensichtlich begeistert von seiner Ordnung und seinen Schätzen und zeigt mir einige besonders schöne Stücke wie seltene Messer und ein Puppentheater.

Im Nebenraum ist die Werkstatt untergebracht: Hier bleiben keine Wünsche offen. Ohne dass Sven es sagen muss, höre ich seine Stimme: *Nichts davon ist gekauft! Kein einziges Stück!*

Sperrmüll und Abschiednehmen

Es ist schon um fünf Uhr nachmittags stockfinster, um sieben fühlt es sich bereits an, als sei tiefe Nacht. Ich bin seit Ewigkeiten nicht mehr mit dem Auto übers Land gefahren und nehme normalerweise Bus und Bahn, um meinen Bruder zu besuchen. Nachdem ich die Autobahn verlassen habe, sind es noch fünfzig Kilometer bis zu meinem Ziel im Teufelsmoor, das auf Nebenstraßen ohne nennenswerten Verkehr erreichbar ist. Ich gewöhne mich ans Auf- und Abblenden, das Fernlicht ist erstaunlich hell und beleuchtet Birkenalleen und später auch zwei Rehe. Ein Schrecken durchfährt mich, als ich die Tiere mitten auf der Straße stehen sehe, aber aus meinem Schneckentempo heraus kann ich sofort abbremsen. Mir schwant langsam, wie sehr ich mich von einem ehemaligen Landei zur schreckhaften Großstädterin gewandelt habe. Irgendwie ist es mir sogar unheimlich, durch die menschenleeren Dörfer zwischen dem Alten Land und dem Teufelsmoor zu fahren und niemanden zu sehen. Alles wirkt wie ausgestorben, und in meiner Fantasie läuft ein Film ab, der seinen Ursprung in Horrorszenarien vom Ende der Menschheit hat. Alle sind verschwunden und ich bin die letzte Überlebende. Gruselig. Im Scheinwerferlicht entdecke ich plötzlich einen Speermüllhaufen. Von diesem lange nicht mehr gesehenen Deponat leicht verunsichert, rausche ich erst mal daran vorbei. Sperrmüllhaufen gehören bei mir genau wie Fernlicht einer weit zurückliegenden Vergangenheit an. Er lässt mir aber keine Ruhe, und nach wenigen Minuten mache ich kehrt. Ich befinde mich in Nartum. In dieser kleinen Ortschaft hat Walter Kempowski bis zu seinem Tod im Jahr 2007 gelebt. Mir ist Nartum durch eine Lesung bekannt, zu der ich vor Jahren eingeladen war, um eines meiner Bücher vorzustellen. Und nun wendet die Autorin, um einen Sperrmüllhaufen unter die Lupe zu nehmen. Wäre doch lustig, wenn mich dabei zufällig die Veranstalter meiner damaligen Lesung bei meiner *Nebentätigkeit* sähen. Vage habe ich im Scheinwerferlicht ein Sofa, einige Schrankteile und irgendwelchen Kleinkram identifizieren können. Man kann nie wissen, sagen meine Entrümpler immer. Vielleicht bin ich die Erste. Hier wird wohl kaum ein Einheimischer im Sperrmüll der Nachbarn nach Verwertbarem suchen. Ich parke den Wagen so, dass die Scheinwerfer den Haufen gut ausleuchten. Eine Stirnlampe habe ich ohnehin immer griffbereit, seit ich Camperin bin.

Der Haufen ist an eine Scheune gelehnt, eine automatische Beleuchtung springt an, und die Fassade eines Bauernhauses ist nun deutlich erkennbar. Ein schöner alter Hof.

Ein brauner Milchkrug aus schwerer Keramik, der als Blumentopf genutzt wurde, findet sofort mein Interesse. Auf den ersten Blick scheint er makellos. Er fasst mindestens zwei Liter, hat einen Griff und eine schnörkellose Form. Ein Weidenkorb mit Deckel ist zwar hübsch und gut erhalten, aber ich habe keine Verwendung dafür. Vielleicht kann ihn jemand anderes besser gebrauchen. Ich lasse ihn stehen. Eine einfache Holztruhe gefällt mir schon eher, sowie eine Holzkiste, die offenbar zum Verschicken einer wertvollen Flasche diente, wie Ausmaße und Holzwollereste vermuten lassen. Ich hieve die Sachen ins Auto und muss lachen. Meine *Sperrmüllschätze.* Es ist seltsam aufregend, etwas auf der Straße zu finden, das einem zusagt und das man einfach mitnehmen darf. Für einen kurzen Moment erscheint mir die Einrichtung von Sperrmüllabholtagen als eine der genialsten Erfindungen. Was kann es Besseres geben, als Dinge zum Mitnehmen an die Straße zu stellen, die man selber nicht mehr braucht. Schade nur, dass es offenbar genügend Gründe gab, solche Termine weitgehend abzuschaffen. Auch in Nartum entdecke ich keinen weiteren Haufen. Vermutlich muss auch hier jeder Haushalt das Abholen beantragen und anmelden.

Noch am selben Abend spüle ich den Krug und bearbeite die

Rückstände von Blumenerde mit grobem Salz. Der Krug ist perfekt und wurde früher auf dem Bauernhof sicher als Gebrauchsgegenstand genutzt. Schon sehe ich die Bäuerin in den Stall gehen und aus einer großen Blechkanne zwei Liter für den eigenen Haushalt abfüllen. Mein Milchtopf aus dem Kempowski-Ort Nartum.

Am nächsten Tag bin ich mit meiner Kindheitsfreundin Angela verabredet. Als ich ihr erzähle, dass ich übers Entrümpeln schreibe, fällt ihr gleich eine Anekdote ein.

»Ach nee, ist ja witzig. Du kennst doch Oma Tietjen, die Mutter von Hannah Tietjen.«

»Vage, ist ja ewig her. Ich war kaum siebzehn, als ich das Dorf verlassen habe. Der Name ist mir vertraut, aber Tietjens gab's wie Sand am Meer. Was ist mit ihr?«

»Die Oma ist gestorben, mit weit über neunzig. Ihre Kinder und Enkelkinder haben das Haus entrümpelt. Dabei ist etwas aufgetaucht, was bestimmt von Interesse für eure Familie ist. Warte, ich habe es irgendwo in meiner Tasche. Habe ich extra mitgebracht und mich schon gut darüber amüsiert. Die Tietjen-Sippe hat es meinem Bruder gegeben, weil sie irgendwie mitbekommen haben, dass wir beide in Kontakt sind.«

»Was die Leute im fernen Heimatdorf nicht alles wissen! Ich staune.«

»Eure Familie war bekannt. Du wirst es gleich sehen. So bekannt, dass die alte Tietjen einen Artikel aufbewahrt hat.«

Angela reicht mir einen alten Zeitungsbericht, und ich weiß sofort Bescheid. Im nächsten Moment sehe ich mich als Siebenjährige neben meinen Eltern und meinen Brüdern für ein Foto posieren. Mein ältester Bruder hatte eine sportliche Auszeichnung bekommen, und eine Boulevardzeitung ließ es sich in ihrer Sonntagsausgabe nicht nehmen, ausführlich über die *arme* sportliche Familie zu berichten. Aus der fernen Erinnerung weiß ich, wie unsagbar peinlich dieser Artikel meiner Familie war. Keiner von meinen Brüdern hat ihn aufgehoben. Lieber wollten sie ihn vergessen, weil sie, angeblich wegen ihres hohen Energiebedarfs als Leistungssportler, in der Zeitung als *hungrige Wölfe* beschrieben worden waren. Mein Vater kam sogar mit ausführlichen und kritischen Kommentaren zur mangelnden Förderung von Sportlern auf dem Lande zu Wort. Verglichen mit dem, was man in solchen Boulevardzeitungen heute liest, erscheint der Artikel geradezu seriös.

»Bin gespannt, was meine Brüder dazu sagen, wenn sie das sehen. Mit einem Wiederauftauchen hat bestimmt niemand gerechnet. Vielleicht sollte ich eine Familienzusammenkunft planen, wie wir sie seit Jahren nicht mehr hatten. Vollkommen zwanglos bei mir am Strand. Und dann werde ich ihnen den Artikel zeigen, meinen Brüdern und ihren Kindern und Enkelkindern.«

Welche Erinnerungsstücke wohl noch in den Haushalten meines Heimatdorfes lagern mögen? Was ich nicht alles dafür geben würde, wenn ich noch einmal in unserem Keller oder im Schuppen stöbern könnte. Doch das alles existiert nicht mehr. Plötzlich bin ich neidisch auf jene, die über Generationen in denselben Häusern leben und bei denen die ferne Vergangenheit unter dem eigenen Dach in gewisser Weise noch vorhanden ist.

»Verdammt lange her mit dem Besuch des Journalisten, übrigens ein Olympiateilnehmer im Rudern. Das weiß ich noch so genau, weil es meine gesamte Kindheit hindurch gern erzählt wurde. In einem Buch über die Olympiade von 1964 in Tokyo hatte mein Vater ihn auf einem Foto markiert. Das wurde bei passender Gelegenheit herumgezeigt, allerdings ohne den unsäglichen Artikel zu erwähnen. Es hieß immer nur, der Olympionike sei höchstpersönlich bei uns im Haus gewesen.«

Beim Gedanken an unser Heimatdorf muss ich an Angelas verstorbene Mutter denken. In naher Zukunft wird es dort wohl kaum noch jemanden geben, den ich seit Kindheitstagen näher kenne.

»Angela, du musst dir bei Gelegenheit unbedingt den Bogenhanf deiner Mutter anschauen. Er ist riesig geworden und stößt an den Fenstersims. Ich muss einen anderen Platz für die Pflanze finden.«

Die prächtige Sansevieria, wie auch einige andere Dinge, habe ich nach dem Tod der alten Erna übernommen und halte sie in Ehren. Einen voluminösen Tontopf nutze ich während der Sommermonate als Erdkühlschrank und denke oft an Erna, wenn ich mir gekühlte Getränke aus dem Topf genehmige. Angela hatte sich nach dem Tod ihrer Mutter monatelang mit der Haushaltsauflösung beschäftigt und war schließlich am Ende ihrer Kräfte angelangt. Durch eine Annonce in der Zeitung gab sie den Verkauf der Restbestände bekannt. Es war eine bittere Erfahrung, als plötzlich fremde Menschen im Wohnzimmer ihrer Mutter standen, wo alle Arten von Geschirr auf Tischen angeboten wurden.

»Ich fand es unglaublich gewitzt von deiner Mama, wie sie mir bei einem meiner letzten Besuche die vietnamesische Einkaufstasche abgeschwatzt hat«, sage ich und schwelge mit Angela in Erinnerungen.

Wir lachen beim Gedanken daran, wie Erna in ihrer trockenen norddeutschen Art zu mir sagte: *Kannst die Tasche ja wiederhaben, wenn ich tot bin.*

Und genauso ist es gekommen. Die grüne Häkeltasche mit den runden Bambusgriffen ist wieder bei mir und damit eine weitere Erinnerung an die alte Dame.

»Die Tasche hing an einem Haken neben der Tür, damit Mama sie von ihrem Krankenbett aus sehen konnte. Am Schluss hat sie einen Zettel daran geheftet, weil sie immer wieder vergaß, woher die Tasche eigentlich stammte«, sagt Angela und lächelt.

»Den Zettel habe ich aufgehoben. *Tasche von Bruni aus Vietnam.* Er lag darin, als ich sie nach der Beerdigung wieder an mich nahm. War doch so abgemacht.«

»Es war wirklich eine schöne Beerdigung«, sagt Angela, und wir beide müssen bei der Erinnerung daran schmunzeln.

»Wir reden wie zwei alte Weiber. Aber du hast recht. Es war ein heißer Sommertag, und besonders schön fand ich, dass wir nach der Trauerfeier mit deiner Familie und den Freunden noch gemeinsam in Ernas schönem Garten gesessen haben«, sage ich.

»Ja, so empfinde ich es auch. Meine Freunde gehörten auch zu Ernas Leben, einige von ihnen hat sie aufwachsen sehen. Es war auch passend, als meine Nichte die halb leere Flasche Jägermeister aus dem Schrank holte und jedem etwas davon anbot. Das hätte Erna nicht anders gemacht.«

»Im Laufe des Nachmittags hast du mir dann auch den Bogenhanf gezeigt. Er war ziemlich verstaubt und stand ein wenig vernachlässigt unter der Treppe. Die Pflanze gefiel mir auf Anhieb. Früher fand ich solche Dinger unmöglich – altmodisch und spießig. Inzwischen sehe ich das ganz anders. Der Bogenhanf erlebt eine Renaissance. In meinem coolen Wohnviertel steht er in einigen supercoolen Cafés im Fenster. Nachdem ich die Pflanze geduscht und umgetopft hatte, blühte sie richtig auf.«

»Erna ist so gestorben, wie sie es sich gewünscht hat. Das ist jetzt auch schon drei Jahre her, und ich werde ein Leben lang sehr froh darüber sein, wie alles abgelaufen ist.«

»Wie die Zeit vergeht«, sage ich, und wir müssen erneut über unsere *Altweiberschnacks* lachen.

»Du hast ihr dabei geholfen, so friedlich einzuschlafen. Erna konnte sich vollkommen auf dich verlassen. Das wusste sie, und das hat ihr das Gehen bestimmt erleichtert.«

»Hoffentlich, aber sie hat ihren Abschied auch langfristig vorbereitet. Mit Anfang neunzig begann sie, Dinge auszusortieren. Einmal kam ich hinzu und war wenig begeistert davon, als ich sah, wie sie alte Fotos und Briefe wegwarf. Ich bat sie darum, mich vorher zu fragen, ob ich nicht etwas davon behalten möchte. *Ist doch viel besser, wenn ihr es vom Hals habt,* hat sie nur gesagt. Ich begriff erst allmählich, wie sie mir und den anderen vorab schon einen Teil der Aufgabe einer endgültigen Auflösung ihres Haushalts abnehmen wollte. Vielleicht gehörte dieses Aussortieren auch zu ihrer Art des Abschiednehmens. Ich hatte immer das Gefühl, sie wolle *aufräumen*, mit ihrem Leben aufräumen. Meine Mutter und ich waren über Monate damit beschäftigt, in Schränke, Kisten und Regale zu schauen. Nebenbei hat sie mir gezeigt, wo ich was finde, wenn sie mal nicht mehr da ist. Über ihren baldigen Abschied hat sie immer offener gesprochen. Ich wollte das nicht hören, weil ich mir ein Leben ohne sie nicht vorstellen konnte, aber mit über neunzig denkt man sicher anders über den Tod. Sie hat mir alte Familienbücher gezeigt, und ich habe begriffen, dass sie die letzte Bewahrerin ihrer Familiengeschichte war, ihre Geschwister waren schon tot. Sie hat mir auch erklärt, woher bestimmte Betttücher und Kleidungsstücke stammten, einige davon sogar von ihrer eigenen Großmutter. Da habe ich dann auch zum ersten Mal die Briefe meines Vaters aus dem Arbeitsdienst und seiner Zeit als Soldat in Norwegen gesehen. *Nimm die bloß mit, wenn du willst,* hat sie gesagt. Sie war mit dem Thema ganz offensichtlich durch. Die Briefe waren akkurat nummeriert – du weißt doch, Erna hat im Kontor gearbeitet – und reichten von 1936 bis 1942.«

»Du hast die Briefe alle gelesen, nicht wahr? Ich weiß noch, wie du wochenlang mit den Geschichten aus den Briefen beschäftigt warst.«

»In keinem Brief fehlte die Bitte um Briefmarken und Geld, zumindest während des Arbeitsdienstes im Moor. Die Nazis steckten die Arbeitslosen zunächst in den Arbeitsdienst. Für meinen Vater ging es nach den Dienstjahren direkt zur Marine und Anfang 1940 dann nach Norwegen. Das nannte sich *Unternehmen Weserübung,* ist das nicht pervers? Durch seine Briefe habe ich meinen Vater anders oder sogar neu kennengelernt. Als Spätgeborene habe ich ihn eigentlich nur als eher kauzigen Alten erlebt, der sehr gesellig war, gern sein Bier trank und ansonsten mit seinem Fischverkauf beschäftigt war. Über seine Jugend haben wir nie gesprochen. Als er starb, war ich Mitte zwanzig. Und dreißig Jahre später kam er mir auf ganz andere Weise nah. Die Briefe sind wichtig für mich, weil sie ihn als jungen Mann zeigen.«

Das Sortieren des familiären Nachlasses entwickelte sich für meine Freundin zur Ahnenforschung. Erna hatte ein gutes Erinnerungsvermögen und ihre Geschichte zum Stoff des Hochzeitskleids von 1910, das ihrer Mutter gehört hatte, führte über Bremerhaven und Ellis Island in die USA und wieder zurück. Man hatte ihre Mutter Anfang des zwanzigsten Jahrhunderts auf der Einwandererinsel wegen einer Krankheit abgewiesen. Zurück in der armen norddeutschen Heimat, fand sich für die *alte Jungfer* von Anfang dreißig doch noch ein Ehemann, ein Seemann, der ihretwegen an Land blieb. Ihre Geschwister waren als Einwanderer akzeptiert worden, sie arbeiteten als Hausmädchen und Tagelöhner und sparten sich das Geld für den Stoff von ihren kargen Löhnen ab. Rechtzeitig vor der Hochzeit verschifften sie ihn von New York in die Heimat. Einige Meter davon finden sich nun in Angelas Schatztruhe, gleich neben dem Seefahrtsbuch ihres Großvaters.

»Er ist übrigens 1908 ums Kap Hoorn gesegelt«, sagt Angela wie nebenbei.

»Wow! Dein Großvater war ein Kap Hoornier? Als was ist er gefahren?«

»Schiffszimmermann, steht alles detailliert im Seefahrtsbuch. Es gibt sogar ein gerahmtes Foto von ihm, das mit *Valparaiso, Juli 1908* datiert ist. Es zeigt einen Teil der Mannschaft beim Landgang in der chilenischen Hafenstadt. Es ist eine merkwürdige Aufnahme, auf der die Seeleute mit einer Musikgruppe, einigen Kindern und Handwerkern unter einer mächtigen Palme stehen. Meinen Opa hat jemand mit einem Kreuzchen über dem Kopf markiert.«

»Das würde ich mir gern mal anschauen. Den Stoff und das Hochzeitskleid natürlich auch. Ich erinnere mich an seltsame Unterwäsche, die du mir bei meinem letzten Besuch bei Erna gezeigt hast. Die knielangen Hosen waren im Schritt offen.«

»Muss wohl irgendwie praktisch gewesen sein. Sie gehörten meiner Großmutter. Seltsamerweise denke ich in letzter Zeit häufiger darüber nach, was mit all diesen Sachen später einmal werden soll. Jetzt bin ich die Bewahrerin, aber ohne eigene Kinder muss ich mir Gedanken darüber machen. Einer meiner Neffen zeigt seit Jahren Interesse an den Geschichten von damals. Er liebte es, Erna zuzuhören. Besonders das Seefahrtsbuch und das Bild von seinem Urgroßvater in Valparaiso haben es ihm angetan.

Seine Frau hat ein Faible für alte Wäsche. Es wird das Beste sein, wenn ich meine Schätze lichte und einen Teil davon an die beiden weitergebe. Es bringt doch nichts, wenn die Erbstücke nur in einer Kiste liegen. Das wunderschöne Kleid meiner Oma wird allerdings niemandem passen. Sie muss winzig gewesen sein. Damals heiratete man noch in Schwarz. Ihr Vater war Schneider und hat sein gesamtes Können in das Kleid gesteckt.«

»Vielleicht kannst du es ändern lassen und selber tragen.«

»Unmöglich, ich kenne keine Frau, die sich auch nur ansatzweise reinzwängen könnte.«

Und dann sprechen wir über den finalen Tag der Haushaltsauflösung, als es um die *Reste* ging. Die wenige Kundschaft zahlte einige Euros für Sammeltassen und Tischdecken, stöberte in Kisten mit alten Gläsern und verschwand. Ein Interessent fragte nach einem militärischen Nachlass. Richtig Geld brachte der Tag nicht ein, die Dinge waren in gewisser Weise wertlos geworden. Danach wurde die Sperrmüllabfuhr bestellt. Das traurige Ende. Angela reiste vorher ab. Das hätte sie nicht ertragen. Ihre Nichten und Neffen kümmerten sich um den Abbau des überflüssigen Mobiliars und schleppten Kisten vor die Tür, die wenig später von kräftigen Männern in orangefarbener Arbeitskleidung in das Müllfahrzeug geworfen wurden.

»Innerlich bin ich noch lange nicht fertig mit der *Auflösung ihres Lebens,* wie es mir manchmal erscheint. Es macht mich traurig, wenn ich daran denke, dass es mein Elternhaus nicht mehr gibt, zumindest nicht mehr so, wie ich es kannte. Nun steht die große Truhe und vieles andere bei mir, und ich muss mir überlegen, mit welchen von diesen Erinnerungsstücken ich dauerhaft leben möchte. Nachlassverwaltung ist ein schwieriges Unterfangen. Das habe ich vollkommen unterschätzt, vor allem emotional. Im nächsten Sommer liegen sie schon vier Jahre unangetastet in der Truhe. Die Sachen machen einerseits Freude und andererseits sind sie eine Bürde. Es gibt keinen Zweifel daran, dass ich Ernas Erbe bewahre, und ich würde mich freuen, wenn auch andere die

Dinge wertschätzten. Durch ihren Nachlass halte ich die Erinnerung wach, wacher, als sie ohnehin schon ist. Es freut mich auch, wenn ich sehe, wie du die Pflanze pflegst, deine Freude an ihrem Tontopf hast und bei der vietnamesischen Tasche an sie denkst. Das tut mir gut. Die Sehnsucht nach ihr wird nicht weniger. Aber es ist schön, dass ich voller Liebe und Zuneigung an sie denken kann. «

Ein volles leeres Haus

Ein Reihenhaus am Stadtrand. Der Eigentümer ist verstorben, meine Entrümpler wissen kaum etwas über ihn. Der Auftrag zur vollständigen Haushaltsauflösung kommt von seinen Söhnen. Über Mund-zu-Mund-Propaganda waren sie bei Mirko und Sven gelandet, und man hatte sich schnell geeinigt. Endlich wieder ein größerer Auftrag, Arbeit für mindestens eine Woche, wie sie mir am Telefon sagen.

»Das Vertragliche ist geregelt, die Erstbegehung war gestern. Macht einen guten Eindruck. Ist zwar alles ein wenig unübersichtlich, aber vielleicht verbirgt sich darin ja die eine oder andere Überraschung. Ab morgen wird sortiert«, sagt Mirko und klingt so optimistisch wie lange nicht mehr.

In der Nacht hat es ein wenig geschneit. Die Minustemperaturen erreichen den zweistelligen Bereich, und ich mache mich einmal mehr auf den Weg in den äußersten Norden der Stadt. Diesen Auftrag zum Jahresanfang werten meine Entrümpler als gutes Omen. Das Frühjahr ist die beste Zeit für Entrümpler. Wenn die Natur sich regt, werden Vorhaben umgesetzt, die man während der kalten Jahreszeit gern aufschiebt. Großreinemachen und Entrümpeln gehört dazu. Doch bis dahin dauert es noch einige Monate, und Mirko und Sven sind froh über eine Komplettauflösung im tiefsten Winter, auch wenn es extrem ungemütlich ist. Wir sind am S-Bahnhof verabredet und stapfen zu Fuß durch den Neuschnee in dörflich anmutenden Straßen. Nirgendwo regt sich Leben, der wenige Schnee lohnt kein Wegfegen. Man bleibt lieber in der warmen Stube. Mirko findet einen halb geschmolzenen und wieder gefrorenen Schneemann *richtig schön*.

Gemeinsam erreichen wir das Objekt. Im Fenster hängt ein Schild: *Zu verkaufen.* Sven schließt die Haustür auf. Bei diesen Temperaturen macht es sich extrem bemerkbar, wenn ein Haus seit einiger Zeit nicht mehr beheizt wurde. Die Wasserzufuhr ist abgestellt, nur die Elektrizität funktioniert noch. Darauf haben wir uns eingerichtet, mit warmer Kleidung und heißem Tee. Im winzigen Vorflur, der als Windfang dient, hängt ein Spiegel, gegenüber liegt die Gästetoilette. Rasch schlüpfen wir in den schmalen Hauptflur und schließen den Windfang, um keine weitere Kälte hineinzulassen. Zur Rechten führt eine Treppe nach oben, geradeaus befindet sich das Wohnzimmer und links die Küche. Mirko klatscht in die Hände und Sven steuert schnurstracks die Stube an. Es gibt luftige und geräumige Reihenhäuser, dieses gehört offenbar nicht dazu. Es ist ein schmaler Standardbau, der etwas Beklemmendes an sich hat, insbesondere weil die letzte Renovierung einige Jahrzehnte zurückliegen muss, wie Farbgebung und Mobiliar vermuten lassen.

Meine Entrümpler setzen ihren Kennerblick auf und machen einen Schnelldurchgang durchs Wohnzimmer. Hier herrscht ein wildes Durcheinander wie im Krimi, wenn die Täter etwas Bestimmtes gesucht haben. Ich übersetze diese Fantasie in die Realität: *Hier wurde ganz legal nach Verwertbarem geschaut!*

»Das sieht ja schlimm aus«, sage ich und ernte verständnislose Blicke. *Alles ganz harmlos, kein Problem, die Verwandten waren da,* werde ich sogleich aufgeklärt.

Überall liegen Bücher herum, auf einem Campingtisch stapeln sich Sprachführer und Klassik-CDs. Der eigentliche Tisch existiert nicht mehr. Ein verschlissenes Ledersofa dient als Ablage für weitere Bücher. Fleckige Wolldecken liegen über der Lehne.

Er muss Witwer gewesen sein und seit Längerem nicht mehr bei bester Gesundheit. Ein Kachelofen, ein Wohnzimmerschrank und ein verwaistes Blumenfenster wirken vernachlässigt. Die Minustemperaturen und ein Blick über die Terrasse und den verschneiten Garten lassen keinerlei Behaglichkeit aufkommen.

Schranktüren stehen offen, Tischdecken sind herausgezogen und liegen auf dem Boden. Die Auslegeware in Braun ist ewig nicht mehr abgesaugt worden.

»Leider leer«, sagt Sven und hält eine Schachtel mit der Aufschrift Maurice Lacroix in den Händen. »Wäre super, wenn sich die passende Uhr noch findet. Hier sind weitere Uhren, scheinen aber defekt zu sein und dürften nichts einbringen. Die Schweizer Lacroix wäre 'ne tolle Sache. Wir müssen die Augen offen halten.«

Auf dem Tischchen schaffen sie ein wenig Platz für erste Fundstücke, die sie später mit nach Hause nehmen. Ich folge ihnen nach oben, wo ein ähnlich chaotisches Bild vorherrscht. In allen drei Zimmern gibt es Schrankwände mit unzähligen Schubladen, die zum Großteil herausgezogen sind. Kleidungsstücke und Papiere liegen verstreut auf dem Boden.

»Die haben gründlich gesucht«, vermute ich.

»Vielleicht wirkt es auch nur so. Gründlicher, als wir üblicherweise vorgehen, werden sie sicher nicht gewesen sein«, sagt Mirko.

Mich macht der Anblick traurig, ohne genau sagen zu können, woran es liegt. Der alte Mann, der hier gelebt hat, ist uns vollkommen fremd, noch haben wir nicht einmal ein Foto von ihm gesehen. Dunkle Ränder auf der Tapete im Wohnzimmer können von abgehängten Familienporträts stammen, die seine Angehörigen mitgenommen haben. Vielleicht war er glücklich gewesen, vielleicht hatte er einen *schönen* Tod. Wenn die Heizung liefe und Musik aus der Stereoanlage klingen würde, dann wäre der Anblick sicher halb so schlimm, rede ich mir ein. Die Rückseite des Hauses ist nach Süden ausgerichtet, es dringt viel Licht herein. Als ich aus dem Fenster schaue, bietet sich freie Sicht bis zu den schmalen Reihenhausgärten der Parallelstraße, deren Rückseiten aneinandertreffen und im Sommer eine grüne Oase bilden. Ich gehe ins Badezimmer, wo mich die Tristesse wieder einholt. Hier ist seit Jahrzehnten nicht mehr renoviert worden. Auf der Ablage des Spiegelschranks liegt eine halb leere Tube Fit. Die Frisiercreme in der rosafarbenen Tube katapultiert mich zurück in die Kindheit.

Diese Ausführung in der Blechtube gibt es seit Ewigkeiten nicht mehr. Daneben steht Haarwasser in einer angestaubten Glasflasche. In einem Schränkchen findet sich Badeschaum in Giftgrün, auch das eine Farbgebung aus den Siebzigern. Diverse Päckchen mit Speick-Seife lassen auf gute Vorratshaltung schließen.

Mirko durchsucht das Schlafzimmer mit dem zerwühlten Bett, der aufgestellten Matratze, einem Erste-Hilfe-Koffer und einer Auswahl an Essgeschirr in einem Wandschrank.

»Er wird sich zum Schluss nicht mehr viel bewegt haben«, kombiniert er.

Das Geschirr in der ersten Etage, wo es keine Küche, aber ein Bad gibt, sind eindeutige Hinweise. Hier, in einem Schlafzimmer mit schmalem Bett, wird er die letzte Zeit verbracht haben. Absolut keine Spur deutet auf eine Frau hin.

»Der Schrank hier ist angefüllt mit Aktenordnern voller Noten. Einer der Söhne hat uns gesagt, dass er ein passionierter Musiker war, nicht grad ein Profi, aber doch mit gelegentlichen Auftritten«, ruft Sven aus einem Nebenzimmer und fügt mit einem lustigen Unterton hinzu: »Ich habe dann gleich nach der Stradivari gefragt.«

»Und?«, will ich wissen.

»Stell dir vor, er hatte wirklich eine. Die ist natürlich nicht mehr im Haus.«

Die Ordnerrücken sind akkurat beschriftet: Streichquartett Schwedische Klassik, Italienische Klassik, Mozart Streichquartett, Einzelausgaben, Haydn.

»So etwas lässt sich gut verkaufen. Wir kennen da jemanden, der uns früher schon mal Noten abgenommen hat«, sagt Mirko.

Meine beiden Entrümpler sausen von einem Zimmer ins nächste und schauen in Schränke, unter Betten, hinter die Bücher, in die Bücher und in staubige Ecken. In den oberen Zimmern finden sich unzählige Reise- und Sprachführer vom Schwarzwald bis zu den Malediven, von niederländisch über serbokroatisch, russisch, ungarisch bis hin zu portugiesisch und französisch. Der Verstorbene hat offenbar auch gern und viel fotografiert, Tausende Dias sind in spezielle Koffer einsortiert. Er hat viele Länder Osteuropas, aber auch Frankreich und vor allem die kanarischen Inseln bereist. Ein kultivierter Mann, musisch und sprachlich interessiert. Ich versuche, mir ein Bild von ihm zu machen. Für die Unordnung kann er nichts, das waren jene, die nach ihm hier waren. Ob sie etwas Bestimmtes gesucht haben? Einem Familiengeheimnis oder Wertsachen nachspürten oder nur nicht wollten, dass Fremde wie Mirko und Sven etwas finden, was sie nicht sehen sollen? Das Haus wird komplett geräumt und verkauft. Warum sollten sie sorgsam mit den Sachen umgehen, versuche ich erneut, das Chaos in ein akzeptables Licht zu rücken. Für Komplettauflösungen nach Todesfällen bin ich offenbar noch nicht *reif*.

Überall liegen Bleistifte, Anspitzer und Radiergummis herum, wobei fast jedes dieser Utensilien mit dem Namen des Verstorbenen versehen ist. Warum beklebt man jeden Stift mit einem Schildchen, wundere ich mich laut.

»Hat er wohl mit auf Reisen genommen«, sagt Mirko. Er geht gerade sämtliche Jacken und Mäntel durch und wird fündig. Ein guter Montblanc-Füller und diverse andere hochwertige Stifte und ein wenig Bargeld tauchen dabei auf.

Als Mirko und Sven die Dachluke öffnen, strömt uns sogleich Kälte entgegen. Auch hier ist bereits alles durchsucht worden, Kleidungsstücke ragen aus Koffern heraus, Kartons liegen umgestürzt auf der Seite, Schränke und Schubladen stehen offen. Es ist extrem ungemütlich hier oben, und niemand wird sich freiwillig länger aufhalten als nötig. Mirko und Sven wissen das und nehmen sich in aller Ruhe auch den hintersten Winkel vor. Ich schaue in einen türlosen Kleiderschrank und entdecke die ersten Spuren einer Frau: ein gut erhaltener Lammfellmantel, ein Lodenumhang und ein gesteppter Morgenmantel in Größe 40 hängen neben einem Herrenregenmantel aus den Achtzigern.

Zwischen den Dachpfannen zieht eisige Luft herein. Auch hier stapeln sich unzählige Bücher und Diakoffer, beschriftet mit Reisezielen. Jeder Quadratmeter ist vollgestellt. Es scheint mir eine kaum lösbare Aufgabe zu sein, dieses Haus innerhalb einer Woche zum Weiterverkauf leer zu räumen. Mir ist kalt, aber meine Entrümpler wirken froh gestimmt und widmen sich optimistisch ihrer Arbeit.

Fotoalben tauchen auf, *Meine Dienstzeit,* in den typischen Lettern der Dreißigerjahre. Das Album dokumentiert den Arbeitsdienst aus der Zeit vor dem Zweiten Weltkrieg. Ich blättere kurz darin. Ein weiteres Album stammt gar aus dem Ersten Weltkrieg, ein Mann mit Holzbein und in Uniform steht neben seinen Kameraden vor einem Holzschuppen. Andere Fotos zeigen Männer, die in einem Schützengraben Zigaretten rauchen.

»Ach nee, das sieht doch schon mal gut aus«, sagt Sven und kramt Gardinen und Vorhangstoffe aus einer Kiste heraus, die sich halb versteckt hinter einem Schrank befindet. Sie ist in die Dachschräge eingepasst und nur schwer zugänglich.

»Silber, und das nicht zu knapp! Haben sie wohl übersehen.«

Der Schatz verspricht ein *kleines* Geschäft. Die Silberpreise stehen hoch, und das Besteck ist umfangreich und schwer. In einer anderen Ecke spürt Mirko eine Mandoline auf und mehrere Notenständer.

Nach und nach finden sich größere Mengen an Wollknäueln. Sie überstehen die Geruchsprobe und bilden den Anfang eines Stapels, der sich *Flohmarkt* nennt. »Wir müssen aus den Spuren herauslesen, wie der Eigentümer tickte«, sagt Sven. »Dann bekommen wir eine Vorstellung davon, worauf wir achten müssen. Wir müssen das gesamte Haus lesen lernen. Was waren seine Vorlieben? Womit hat er sich beruflich und privat beschäftigt? Was hat er gesammelt? Alles deutet darauf hin, dass er jedes Jahr einen Haufen Werbegeschenke bekommen hat. Ich vermute mal, es sind die Dinge, die unausgepackt irgendwo herumliegen. Keine wertvollen Stücke, aber es summiert sich. Dieses Pilzmesser zum Beispiel: Es ist schön, unbenutzt, ein Qualitätswerkzeug, und ein passendes Pilzerkennungsbuch gibt es auch. Das wird jemandem eine Freude machen. Man kann es verschenken oder auch auf dem Flohmarkt verkaufen.«

Im Keller befindet sich eine Werkstatt, und Mirko und Sven ziehen weitere Rückschlüsse auf den Verstorbenen. Der Hausherr war eindeutig eher im musischen Bereich interessiert als im handwerklichen, allerdings gibt es auch hier einige interessante Stücke und Maschinen. Allmählich wird das Bild klarer. Die Auswahl an Gartengeräten ist überschaubar. Sie stehen und hängen gleich neben einer Tür, die als Hinterausgang dient. Ein Wasserschlauch ist sorgfältig eingerollt und offenbar noch nie benutzt worden.

Mirko und Sven wuseln herum und strahlen etwas aufgeregt Freudiges aus. Sie sind ganz in ihrem Element. Gelegentlich höre ich einen von ihnen rufen: *Komm mal her, hier, schau dir das mal an!*

Ich sehe mich derweil in der Küche um und stelle mir vor, dass hier schon lange kein Kuchen mehr gebacken wurde und kein Sonntagsbraten in der Röhre brutzelte. Kartoffeln, Spiegeleier, Brot, Käse und Wurst werden hier eher vertilgt worden sein. Die Gewürze haben jegliches Aroma verloren. Ich lege drei Pellkartoffelgabeln zur Seite. Es sind robuste und formschöne Modelle einer Edelmarke. Davon kann man nie genug haben, besonders, wenn man ein großer Linda-Kartoffel-Fan ist.

»Kennst du die Dinger noch?«, fragt Mirko wenig später und zeigt mir eine seltsame Eieruhr im Acht-Minuten-Takt.

»Sagt mir jetzt nichts.«

»Zum Telefonieren. Weißt du nicht mehr, eine Einheit hatte acht Minuten.«

»Klar, jetzt, wo du es sagst. Acht Minuten für dreiundzwanzig Pfennig im Ortsgespräch. Wenn ich daran denke, wie viele Münzen ich in den Fernsprecher gesteckt habe. Anfang der Achtziger hatten wir in unserer Wohngemeinschaft noch kein Telefon. Kann man sich jetzt alles überhaupt nicht mehr vorstellen.« In einem kleinen Schlafzimmer, das früher sicher ein Kinderzimmer war, hat der Hausherr seine Anzüge und Krawatten, Fliegen, Schleifen, Krawattennadeln, Manschettenknöpfe und elastischen Bänder zum Hochschieben von Hemdenärmeln in einen Wandschrank einsortiert. Während Mirko Bücher zur Seite schiebt und Regale durchstöbert, sieht er meinen interessierten Blick auf die elastischen Bänder, die teilweise noch originalverpackt sind.

»Damit lassen sich eingerollte Isomatten wunderbar zusammenhalten«, sagt Mirko.

Ich vervollständige derweil mein Bild des Verstorbenen. Die schicken Anzüge mit den Seidenrevers wird er als Hobbygeiger bei Konzerten getragen haben, passende Krawatten aus fünf Jahrzehnten, davon einige wahre Schmuckstücke, lassen Szenen vor mir auftauchen, die mich erneut melancholisch stimmen. Sosehr ich mich auch bemühe, mir den Mann in glücklichen Momenten vorzustellen, so sehr fröstelt mich beim Gedanken an die Leere in diesem Haus. Leere, trotz unzähliger Dinge. Leere, weil der Hausherr nicht mehr da ist, nichts mehr erzählen, nichts mehr verraten kann. Leere, weil es überdeutlich ist, was am Ende eines Lebens übrig bleibt. Wenn es doch nur ein wenig wärmer wäre. Ich bekomme kalte Füße und versuche, in Bewegung zu bleiben.

»Das hier war über Jahrzehnte seine Heimat, niemand kannte die hundert Fächer in den Wandschränken besser als er. Ich vermute mal, dass vieles davon Eigenbau ist. Da muss man ganz genau hinschauen, ob es nicht doch irgendwo einen doppelten Boden gibt, der als Versteck diente«, sagt Mirko und betrachtet die Nische über dem Bett in dieser Kammer etwas genauer. Doch wie sich herausstellt, handelt es sich nur um eine verdeckte Lichtleiste.

Ich nehme fünf Krawatten aus dem Schrank, die ich verschenken möchte. Sie sind viel zu schön, um unbeachtet in der Altkleidersammlung zu landen. Ob der Träger einen ausgezeichneten Geschmack hatte oder ob er die Krawatten geschenkt bekommen oder auf Anraten einer Verkäuferin erstanden hat, werde ich nie erfahren. Ich stelle mir vor, wie er die braune Krawatte mit dem hellblauen Paisleymuster zum braunen Anzug trug und die zartrosa gemusterte zum roséfarbenen Hemd. Eine schmale Krawatte mit Karos stammt sicher aus den Fünfzigern und ist eine hübsche

Rarität. Einen passenden Anzug kann ich im Schrank nicht finden. Wenn mein Freund diese schönen Stücke in Zukunft trägt, werde ich sicher manchmal an den Unbekannten aus dem winterlichen Reihenhaus denken. Sein Leben ist gelebt und vorbei. Nicht viele Spuren werden bleiben.

Mirko braucht Platz zum Sortieren und nimmt kurzerhand das Bett auseinander. Dabei ist er nicht zimperlich, traktiert einen Lattenrost und löst Verschraubungen auf die unelegante Art per Fußtritt. Dann stapelt er die Bretter an die Wand und nutzt die freie Bodenfläche für sein Sortiersystem.

Sven kümmert sich bereits ums Altpapier. Nach zwei Stunden wirkt das Haus noch wesentlich chaotischer, aber so müsse es sein, wird mir versichert, dahinter verberge sich jahrelange Erfahrung.

»Berührt es dich noch, wenn du in die Jackentaschen von Verstorbenen greifst?«, frage ich Mirko.

»Irgendwie schon, aber es ist natürlich auch viel Routine dabei. Etwas ganz anderes ist es, wenn ich das bei einem verstorbenen Verwandten, Bekannten oder gar Freund machen muss. Bei meiner Großmutter war es reichlich emotional, obwohl ihr Tod lange vorher absehbar war und sie ein hohes Alter erreicht hatte. Jedes Stück, das ich bei der Haushaltsauflösung in die Hände bekam, war mir vertraut. Jahre später starb mein Großvater, der wenig Kontakt zum Rest der Familie gehabt hatte. Ich hatte ihn jahrelang nicht gesehen, er war über neunzig geworden, aber trotzdem war es etwas anderes, seine Kleider zu sortieren und seine Möbel auseinanderzunehmen, als bei einem Fremden. Am schlimmsten war es, als ein Freund von uns starb. Er hatte uns häufig beim Entrümpeln geholfen, seine komplette Wohnungsausstattung stammte aus *unseren* Haushalten. Sven und ich haben uns selbstverständlich um die Wohnungsauflösung gekümmert, um seine Mutter zu entlasten. Sie war vollkommen fertig, weil der Tod völlig unerwartet kam. Innerhalb weniger Stunden hatten wir seine Wohnung leer geräumt. Länger hätten wir es darin auch nicht ausgehalten. Bei jedem Stück, das man berührt, steckt die Person in gewisser Weise dahinter. Eine ganz traurige Geschichte. Er war in meinem Alter.«

Wenig später ruft Sven den Sperrmülldienst an und vereinbart einen Termin zur Abholung von fünf Kubikmetern *Hinterlassenschaften*. Das nächste Telefonat gilt dem Buchhändler. Er wird alles mitnehmen, was zwei Buchdeckel hat. Die Notensammlung bedarf einer weiteren Prüfung. Sie wird zunächst in Svens Kellerraum gebracht. Für die Werkstatt finden die beiden sofort einen Abnehmer.

Sie wollen möglichst wenige Dinge selber abtransportieren. Ein Freund wird beim Ausräumen des Dachbodens helfen. Er bietet diesen Dienst als Gegenleistung für die Küchenausstattung von Frau Willemsen, die er letzten Sommer bekommen hat.

Im Wohnzimmer hat sich bereits ein hübscher Stapel verwertbarer *Schätzchen* angesammelt. Jemand muss dem Hausherrn Alpakawollstrümpfe geschenkt haben. Davon gibt es diverse Paare, unbenutzt mit Banderole. Batterien hat er auch gehortet, in diversen Größen und originalverpackt. Eine ungetragen wirkende Fleecejacke von Klepper, Briefmarken, Münzen und sämtliche Klassik-CDs liegen nun separiert vom Rest des Haushalts.

Ein vollständiges Kaffeeservice aus Böhmen mit blauem Dekor auf dunklem Untergrund schätzen sie als unverkäuflich ein. Der Aufwand, es bei eBay einzustellen oder auf dem Flohmarkt anzubieten, erscheint ihnen zu hoch. *Na ja, vielleicht doch, mal sehen.*

Im oberen Geschoss häufen sich inzwischen vollgestopfte Müllsäcke: Altpapier, Altkleider und Restmüll in der typischen Ordnung meiner Entrümpler.

Drei Tage später wird ein Teil der Ware zum Flohmarkt gebracht. In der Winterzeit ist das etwas für Abgehärtete, aber Mirko und Sven sind überzeugt von ihrem Angebot und hoffen auf gute Geschäfte. Es hat sich eine beeindruckende Menge angesammelt, die den Anhänger zur Hälfte ausfüllt.

Noch bevor sie sich im Morgengrauen auf dem Platz ausgebreitet und ihre sechs Meter in Beschlag genommen haben, geht die Wolle schon weg. Stricken ist wieder in. Und auch sämtliches Fotozubehör sind sie vor dem ersten Kaffee los und erzielen gute Preise. Fast jeder, der Interesse an ihren Sachen zeigt, kauft auch etwas. Das haben sie lange nicht mehr erlebt. Dieser Flohmarkt ist für seine zahlungskräftige Kundschaft bekannt. Mirko nennt ihn *Edelflohmarkt*, weil er sogar überdacht ist. Die relativ hohe Standgebühr ist schnell wieder drin, zumal ein Müllcontainer bereitsteht, in dem am Ende alles Übriggebliebene versenkt werden darf. Ein unschätzbarer Vorteil. So können sie sich bei Marktschluss einer nicht unerheblichen Menge *wertlosen Zeugs* oder *Fragezeichenmülls* aus dem Reihenhaus entledigen. Für einige von ihren Fragezeichendingen hatten sich auf dem Flohmarkt erstaunlicherweise sogar Abnehmer gefunden. Nie hatten sie damit gerechnet, ein angeschlagenes Plastikschränkchen verkaufen zu können. Der Verstorbene hatte darin seine Medikamente aufbewahrt und es vermutlich nur selten gereinigt.

Nach dem frostigen Flohmarkttag, der immerhin Geld in die Kassen gespült hat, müssen sie sich um den Sperrmüll kümmern, der am Folgetag abgeholt werden soll. Fünf Kubikmeter sind eher knapp bemessen, und so ist ihre Spezialität – Tetris für Fortgeschrittene – gefragt. Mit Zollstock messen sie den Bürgersteig ab und stapeln nach allen Regeln ihrer Kunst. Mit jedem Handgriff leert sich das Haus. Zwei Tage vor dem vereinbarten Räumungstermin ist die Arbeit beinah erledigt. Mirko sieht müde aus. Er hat jeden Tag bis neun oder gar zehn Uhr abends gearbeitet. Ein Freund meiner Entrümpler fährt mit einem Transporter vor und nimmt sämtliches unbearbeitetes Holz für seinen Kaminofen mit. Auch die Bücher und Schallplatten werden abgeholt.

Und dann, als fast alles erledigt ist, und man sich nur noch der *Problemstoffe* annehmen will, geschieht das Unglück. Im Keller lagern mehrere Flaschen mit unbekannten Flüssigkeiten. Auf einigen von ihnen prangen Totenköpfe und das Symbol für feuergefährliche Stoffe. Sie sind mit einer dicken Staubschicht bedeckt und stehen in einem wurmstichigen Holzregal. Eine dieser Flaschen kann nur mit einem Ruck vom Regal entfernt werden. Der Flaschenboden bleibt kleben, das Glas zerbricht, und im Nu breiten sich ätzende Gerüche aus. Die Entrümpler rennen hinaus und schnappen nach Luft. In ihren Hälsen kratzt es, und üble Befürchtungen steigen auf. Mit Mundschutz versehen versuchen sie die Flüssigkeit mit Sägespänen aufzusaugen. Dabei kommt ihnen das Werk der Holzwürmer entgegen, und sie schaufeln die zerbröselten Holzreste über die feuchten Stellen. Später verpacken sie sämtliche Rückstände in Plastiksäcke. Der kleine Unfall kostet sie Stunden und hinterlässt ein mulmiges Gefühl. Es ist nicht ihr erster Giftfund, solche Vorkommnisse gehören quasi zum Berufsrisiko. Man kann nie wissen, welche Hobbys in den Kellern und Werkstätten ausgeübt wurden. Mirko beunruhigen der ätzende Gestank und sein kratzender Hals so sehr, dass er den Sohn des Verstorbenen anruft. Dieser überlegt eine Weile, bittet um Geduld und meldet sich später zurück. Bei der Flüssigkeit handelt es sich vermutlich um Benzochinon, mit dem der verstorbene Vater beim Entwickeln von Filmen experimentiert hat. Der Totenkopf prangt zu Recht auf der gesprungenen Flasche. Hoffentlich haben sie nur minimale Spuren eingeatmet.

»Trotz allem sind Komplettauflösungen unsere absoluten Favoriten, auch wenn in diesem Haus allein zwei Tonnen Altpapier zusammengekommen sind und abtransportiert werden mussten«, sagt Mirko, als wir am Abend noch einmal miteinander telefonieren.

Viel Arbeit, viel körperlicher Einsatz, gutes Geld. Sie haben schnell und sauber gearbeitet, so schnell, dass bereits nach sechs Tagen Kaufinteressierte durchs Haus geführt werden können und der Verkauf unmittelbar nach der ersten Besichtigung abgeschlossen wird. Der Sohn des Verstorbenen ist begeistert und honoriert es mit einem Trinkgeld.

Mit dem Einladen ihrer Werkzeugkiste endet die Arbeit von Mirko und Sven. Während sie sich vor dem Haus mit den Händen auf das gute Gelingen abklatschen, treffen bereits die ersten Handwerker ein. Eine junge Familie mit zwei Kindern hat das

Reihenhaus gekauft und schon bald werden sie einziehen. Ihre Geschichten und Sachen werden die Räume erfüllen, ihre ausrangierten Kinderspielzeuge werden auf dem Dachboden lagern, die Schlitten im Winter im Keller, die Blumenbank wird erblühen und ihre Geheimnisse werden Kisten füllen.